westermann

Deutschland

Landschaften
und Städte
im Satelliten- und Luftbild

Herausgegeben von

Lothar Beckel, Johann Bodechtel, Erich Strunk

westermann

Texte von

Martin Bürgener
Eugen Ernst
Heinz Fischer
Christa Franke
Konrad Hiller
Dietrich Kampe
Volkmar Kroesch
Peter Möller
Manfred J. Müller
Ulrich Münzer
Wigand Ritter
Adolf Schüttler
Alois Sieber
Walter Sperling
Franz Zwittkovits

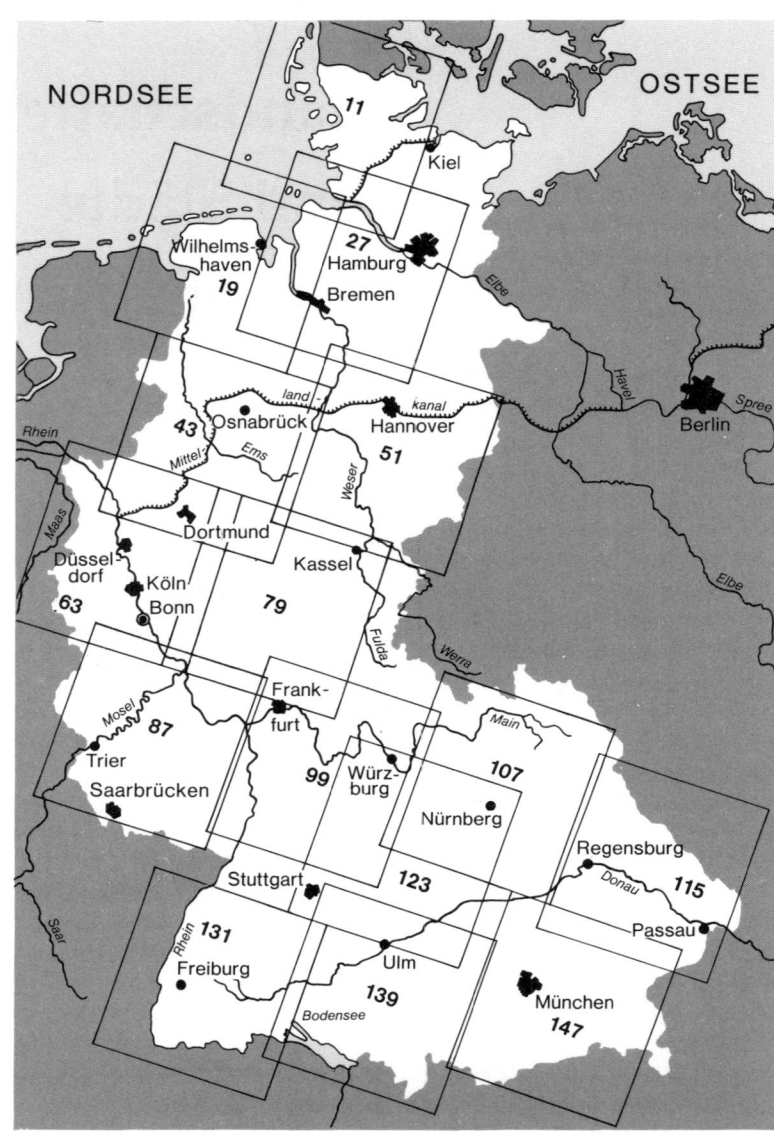

CIP-Kurztitelaufnahme der Deutschen Bibliothek

Deutschland: Landschaften u. Städte im Satelliten- u. Luftbild / hrsg. von Lothar Beckel ... — 1. Aufl.
— Braunschweig: Westermann, 1978.
ISBN 3 - 14 - **50 9046** - 1
NE: Beckel, Lothar [Hrsg.]

© Georg Westermann Verlag, Braunschweig 1978
Einbandgestaltung: Adalbert Homey
Gesamtherstellung: Georg Westermann Verlag, Druckerei und Kartographische Anstalt GmbH & Co.

ISBN 3 - 14 - **50 9046** - 1

Inhaltsverzeichnis

Vom ersten Luftbild bis zur Satellitenphotographie	6
Schleswig-Holstein	10
St. Peter-Ording	13
Flensburg	14
Zwischen Nord- und Ostsee	17
Ostfriesland	18
Moor, Marsch und Geest	21
Landgewinnung und Deichbau	22
Häfen und Mündungsbauwerke	25
Norddeutsches Tiefland	26
Land unter dem Pulsschlag der Nordseegezeiten	29
Nord-Ostsee-Kanal und Pumpspeicherwerk Geesthacht	30
Der Industriehafen in Bremen	33
Der Hamburger Freihafen	34
Bohrinsel im Hamburger Hafen	37
Vierlande	38
Lüneburger Heide zwischen Undeloh und Wilsede	41
Münsterländer Bucht und unteres Weserbergland	42
Münsterland und Emssandebene	45
Bielefeld am Teutoburger Wald	46
Minden an Weser und Mittellandkanal	49
Das Weserbergland, der Harz, Hannover und Braunschweig	50
Hannover	53
Land zwischen Harz und Heide	54
Wolfsburg	57
Braunschweig	58
Der Harz	61
Nordrhein-Westfalen	62
Tagebau Fortuna	65
Regierungsviertel Bonn-Bad Godesberg	66
Köln	69
Düsseldorf	70
Binnenhafen Duisburg-Ruhrort	73
Industriebereiche im Ruhrgebiet	74
Landschaftselemente des mittelbergischen Landes	77
Vom Rheinischen Schiefergebirge zum Weserbergland	78
Das Festungsstädtchen Ziegenhain und das Plandorf Frohnhausen	81
Amöneburg und Edersee	82
Hannoversch Münden	85
Rheinland-Pfalz und Saarland	86
Koblenz	89
Das Mittelrheintal	90
Die Eifel und Trier	93
Rheinhessen und die Vorderpfalz	94
Das Saarland	97
Vom Oberrhein bis Mainfranken	98
Der Interkontinentalflughafen Frankfurt/Main	101
Zwischen Odenwald und Steigerwald	102
Vom Rhein bis zur Tauber	105
Oberfranken	106
Teichlandschaft bei Höchstadt	109
Von Bamberg bis Bayreuth	110
Der Nordosten Bayerns	113
Niederbayern und Bayerischer Wald	114
Regensburg an der Donau	117
Ingolstadt und Dungau bei Regensburg	118
Passau — die Dreiflüssestadt	121
Südwestdeutsches Schichtstufenland	122
Stuttgart und der Killesberg	125
Zwischen Regnitz und Donau	126
Nürnberg	129
Schwarzwald und Oberrheintal	130
Am Westrand des Schwarzwalds	133
Karlsruhe und ein typisches Schwarzwaldtal	134
Insel Reichenau im Bodensee	137
Schwaben	138
Gottesackerplateau und Oberstdorf	141
Lindau	142
Füssen — Lech — Augsburg	145
Oberbayern	146
München	149
Staffelsee	150
Alpen und Alpenvorland	153
Glossar	154
Erdzeitalter; Erdzeitfolge im Pleistozän	155

Vom ersten Luftbild bis zur Satellitenphotographie

„Wirklich, ich lebe in finsteren Zeiten!
Das arglose Wort ist töricht.
Eine glatte Stirn deutet auf Unempfindlichkeit hin.
Was sind das für Zeiten, wo ein Gespräch über Bäume
fast ein Verbrechen ist, weil es ein Schweigen über so viele Probleme einschließt!"
B. Brecht „An die Nachgeborenen"

Durch das rasche Anwachsen der Weltbevölkerung und der Weltwirtschaft, insbesondere der Industrialisierung, steigt die Nachfrage nach Nahrungsmitteln, Rohstoffen und Energie. Diese Anforderungen an unseren Lebensraum, die Erde, führen zu den Krisen, die in zunehmend kürzeren Intervallen unsere Gesellschaft erschüttern. Beispielhaft sind die Ernährungskrise und die Weltwirtschaftskrise, die Ölkrise und die Rohstoffmangel, die Ölkrise und die Energiekrise sowie die Umweltbelastung. Als Bert Brecht sein Vermächtnis an die Nachgeborenen niederlegte, bedeutete das „Gespräch über Bäume" noch eine Flucht vor der Wirklichkeit. Heute, etwa 30 Jahre später, kann es stellvertretend sein für eine Diskussion über den vernichtenden Angriff des Menschen auf seine Umwelt. Dabei sei nicht nur an die riesigen blattlosen Waldgebiete in Vietnam erinnert, sondern ebenso an die große Zahl von Bäumen, die unseren modernen Verkehrswegen und Siedlungen bereits Platz machen mußten.

Diese beiden Beispiele und die zuvor genannten Krisen machen uns aber auch bewußt, daß diese Probleme nicht mehr nur lokalen Charakter haben, sondern auf regionalen und sogar globalen Zusammenhängen basieren.

Für uns entsteht daher die Verpflichtung, die vorhandenen Resourcen rationell vorausschauend und umweltgerecht zu nutzen, sowie global wirksame Regelmechanismen für eine gerechte Verteilung einzusetzen.

Eine der Grundvoraussetzungen dazu ist eine genaue Kenntnis des Zustandes der Erdoberfläche, ihres dynamischen Verhaltens und der Auswirkungen menschlicher Siedlungsfähigkeit. Die bisher zur Beschreibung dieses Zustandes benutzten Methoden der Informationsgewinnung wie z. B. statistische Erhebungen, lokale Messungen und Begehungen reichen insbesondere dann nicht aus, wenn große Flächen zu überwachen sind und wichtige Parameter sich schnell verändern.

Hier liefern die Entwicklungen in Luft- und Raumfahrt neue hervorragende Möglichkeiten zur Beobachtung. Eine neue Ära der Entdeckung unserer Erde ist angebrochen.

Vom ersten Luftbild zur Aufnahme aus dem Weltraum

Wenige Jahre nach der Erfindung der Photographie durch Niepce und Daguerre im Jahr 1839 wurde versucht, diese Aufnahmetechnik für Vermessungszwecke einzusetzen. Der französische Offizier Aimé Laussedat wollte aus photographischem Bildmaterial Landkarten und Lagepläne ableiten. Er hat damit den Grundstein zur Photogrammetrie, wie sie heute von jedem Landschaftsplaner, Städtebauer und Verkehrsplaner verwendet wird, gesetzt.

Bereits acht Jahre danach existierte die erste Luftaufnahme. Der Pariser Photograph Caspar Felix Tournachan, genannt Nadar, hatte 1858 von einem Fesselballon aus das Dorf Petit Bicêtre bei Paris photographiert.

Nadar hatte die Möglichkeiten, die in der Beobachtung von einem erhöhten Standpunkt aus liegen, wohl erahnt. Denn er äußert sich nach seinem ersten Bildflug: „Ein sicher gefesselter Ballon und ein guter photographischer Apparat, das ist alles, was ich brauche, um jede kleinere und größere Erdfläche genauer aufzunehmen und zu vermessen, als es mittels Triangulation, Graphometer und Meßkette geschehen kann."

Während diese ersten Versuche noch zum Zweck der besseren, großflächigen Vermessung dienten, entdeckten schon bald militärische Stellen die Bedeutung dieser neuen Beobachtungsmöglichkeit. Im amerikanischen Bürgerkrieg 1862 wurden solche Bilder, die von einem Fesselballon aus 300 m Höhe aufgenommen wurden, für die Aufklärung von feindlichen Truppenbewegungen verwendet. Die Qualität der Aufnahmen aus dieser Zeit ist erstaunlich gut.

In der Folgezeit war die Entwicklung der Luftbildaufnahmetechnik eng mit der der Luftfahrttechnik verbunden. Nachdem den Brüdern Wright 1903 der erste Flug mit einem Motorflugzeug gelungen war, konnte grundsätzlich jedes beliebige Gebiet auf der Erdkugel gezielt aus der Luft vermessen und kartiert werden.

Gerade die Militärs waren es, die die Entwicklungen dieser Techniken weiter vorangetrieben haben. Als im Jahre 1960 das amerikanische Aufklärungsflugzeug U 2 mit dem Kommandanten Powers über der UdSSR abgeschossen wurde, erkannte die Öffentlichkeit zum erstenmal, wie leistungsfähig die Aufnahmetechnik inzwischen war. So konnte mit einer geeigneten Optik aus 10 km Höhe jeder Nagelkopf im Straßenpflaster erkannt werden. Aus 20 km Höhe ließen sich angeblich Fußspuren im Schnee erkennen, und aus 25 km Höhe konnte ein Fußgänger von einem Fahrradfahrer unterschieden werden.

Neben solch spektakulären Ergebnissen technischer Entwicklungen für militärische Zwecke blieben zivile Erfolge fast unbeachtet. So war es den Vereinigten Staaten schon 1935 gelungen, zum erstenmal in der Geschichte der Menschheit die Krümmung der Erde im Bild festzuhalten. Es war den USA gelungen, den Ballon Explorer II bis in eine Höhe von 22 km steigen zu lassen und von da die Erdoberfläche zu photographieren.

Zur selben Zeit wurden in Peenemünde die ersten Versuche mit der Entwicklung neuartiger Flugkörper, der Raketen, durchgeführt. Diese frühen Arbeiten ermöglichten es, daß im Jahr 1954 eine aus vielen Einzelbildern zusammengesetzte Karte der Erdoberfläche veröffentlicht werden konnte. Das Mosaik, das neben der Erdkrümmung globale Wolkenzirkulationen erkennen ließ, war aus Photos aufgebaut, die alle von Höhenforschungsraketen aus aufgenommen worden waren.

Die frühen Ergebnisse führten noch zu einem viel spektakuläreren Erfolg. Am 4. Oktober 1957 gelang es zum erstenmal, einen Satelliten in den Weltraum zu bringen. Er umkreiste die Erde auf einer zwischen 228 und 947 km hohen Bahn. Damit war der technologische Grundstein für die gesamte Weltraumfahrt gelegt. Es bedurfte nur noch weniger Jahre, bis die ersten Aufnahmen der Erde, des Mondes und anderer Planeten, die von den künstlichen Himmelskörpern Gemini und Apollo aus gewonnen wurden, jedem Interessierten zugänglich waren.

Dienten diese Satellitenbilder zunächst nur der Demonstration, so werden inzwischen spezielle Satelliten entwickelt, die sich dazu eignen, zu friedlichen Zwecken die Erde vom Weltraum aus zu beobachten. Es sei nur an die Vielzahl von Wetterbeobachtungssatelliten NOAA, NIMBUS und an die Landbeobachtungssatelliten LANDSAT erinnert.

Wozu Luftbilder?
Der Leser, der dieses Buch ein erstesmal flüchtig durchgeblättert hat, wird, zumindest unbewußt, die Abbildungen in zwei Kategorien unterteilt haben. Die eine besteht aus Photographien, die Perspektiven wiedergeben, wie sie ihm vertraut sind. Im zweiten Fall wird er erst durch den beschreibenden Text Gebiete, die er sehr wohl kennt, als solche identifizieren.
Der Unterschied liegt in der Aufnahmeweise. Im ersten Fall hält der Photograph sein Aufnahmegerät schräg aus dem Flugzeug heraus. Diese Betrachtungsweise ist uns aus unserem täglichen Leben vertraut. Jeden Baum, jedes Haus, jeden Hügel betrachten wir seitlich. Der Unterschied zu der Luftschrägaufnahme besteht nur darin, daß wir das Objekt, z. B. ein Hochhaus, nicht von unten nach oben, sondern umgekehrt betrachten. Die Ansicht und damit das uns vertraute Erkennungsmerkmal bleibt dasselbe.
Im Gegensatz dazu bietet eine Luftsenkrechtaufnahme für den ungeübten Betrachter eine völlig neue Ansicht. Aus einer solchen Perspektive lassen sich keine Höhenunterschiede mehr erkennen. Dagegen lassen sich die Abstände der einzelnen Objekte voneinander sehr genau bestimmen.
Mit Hilfe derartiger Luftbilder kann man genaue topographische Luftkarten herstellen. Unbekannte Gebiete können kartiert werden. Aus der Kombination der beiden Aufnahmetechniken lassen sich Form, Größe und Lage topographischer Objekte, also alle Elemente, die zu einer Landschaft gehören, bestimmen. Für diese Aufgaben reicht es im wesentlichen aus, handelsübliche Photoapparate und Filmmaterialien zu verwenden. Die Einsatzmöglichkeiten derartiger Aufnahmetechniken lassen sich jedoch wesentlich erweitern, wenn neben der reinen Schwarzweiß- und Farbphotographie spezielle Filmarten und besondere Aufnahmegeräte verwendet werden. Durch diese besonderen Techniken gelingt es dem Beobachter, neben der reinen Inventarisierung eine Bewertung des Zustandes des Inventars vorzunehmen. So ist es möglich, aus Bildern, die auf diese fortschrittliche Weise gewonnen werden, nicht nur die Lage eines Flusses und seinen Verlauf zu vermessen, sondern auch die Qualität, die Temperatur und die Verschmutzung seines Wassers. Es ist möglich, neben der Vermessung von Verkehrswegen, Straßen und Schienen, auch die Auswirkung des Verkehrs auf die anschließende Vegetation (z. B. durch Abgase) zu bestimmen. Mit solchen Luftbildern können die Auswirkungen von Industrieansiedlungen und Kraftwerken auf die Umwelt, insbesondere ihre schädliche Reichweite, analysiert werden. Derartige Luftaufnahmen sind somit eine wesentliche Arbeitsgrundlage eines jeden verantwortungsbewußten Planers.
Mit diesen wenigen Beispielen sollten nur kurz einige Anwendungsbeispiele aufgezeigt werden. Eine ausführliche Darstellung würde den Rahmen dieses Kapitels sprengen.

Satelliten beobachten die Erde
Seit 1960 werden von den Vereinigten Staaten, der UdSSR und bald auch von Europa regelmäßig Satelliten zur Beobachtung des Wetters, insbesondere der Wolkenzirkulationen in den Weltraum geschossen. Während auf Aufnahmen, die von diesen Satelliten aus gemacht werden, die Erdoberfläche nur im Hintergrund zu sehen ist, liegt uns seit dem Start des ersten Erdbeobachtungssatelliten LANDSAT 1 (damals noch ERTS-1 genannt) eine Fülle hervorragenden Bildmaterials der Erde vor. Schon kurze Zeit nach der Veröffentlichung der ersten Aufnahmen von diesem Satelliten aus, stieg das Interesse an solchen Bildern weltweit. Geographen, Hydrologen, Ozeanographen, Landwirtschaftstechniker, Forstwirtschaftler und Kartographen, ja sogar Umweltexperten sahen in diesem Bildmaterial eine wertvolle Ergänzung ihres Informationsmaterials. Die Nachfrage nach solchem Bildmaterial war so groß, daß die amerikanische Weltraumbehörde NASA 1975 den zweiten Satelliten LANDSAT 2 gestartet hat, dem in diesem Jahr ein dritter gefolgt ist. Weitere Systeme sind für die nächsten Jahre bereits in Vorbereitung.

Die Satelliten LANDSAT 1, 2 und 3 umfliegen die Erde auf einer nahezu polaren, sonnensynchronen Bahn, in einer Höhe von 915 km. Für eine Erdumkreisung benötigt der Satellit 103 Minuten. Nach 18 Tagen passiert der Satellit denselben Punkt auf der Erdoberfläche. Der Satellit kann im Laufe eines 18tägigen Zyklus etwa 9000 Bilder aufnehmen, die er entweder direkt im Sichtbereich einer Bodenempfangsstation wieder aussendet oder, allerdings nur sehr beschränkt, an Bord auf ein Bandgerät speichert. Ein LANDSAT-Bild umfaßt eine Fläche von 185 x 185 km auf der Erdoberfläche. Auf einer solchen Aufnahme ist somit ein Areal zwischen Inn und Iller und zwischen Augsburg und Bozen aufgezeichnet.
Diese LANDSAT-Aufnahmen werden nicht mit einer gewöhnlichen Kamera gewonnen, sondern mit Hilfe eines multispektralen Abtasters. Das Gerät tastet die Erdoberfläche zeilenförmig ab. Bei diesem Vorgang wird das von der Erdoberfläche zurückgestreute Sonnenlicht in vier verschiedenen Spektralbereichen gemessen und in ein elektrisches Signal umgesetzt. Diese Signale werden, nachdem sie zur Erde gesendet und dort empfangen wurden, verarbeitet und interpretiert. Bei diesem Auswertungsvorgang zeigt es sich, daß jeder Spektralbereich und jede denkbare Kombination bzw. Manipulation solcher Kanäle ihren besonderen Informationsgehalt hat. Einige Beispiele dafür wird der Leser in diesem Buch finden.
Um dem Betrachter der in diesem Band gesammelten Aufnahmen den Bildinhalt verständlich zu machen, ist es notwendig, eine kurze Exkursion in das Reich der Physik durchzuführen.
Die Fähigkeit des Menschen, seine Umwelt zu sehen, sie sogar auf Photographien festzuhalten, wird am Tag erst dadurch möglich, daß die Sonne die Erde beleuchtet und dieses Licht von jedem Objekt auf diesem Planeten reflektiert bzw. gestreut wird. Obwohl einem Betrachter in der Regel das Sonnenlicht farblos erscheint, erstrahlen die Natur und die künstlich in sie eingebrachten Objekte in einer unendlich vielfältigen Farbpalette.
Der Grund dafür ist, daß das „farblose" Sonnenlicht aus Licht verschiedener Farben zusammengesetzt ist. Der Physiker spricht davon, daß das farblose Sonnenlicht in Spektralbereiche zerlegt werden kann, die sich

untereinander durch ihre Wellenlänge, der Laie verwendet dafür den Begriff „Farbe", unterscheiden. Fällt farbloses Sonnenlicht auf ein Objekt, z. B. eine Pflanze, so werden die einzelnen Spektralanteile nicht gleichmäßig reflektiert, ein Teil wird sogar absorbiert. Dadurch hat das rückgestreute Licht nicht mehr dieselbe Zusammensetzung; das Objekt „hat" nun für den Betrachter eine Farbe.

In Zusammenarbeit mit Erdwissenschaftlern untersucht der Physiker nun, wie die verschiedenen Objekte das Licht reflektieren, um Informationen über Art und Zustand ableiten zu können. Dabei reicht der subjektive Eindruck eines Beobachters nicht mehr aus, neuartige Meß- und Beobachtungssysteme müssen eingesetzt werden. Neben dem klassischen Photoapparat werden heute deshalb sog. multispektrale Abtastsysteme verwendet. Ein solches System ist der zuvor beschriebene „LANDSAT-Multispektral-Scanner". Die Geräte messen das von der Erdoberfläche zurückgestreute Sonnenlicht in verschiedenen, schmalen Spektralbereichen. Das LANDSAT-Gerät arbeitet in der Spektralbereichen: Kanal 4 (0,5—0,6 μm), 5 (0,6—0,7 μm), 6 (0,7—0,8 μm) und 7 (0,8—1,1 μm). Kanal 4 entspricht grünem Licht, Kanal 5 entspricht rotem Licht, Kanal 6 und 7 repräsentieren reflektierte Strahlung, die nicht mehr sichtbar ist und jenseits (langwelliger) des Dunkelrot liegt. Sie werden als nahes Infrarot bezeichnet. Die verschiedenen Kanäle werden getrennt als Schwarz/Weiß-Bilder photographisch wiedergegeben. Betrachtet man Aufnahmen derselben Szene in den verschiedenen Kanälen, so wird deutlich, daß jeder Kanal andere Informationen enthält. Sie werden durch die Variation des Schwärzungsgrades, auch Graustufe genannt, gekennzeichnet. So sind Wasserflächen in den Kanälen 4 und 5 nur schwer zu unterscheiden, im Kanal 7 sind sie dagegen deutlich durch ihre schwarze Farbe identifizierbar. Der Grund dafür ist, daß der infrarote Strahlungsanteil des Sonnenlichtes nahezu nicht reflektiert wird.

Um dem Interpreten derartiger Aufnahmen die Arbeit zu erleichtern, um Kontraste deutlicher zu machen bzw. Einzelheiten hervorzuheben, werden den einzelnen Grauauszügen der Kanäle Farben zugeordnet. So kodierte man in den vorliegenden LANDSAT-Beispielen den grünen Spektralauszug (Kanal 4) blau, den roten Spektralauszug (Kanal 5) grün und einen der nahen Infrarotspektralauszüge (Kanal 7) rot. Bei Überlagerung dieser Farbauszüge erhält man ein zusammengesetztes Farbbild. Da die verwendeten Farben gegenüber den wirklichen Farben der Spektralauszüge zum langwelligen hin verschoben sind, um das dem Auge nicht mehr sichtbare Infrarot farblich zu verifizieren, spricht man von Falschfarbenbildern. Die Rotfärbung der Bilder demonstriert eine physikalische Eigenschaft von Vegetation. Frische Vegetation hat ihr Reflexionsmaximum nicht im sichtbaren Licht — das uns sichtbare Grün der Vegetation hat eine sehr geringe Helligkeit — sondern im nahen Infrarot. Die Art und der Zustand der natürlichen und landwirtschaftlichen Pflanzendecke erscheint also in der Falschfarbendarstellung in vielfältigen Schattierungen des Rot.

Vorteile der Erdbeobachtung aus dem Weltraum

Satellitenbilder ermöglichen einen Überblick über große Flächen, bei LANDSAT 35 000 km² in einem Augenblick. Um dieselbe Fläche aus Luftbildern zu einem Mosaik zusammenfügen zu können, wären mehr als 340 Einzelaufnahmen notwendig. Während dieses Aufnahmevorganges würden sich aber die Beleuchtungsverhältnisse, die Sichtbedingungen und die Wetterlage ständig ändern. Die einzelnen Aufnahmen ließen sich in ihrem Aussagewert nicht miteinander vergleichen.

Ein Satellit ermöglicht die Wiederholbarkeit der Aufnahme über einem beliebigen Punkt der Erde. Damit lassen sich insbesondere Veränderungen auf der Erdoberfläche feststellen. Dies ist wichtig für die Land- und Forstwirtschaft, für die Hydrologie und für Fragen der Umweltbelastungen. Erst aus solchen großen Überblicken lassen sich großräumige geologische Strukturen erkennen, die gerade für die Suche nach Rohstofflagerstätten eine Voraussetzung sind.

Ein wichtiger Aspekt liegt aber auch in der kartographischen Auswertung solcher Satellitenbilder. Bis heute ist die Erdoberfläche nur zu etwa 35 Prozent im Maßstab 1 : 250 000 kartiert; bei noch besseren Maßstäben, wie sie insbesondere zu jeder Art der Siedlungsplanung unbedingt notwendig sind, ist der Anteil noch viel schlechter. Dieser Mangel läßt sich mit den bisher üblichen Methoden der Vermessung nicht beseitigen, auch bei der Auswertung von Luftbildern würden die Experten mehr als zwanzig Jahre für die Kartierung benötigen. Erst das Satellitenbild kann hier in relativ kurzer Zeit, d. h. in wenigen Jahren, zum Ziel führen.

Satellitenbilder sind darüber hinaus eine stets aktuelle objektive Informationsquelle. In solchen Aufnahmen lassen sich ebenso Ölkatastrophen auf unseren Weltmeeren erkennen, wie die Verschmutzung und Schädigung der Natur um Industrie- und Verkehrszentren. Das Ausmaß von Flutkatastrophen wird ebenso sichtbar wie der Umfang einer Dürrekatastrophe in Zentralafrika. Aus Satellitenbildern läßt sich der Raubbau des Menschen und seine Auswirkung auf die Natur ebenso erfassen wie der Nutzen von Kultivierungen verwüsteter Flächen.

Mögen durch dieses Buch viele Leser erfahren, daß die Anstrengungen in der Weltraumforschung einen Nutzen für jeden Bewohner dieser Erde haben.
A. Si., J. B.

Die in diesem Band abgebildeten Multispektralaufnahmen wurden von dem Satelliten LANDSAT 2 aus einer Erdumlaufbahn in 912—920 km Höhe aufgenommen. Der ursprüngliche Maßstab betrug 1 : 1,2 Millionen und wurde bei den hier vorliegenden Bildern auf 1 : 500 000 vergrößert. Das heißt — wenngleich stark vereinfacht — die Aufnahmen entsprechen jetzt ungefähr dem Bild, das sich einem Betrachter bieten würde, der in ca. 100 km Flughöhe die Erde umkreist.

Deutsche Landschaften und Städte

9

Schleswig-Holstein

10

Das Satellitenbild zeigt das westliche und das nördliche Schleswig-Holstein. Der östliche Teil mit der Holsteinischen Schweiz und der Hansestadt Lübeck ist nicht abgebildet. Südlich der Elbe ragen Teile von Niedersachsen ins Bild. Im Norden bildet das dänische Nordschleswig die Begrenzung.

Seine Gestalt verdankt das nördlichste Bundesland in erster Linie den Vorgängen im Quartär, der jüngsten erdgeschichtlichen Epoche. Während der Eiszeiten drangen von Norden und Nordosten große Inlandeismassen nach Süden. Von Skandinavien her füllten sie den Ostseetrog und reichten bis weit in das Norddeutsche Tiefland. Sie führten das Material heran, aus dem der größte Teil Schleswig-Holsteins aufgebaut ist. Durch die wiederholte Vergletscherung finden wir Ablagerungen verschiedener Eiszeiten nebeneinander.

In der Nacheiszeit, im Holozän, entwickelten sich die Küsten. Nachdem das Eis geschmolzen war, stieg der Meeresspiegel stetig an. Durch den Skagerrak drang das Wasser in das Ostseebecken, im Westen rückte es immer weiter gegen die Küste vor.

Alle diese Vorgänge haben dazu geführt, daß sich von Osten nach Westen eine klare Gliederung in vier Naturlandschaften ergibt:
1. Das östliche Hügelland
2. die niedere Geest, auch Vorgeest genannt
3. die hohe Geest
4. die Marsch mit dem Wattenmeer und den Inseln.

Diese Zonen sind vor allem durch ihre unterschiedliche landwirtschaftliche Nutzung erkennbar. Im Falschfarbenbild erscheint das Wasser dunkel, der Wald ist braun, Ackerflächen sind blau, das Grünland rot. Das Wattenmeer hat wegen der wechselnden Wassertiefe unterschiedlich dunkle Farben, die Strände und Sande sind weiß.

Das östliche Hügelland ist aus den Jungmoränen der Weichsel-Eiszeit aufgebaut. Sie liegen als Endmoränen vielfach gestaffelt hintereinander und geben Zeugnis von verschiedenen Eisrandlagen. Als Grundmoränen sind sie leicht wellig oder flach ausgebildet.

Einzelne Gletscherzungen haben gegen Ende der letzten Vereisung sogenannte Zungenbecken ausgeformt, an die sich meist Abflußrinnen anschließen. Wegen der Wasserundurchlässigkeit des Geschiebemergels sind die Becken und Rinnen mit Wasser gefüllt. Die Zahl der Teiche und Seen ist groß. In die meisten Zungenbecken ist die Ostsee eingedrungen, deshalb ist ihre Küste durch lange schmale Buchten, die Förden, gegliedert.

Da sich auf den ton- und kalkreichen Jungmoränen ein fruchtbarer Boden entwickelt hat, herrscht im Jungmoränenland Ackerbau vor.

Die niedere Geest ist aus Sanden aufgebaut. Die Schmelzwässer haben sich zwischen den Moränen ihre Bahn gesucht. Wo sie die Endmoränen durchbrachen, schütteten sie große Schwemmfächer auf, die Sander. Sie sind nach Westen leicht abgedacht, die Korngrößen werden mit der Entfernung vom Eisrand wegen der nachlassenden Transportkraft immer kleiner. Sehr viel Feinmaterial wurde aus diesen Flächen ausgeweht und als Flugsand wieder abgelagert. Die Sandböden sind nährstoffarm. Wegen des ausgeprägten atlantischen Klimas dominieren Podsole (Bleicherden). In den Tälern z. B. der Stör, Eider und Treene ist wegen des hohen Grundwasserstandes der Grünlandanteil sehr hoch.

Die Altmoränen bezeichnet man als hohe Geest. Sie ragen aus den Sanderflächen heraus oder sind ihnen vorgelagert. Weil die Schmelzwässer der Gletscher in der Weichsel-Eiszeit große Teile von ihnen weggespült haben, sind nur noch Reste als „Geestinseln" erhalten geblieben.

Die Böden sind zwar stark ausgewaschen und deshalb nicht so gut wie im östlichen Hügelland, aber sie sind besser als die der niederen Geest und werden ackerbaulich genutzt. Im Satellitenbild heben sie sich durch den höheren Anteil an Blau von der niederen Geest ab.

Westlich der Geest schließen sich die Marsch und das Wattenmeer an. Sie sind der erdgeschichtlich jüngste Teil Schleswig-Holsteins. Im Atlantikum (ca. 5500–2500 v. Chr.) stieg der Meeresspiegel langsam an und schuf zunächst eine Ausgleichküste mit Kliffs und Nehrungen. Die durch die Nehrungen abgeschnittenen Haffs und Strandseen verlandeten zu Niedermooren. Durch den weiteren Anstieg wurden große Gebiete überschlickt, auch die Moore. Es entstand die alte Marsch, aus der nur noch die Nehrungen mit den aufgesetzten Dünen herausragen.

Durch die fortgesetzte Aufschlickung wurde der alten die junge Marsch meerwärts vorgelagert. Sie liegt höher als die alte Marsch, deshalb kann in ihr Ackerbau getrieben werden.

Alte und junge Marsch lassen sich recht gut unterscheiden, weil nur in der jungen in größerem Umfang Ackerbau getrieben wird. In Dithmarschen kann man an der Grenze zur Geest sogar die in Nord-Süd-Richtung verlaufenden alten Nehrungen erkennen. Die regelmäßige Anlage der Parzellen, die durch die Entwässerungsgräben bedingt ist, hebt sich von der unregelmäßigen Flureinteilung der Geest und des östlichen Hügellandes ab.

Vor den bis zu 8,50 m hohen Seedeichen liegt das Wattenmeer mit den Inseln und Halligen. Sylt, Amrum und Föhr haben einen Geestkern, Pellworm und Nordstrand sind eingedeichte Marschinseln. Die Halligen haben keinen Deich, der sie vor Überflutungen schützt. Deshalb sind die Häuser auf kleinen Erdhügeln, Warften, errichtet. Man kann sie als blaue Punkte erkennen. Ackerbau gibt es auf den Halligen wegen des häufigen „Land unter" nicht.

Das Wattenmeer ist durch verästelte Priele gegliedert. In ihnen läuft das Wasser zweimal täglich auf und überflutet das Watt; zweimal läuft es ab, so daß das Watt trockenfällt. Unser Bild verdeutlicht die Gezeitendynamik der deutschen Nordseeküsten. Ablaufende Wasser, kurz vor dem Tiefstand der Ebbe, haben weite Bereiche des Wattes trockenfallen lassen. Die geringen Reliefunterschiede und der Aufbau des Wattes sind anhand unterschiedlicher Helligkeitsschattierungen klar hervorgehoben. Einzelne Bauwerke des Küstenschutzes, so die Abdämmung der Eider und der im Bau befindliche Damm durch die Meldorfer Bucht sind klar erkennbar. An verschiedenen Stellen, besonders im nordfriesischen Wattenmeer, kann man das Vorland und die Seedeiche unterscheiden. Die neuesten Köge fallen durch ihre großen Parzellen auf.

M. J. M.

Rechte Seite:
Schleswig-Holstein
Bildmaßstab 1 : 500 000
Aufnahmedatum: 11. 8. 1975

St. Peter-Ording

Gegenüber dem Satellitenbild bietet das Senkrechtluftbild den Vorteil eines großen Maßstabes (ca. 1 : 13 000). Es erlaubt deshalb eine wesentlich genauere Interpretation, die sehr viele Einzelheiten erfaßt. Dargestellt ist der Westkopf der Halbinsel Eiderstedt. Er ist eine Besonderheit an der Westküste Schleswig-Holsteins. Die Küste Nordfrieslands und Dithmarschens wird geprägt durch die Landgewinnung und den Küstenschutz. Überall schützen Deiche die Marsch vor den Sturmfluten der Nordsee, überall ist das Wattenmeer mit Abzugsgräben und Bauwerken zur Landgewinnung versehen.

Bei St. Peter-Ording sind die Verhältnisse anders. Ein breiter Sandstreifen (auch im Satellitenbild erkennbar), wie wir ihn auch auf der Insel Amrum finden, ist der Küste vorgelagert. Nicht das schlecht zugängliche Schlickwatt, sondern ein fester Sandstrand bestimmt das Bild. Man vermutet, daß es sich um das südliche Ende einer alten Nehrung handelt, die Nordfriesland lange Zeit vor der Brandung der Nordsee schützte. Im Süden gabelt sich der Strand in zwei bogenförmige Abschnitte. Vom Festland ist er hier durch einen Priel getrennt. Der Zugang erfolgt über eine Brücke und einen Steg, der an einer Badestelle endet. Der nördliche Teil des Strandes ist durch einen Zufahrtsweg mit kleiner Brücke auch für Personenwagen erreichbar. Parkende Autos, Strandkörbe und kleine Hütten sind gut zu erkennen.

Zwischen dem Strand und dem Festland erstreckt sich ein nach Norden schmaler werdendes Vorland. Es fällt durch braune und grüne Farbtöne auf.

Gegen Sturmfluten ist dieser gesamte Bereich nicht geschützt. Deshalb stehen hier auch keine Häuser. Nur am Ende des Steges befinden sich zwei Gebäude, die auf hohen Pfählen errichtet und auf diese Weise gegen die Fluten gesichert sind.

Östlich des Vorlandes schließt sich ein bis zu 1 km breiter Dünengürtel an. Mit fast 15 m über NN erreichen einzelne Dünen eine beachtliche Höhe. Das Luftbild läßt erkennen, daß der größte Teil von ihnen waldbedeckt ist und dadurch festliegt. Nur drei größere Flächen zeigen durch die helle Farbe an, daß hier noch Sandumlagerungen stattfinden. Die Vegetationsdecke ist nicht dicht genug, um das zu verhindern.

Der Kampf gegen den Dünensand dauert schon mehrere hundert Jahre. Wertvolles Kulturland ging verloren, weil die von den Dünen überwanderte Marsch keinen Schutz gegen die Nordsee hatte und von Sturmfluten weggerissen wurde.

Zunächst bekämpften die Bauern den Sandflug durch das Errichten kleiner Dämme und das Aufstellen von Reetwänden. Dann bepflanzte man die Dünen mit Strandhafer und anspruchslosen Weiden.

Die Dünen hatten aber auch Vorteile, denn sie schützten das Land gegen Sturmfluten. Im 18. Jahrhundert traten durch eine Reihe solcher Fluten allerdings erhebliche Schäden auf. 1825, während der sogenannten Halligenflut, durchbrach das Meer den Dünengürtel und überschwemmte 4000 ha Marschland. In der Folgezeit verbesserte man den Schutz des Festlandes durch Deiche. Die Dünen wurden aufgeforstet, und etwa seit dem Zweiten Weltkrieg verhindert der Mischwald die Versandung der Marsch.

Auf den alleinigen Schutz der Dünen gegen die immer höher auflaufenden Sturmfluten verläßt man sich schon lange nicht mehr. Um 1800 hat man hinter den Dünen einen Deich errichtet. Er ist im Luftbild zu sehen. Parallel zur Bahnlinie verläuft er von Nordwest nach Südost. Die dahinter liegende Marsch ist sehr leicht an den vielen parallel angeordneten Entwässerungsgräben zu erkennen. Ein größerer unregelmäßiger Sielzug nimmt das Wasser der Gräben auf und führt es nach Nordwesten ab. Heute ist fast der ganze Küstenabschnitt durch einen neuen Deich geschützt. Vor St. Peter wurde er in den letzten Jahren begradigt, erhöht und mit einer Asphaltbetondecke versehen. Der Anlaß für diese Bautätigkeit war die Sturmflut vom 16./17. 2. 1962, bei der der Ortsteil Bad St. Peter teilweise überschwemmt wurde. Ohne Deichschutz ist jetzt nur noch das nördliche Dünenfeld, an das man den Seedeich mit einem Flügeldeich angeschlossen hat.

Im Luftbildausschnitt sind die drei verschiedenen Landschaftstypen, die den Westteil der Halbinsel Eiderstedt bestimmen, nebeneinander zu erkennen:

Im Westen das Meer mit dem breiten hellen Sandstrand, dem dunklen Priel und dem Vorland. Bei starken Westwinden können auch im Sommer Strand und Vorland überspült werden.

Östlich davon, hinter dem neuen Seedeich, die bewaldete Dünenzone. Hier ist der Ortsteil Bad St. Peter entstanden. In der rechten unteren Bildecke liegt der Ort St. Peter. Er hat sich nach Nordwesten in das Dünengebiet hinein vorgeschoben. Die roten Dächer der Einzelhäuser lassen auf eine lockere und niedrige Bebauung schließen. Aber auch größere Gebäude sind zu erkennen. Es handelt sich um Hotels und Appartementhochhäuser. St. Peter-Ording hat sich seit 1877 zu einem bedeutenden Seebad entwickelt. Es wird vorzugsweise von Familien mit Kindern besucht.

1975 wurden 1,2 Millionen Übernachtungen gezählt. In 231 Betrieben und 4445 Privatquartieren stehen mehr als 10 000 Betten zur Verfügung. Außerdem haben 20 Kinderheime 1520 Betten. Hier wurden mehr als 400 000 Übernachtungen registriert.

Das Angebot für die Gäste ist umfangreich. Ein Meerwasser-Wellenschwimmbad, das Haus des Kurgastes, ein Kurpark, der breite Sandstrand, der Wald und die Dünen, über 100 km Spazierwege sowie eine große Zahl weiterer Einrichtungen, wie z. B. neun Campingplätze, von denen zwei im Bild rechts oben zu erkennen sind, ziehen die Besucher jedes Jahr an. Die meisten von ihnen kommen selbstverständlich im Sommer, aber auch die Wintermonate werden immer beliebter. 1975 wurden in dieser Zeit immerhin ca. 120 000 Übernachtungen gezählt. Eine besondere Attraktion ist das Strandsegeln, das immer wieder viele Zuschauer anlockt.

Der dritte Landschaftstyp ist die östlich der Bahnlinie beginnende Marsch. Sie wird landwirtschaftlich genutzt. Die Landwirtschaft ist neben dem Fremdenverkehr immer noch ein bedeutender Wirtschaftszweig. Von der 2600 ha großen Landfläche der Gemeinde St. Peter-Ording werden etwa 1000 ha agrarisch genutzt. Grünland herrscht vor, es macht in Eiderstedt 86 Prozent aus. Weit über die Landesgrenzen hinaus ist das Eiderstedter Vieh bekannt.

M. J. M

Linke Seite:
St. Peter-Ording

Flensburg

Die weit in das Land hineinreichenden Förden sind gute, natürliche Häfen, wie am Beispiel Flensburg, Eckernförde und Kiel deutlich wird. Die Anlage der Stadt Flensburg ist geprägt durch die Besonderheit des Reliefs.

Zu beiden Seiten eines ehemaligen Gletscherzungenbeckens sind 40—60 m hohe Moränen aufgeschoben worden. Ihr Steilabfall zur Förde hin ist an den Bäumen und an der Schattenwirkung zu erkennen. Die Altstadt liegt langgestreckt am Westufer der Förde auf dem schmalen Saum zwischen Wasser und hohen Moränen. Im Norden und Süden war sie jeweils durch ein Tor geschützt. Kleine Seitengassen führen auf der einen Seite zur Förde hinunter, auf der anderen Seite bis an den Moränenfuß heran. Am Ostufer entstand eine weniger dicht bebaute Vorstadt, die durch die Angelburger Straße mit der Kernstadt verbunden war. Bis an diese Straße reichte noch im 18. Jahrhundert das Südende der Förde, die sogenannte Hörn. Nach und nach hat man sie zugeschüttet, so daß hier breite Verkehrswege, Parkplätze und der Zentralomnibusbahnhof angelegt werden konnten. Die in Nord-Süd-Richtung durch die Altstadt ziehende Verkehrsachse (Große Straße, Holm) hat sich mit dem Norder- und dem Südermarkt zum Geschäftszentrum entwickelt. Durch den Ausbau der Friedrich-Ebert-Straße und Süderhofenden, die den Verkehr von Süden her aufnehmen und an der Förde entlang nach Norden leiten, und durch den Bau der autobahnähnlichen Umgehungsstraße (E 3) im Westen wurde es möglich, die Altstadt als Fußgängerzone einzurichten.

Das Senkrechtluftbild erleichtert die Orientierung, und wir können versuchen, in groben Zügen die Gliederung der Stadt nachzuvollziehen. Die seit dem 19. Jahrhundert einsetzenden Stadterweiterungen sind an einigen typischen Merkmalen zu erkennen.

Erst 1795 wurde das Bauverbot vor den Toren aufgehoben. Planmäßig legte man daraufhin nördlich des Nordertors die Neustadt an. Sie ist an der starken Durchmischung von Wohnbauten, kleinen Gewerbebetrieben und Industrieanlagen zu erkennen, die sich im Laufe des 19. Jahrhunderts hier ansiedelten. Die Entwicklung der Stadt vollzog sich zunächst langsam. Erst als Schleswig-Holstein 1867 in den Staat Preußen eingegliedert wurde, erlebte Flensburg eine neue Blüte, ähnlich der des 16. und 17. Jahrhunderts. Der Flensburger Hafen wurde zum größten Ostseehafen und zum drittgrößten Überseehafen hinter Hamburg und Bremen.

Die steigende Einwohnerzahl (1910: 60 000) brachte zunächst eine Erweiterung der Stadt im Westen, auf dem Moränenplateau. Im Luftbild ist dieser Stadtteil durch die lockere Einzelhausbebauung mit sehr vielen kleinen Grünflächen und Gärten auszumachen. Am Moränenrand, hoch über der Altstadt, wurden große öffentliche Gebäude errichtet, zum Beispiel das Museum, das Land- und Amtsgericht und das Alte Gymnasium.

Kurz vor dem Ersten Weltkrieg wurde auch das östliche Moränenplateau in die Stadterweiterung einbezogen. Hier entstanden in lockerer Bauweise an den Straßen nach Glücksburg und Kappeln Wohnhäuser.

Den Anstoß zu dieser Entwicklung gab der Bau der Kaiserlichen Seeoffiziersschule, der heutigen Marineschule in Mürwik (außerhalb des Bildes am Ufer der Förde). In unmittelbarer Nähe der Schule entstanden Wohnsiedlungen für die Marineangehörigen.

Nach dem Zweiten Weltkrieg wurde Flensburg Großstadt, die einzige im Landesteil Schleswig. Durch die zahlreichen Flüchtlinge stieg die Einwohnerzahl auf 105 000 (1949). Eine Vielzahl von neuen Wohnsiedlungen entstand im Norden, Westen, Süden und Osten der Stadt. Sie sind im Senkrechtluftbild fast alle an den langen Wohnblocks zu erkennen. Die Einwohnerzahl ging in den letzten Jahren zwar auf rund 97 000 zurück, aber trotzdem ist Flensburg heute das Zentrum für den Norden Schleswig-Holsteins, die wirtschaftlich am schwächsten entwickelte Region des Landes.

Die jüngste Entwicklung der Stadt ist gekennzeichnet durch bauliche Veränderungen in der Innenstadt. Ein Teil der alten Bausubstanz ist modernen Kaufhäusern gewichen. Das läßt sich gut an den großen hellen Gebäuden inmitten der roten Dächer erkennen.

Der Hafen spielte immer eine große Rolle für die Wirtschaft der Stadt. Er bildete die Grundlage für den Fernhandel. Heute ist seine Bedeutung sehr zurückgegangen. Die Schiffe, die auf der Förde zu erkennen sind, dienen dem Ausflugsverkehr nach Glücksburg und Dänemark. Dennoch besitzt der Hafen noch immer für verschiedene Industrien und Gewerbebetriebe, die hier ihren Standort haben, eine nicht gering einzuschätzende Funktion.

Die Werft (1500 Beschäftigte), das Gas- und das Kraftwerk sowie der Schlachthof (am oberen Bildrand) auf der Westseite, einige Getreidesilos, Öl- und Holzlager sowie einzelne Schiffsausrüster auf der Ostseite haben neben der Lage am Wasser auch noch den Vorzug eines Gleisanschlusses.

Der Industriehafen ist recht klein. Im Luftbild tritt er zwar deutlich hervor, das darf über seine geringe Bedeutung jedoch nicht hinwegtäuschen. Der nordöstlich des Klärwerkes anschließende Marinehafen gibt für den Handel zwar keine unmittelbaren Impulse, der Stützpunkt mit der großen Zahl von Soldaten und Zivilbeschäftigten ist aber ein durchaus ernst zu nehmender Wirtschaftsfaktor der Stadt.

M. J. M.

Rechte Seite:
Flensburg

Zwischen Nord- und Ostsee

Durch die Gegenüberstellung des Senkrechtluftbildes von Havetoftloit mit den drei Schrägaufnahmen wird der Unterschied in der Anschaulichkeit der Bilder deutlich. Ein Schrägluftbild bedarf kaum einer Interpretation. Der große Maßstab läßt uns fast jede Einzelheit erkennen, das schräg einfallende Sonnenlicht macht das Relief sichtbar.

Anders das Senkrechtluftbild, das sich dem ungeübten Betrachter nur schwer erschließt.

In der Landschaft Angeln, zwischen Flensburger Förde und Schlei, finden wir Bauerndörfer und Einzelhöfe nebeneinander (Bild links unten). Die Flureinteilung läßt jede Regelmäßigkeit vermissen, die alten Straßen passen sich dem Verlauf der Besitzgrenzen an. Die meisten Parzellen sind mit Hecken umgeben, den Knicks. Sie wurden im Verlauf einer durchgreifenden Agrarreform am Ende des 18. Jahrhunderts von den Bauern angelegt. Sie dienten als Begrenzung des Eigentums, zum Schutz gegen Wild und zur Deckung des Holzbedarfs.

Der Wechsel von Acker- und Grünland auf engem Raum läßt auf sehr unterschiedliche Boden- und Grundwasserverhältnisse schließen. Die Getreidefelder sind zum Zeitpunkt der Aufnahme, Ende August, alle abgeerntet. Nur die Rüben stehen noch, sie sind von den Wiesen und Weiden durch einen olivgrünen Farbton und das Durchschimmern der Reihen zu unterscheiden. Vor allem auf den Feldern, die bereits wieder gepflügt sind, fällt die unterschiedliche Intensität der Grau- und Brauntöne auf. Sie spiegeln die verschiedenen Bodenarten, die Bodenfeuchtigkeit und Bodenmächtigkeit wider. Diese Unterschiede lassen sich mit Hilfe der Entstehungsgeschichte des Gebietes erklären. Ein vorrückender Gletscher hat während der letzten Kaltzeit das vor ihm liegende Material zu einer Stauchendmoräne aufgeschoben und Geschiebemergel, Sand und Steine miteinander vermischt. Lehm- und Sandböden wechseln deshalb auf engem Raum.

Die charakteristischen Merkmale einer Marschlandschaft sind auf dem Schrägluftbild rechts oben deutlich zu erkennen. Die Aufnahmerichtung geht über einen Deich ungefähr nach Süden. Hinter dem Deich liegen, gegen die Nordsee, aber auch gegen den Wind geschützt, die Höfe. Die Bäume zeigen alle die typische Windschur, d. h. ihre Krone ist vom Wind so geformt, daß sie von Westen nach Osten leicht ansteigt.

Aus der geringen Breite und Höhe des Deiches kann man schließen, daß es sich nicht um einen wichtigen Deich handelt, sondern um einen alten, der keine Funktion mehr hat, um einen Schlafdeich. Das Land ist mit Gräben durchzogen, die ein rechtwinkliges Entwässerungsnetz bilden. Bis auf einzelne Parzellen wird es als Grünland genutzt. Das überall blau aufleuchtende Wasser deutet auf einen hohen Grundwasserstand hin. Hierunter hat ein großer Teil der Halbinsel Eiderstedt zu leiden. Deswegen wird heute vor allem Rindermast betrieben.

Kiel (oben links) liegt im Zungenbecken eines Gletschers der letzten Eiszeit. Es ist von bis zu 50 m hohen Moränen umgeben. Im Vordergrund des Schrägluftbildes erkennt man einen Teil davon, den Hornheimer Endmoränenriegel. Durch den Anstieg des Meeresspiegels in der Nacheiszeit ist die Ostsee in dieses Zungenbecken eingedrungen und hat so einen ausgezeichneten natürlichen Hafen geschaffen. Die Förde reichte früher wesentlich weiter ins Land hinein, fast bis an die moderne Straßenüberführung am rechten Bildrand. Seit sie aber als Hafenbecken genutzt wird, ist sie durch Aufschüttungen im Süden verkürzt und an den Seiten verengt worden.

In der Mitte des 13. Jahrhunderts wurde die Stadt von Graf Adolf IV. von Schauenburg gegründet. Die erhoffte schnelle Entwicklung zu einer bedeutenden Hafenstadt blieb aber aus, weil ein entsprechendes Hinterland fehlte. Erst mit dem Bau von Straße und Eisenbahn (1832, 1844) begann ein wirtschaftlicher Aufstieg. Als Kiel 1871 Reichskriegshafen wurde, und man 1887–1895 den Kaiser-Wilhelm-Kanal baute, verlief die Entwicklung so stürmisch, daß sich die Einwohnerzahl in 50 Jahren verzehnfachte. Vor allem auf dem Ostufer der Förde — im Bild rechts — wurden Industriebetriebe errichtet.

Im Zweiten Weltkrieg wurde die Stadt fast vollständig zerstört. Die Einwohnerzahl sank von (1943) 300 000 auf (1945) 183 000. Der Wiederaufbau nach dem Krieg vollzog sich schneller als erwartet, und heute hat Kiel mit knapp 260 000 Einwohnern als Landeshauptstadt, Universitätsstadt und als bedeutender Standort für Handel und Industrie die führende Rolle in Schleswig-Holstein übernommen.

Lübeck (rechts unten) liegt, anders als Kiel, nicht unmittelbar an einer Förde, sondern an einem Fluß. Dennoch hat es guten Zugang zur Ostsee, weil die Trave in die Lübecker Bucht mündet. Die 1143 gegründete, verkehrsgünstig gelegene Stadt nahm einen raschen Aufschwung. Die alte Salzstraße, auf der das Salz von den Salinen Lüneburgs nach Lübeck gelangte, spielte für das Gedeihen der Stadt eine große Rolle. Salz wurde für die Konservierung der Heringe benötigt, die als wichtiger Handelsartikel aus dem Ostseeraum in viele Länder Europas gebracht wurden. Noch heute kann man den ehemaligen Reichtum der Stadt erkennen. Die prächtigen gotischen Backsteinbauten prägen die Silhouette Lübecks. Auf dem Schrägluftbild erkennt man im Bildmittelgrund das Holstentor mit den bekannten Salzspeichern rechts daneben. Sie werden durch den alten Hafen der Trave von der Altstadt getrennt. Die Marienkirche, erkennbar an den zwei Türmen, ist die Kirche der Kaufleute, links dahinter die Jakobikirche, das Gotteshaus der Schiffer.

Lübeck war gut befestigt, davon zeugt das Holstentor. Die Festungsanlagen wurden im 19. Jahrhundert geschleift. Heute finden wir an ihrer Stelle teilweise Grünanlagen, zum Beispiel im Vordergrund des Bildes.

Im 20. Jahrhundert wurde aus der alten Handelsstadt eine Industriestadt. An der Untertrave entwickelte sich eine verkehrsorientierte Industrie, deren Gebäude wir im Hintergrund des Bildes noch schwach erkennen können. Dadurch hat sich auch der Hafen immer mehr in Richtung Ostsee verlagert. Die Hafenbecken, in denen früher die Hansekoggen lagen, werden heute kaum noch benutzt.

M. J. M.

Linke Seite
Links oben: Kiel
Links unten: Knicklandschaft in Angeln, Havetoftloit
Rechts oben: Marschlandschaft in Eiderstedt
Rechts unten: Lübeck

Ostfriesland

18

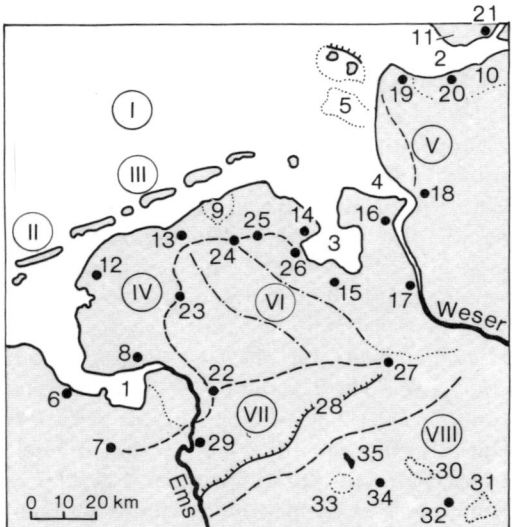

Das Satellitenbild zeigt mit topographischer Genauigkeit das nordwestdeutsche Tiefland zwischen dem Dollart (1) und der Elbmündung (2). Diagonal liegt in der Deutschen Bucht (I) die Inselkette der Ostfriesischen Inseln (II), von denen Juist (mit Memmert), Norderney, Baltrum, Langeoog, Spiekeroog und Wangerooge deutlich zu identifizieren sind; die seeseitigen Sandstrände heben sich von den bewachsenen Weißen und Grauen Dünen ab. Vor dem Jadebusen (3) schließt sich die Vogelschutzinsel Mellum an, und vor der trichterförmigen Mündung der Elbe liegen die Inseln Neuwerk und Scharhörn.

Hinter der Inselkette wird das Wattenmeer (II) sichtbar, jener durch Gezeitenströme zeitweise überflutete Küstensaum, der von zahlreichen ständig wasserführenden Gerinnen durchzogen ist, den Prielen; diese laufen seewärts zwischen den Inseln als „Gatts" oder „Baljen" aus. Auffällig ist, wie weit das Watt in den Jadebusen und in die Trichtermündungen von Weser (4) und Elbe eingreift. Einige größere Wattflächen sind als Naturschutzgebiete bekannt, so der Große Knechtsand (5) und das Scharhörn-Neuwerker Inselwatt; das letztere bricht übrigens an der Wattkante schroff zur Außenelbe ab — eine Folge der Erosion durch den Elbstrom.

Die Gliederung der Küstengebiete und des Hinterlandes kann über die gut erkennbare Bodennutzung erfolgen. Beiderseits des Dollart, besonders zwischen den niederländischen (westfriesischen) Orten Delfzijl (6) und Winschoten (7) beginnt das Ackerbaugebiet der Marsch (IV) mit Weizenanbau, das sich nördlich von Emden (8) als Brot- und Futtergetreidestreifen durch die ostfriesische Marsch bis zur Außenjade fortsetzt; auffällig ist die Konzentration des Getreideanbaus in der Marsch der ehemaligen Harlebucht (9). Auch die Marschen des Landes Hadeln (10) und des Neufelder Koogs (11) beiderseits der Elbe sind Getreideanbaugebiete. Die größeren Siedlungen im Marschenland sind neben Emden mit seinen Häfen westlich der Emsmündung die Städte Norden (12), Esens (13) und Wilhelmshaven (14); als weitere küstennahe Orte erkennt man Varel (15), Nordenham (16) und Brake (17) sowie Bremerhaven (18) an der Weser und endlich Cuxhaven (19) und Otterndorf (20) an der Elbe; in der nordöstlichen Bildecke ist eben noch Brunsbüttel (21) mit der Einfahrt zum Nord-Ostsee-Kanal zu sehen.

An den Marschensaum schließt sich die Geest an. Ihre Nordgrenze wird etwa durch die Linie Leer (22) — Aurich (23) — Wittmund (24) — Jever (25) — Sande (26) markiert; nördlich der Wesermündung durch den großenteils kultivierten Rücken der Wurster Heide (V); hier erreicht die Geest Höhen von 30 m ü. M. Gesäumt wird sie von den feuchten Niederungen der Ems- und der Wesermarschen, deren starke Grünlandnutzung (Rotfärbung!) besonders auffällt. Nördlich der Linie Leer—Oldenburg (27) liegen die Ostfriesische und die Oldenburger Geest (VI), eine Anzahl von nur 15 m hohen Grundmoränenplatten der Weichselkaltzeit mit sandigen Böden und einem Hochmoorband auf der schlecht ausgeprägten Wasserscheide zwischen Ems und Weser. Vergrünte Abflußrinnen heben sich von den ackerbaulich genutzten höheren Bodenwellen und Platten ab; nordwestlich von Oldenburg sind die Grundrisse der (holländischen) Fehnkolonisation zu erkennen.

Nach Süden schließt sich die Hunte-Leda-Moorniederung (VII) an, die der Länge nach vom Küstenkanal (28) durchzogen wird. Die Hochmoore in sandigen Talmulden sowie alte Heideflächen mit kleinen Waldbeständen sind Reste einer ehemaligen Totalvermoorung, der seit etwa 250 Jahren die Moorkolonisation entgegenwirkt; die Entwässerungsgräben im Westteil sind deutlich zu erkennen. Getreideanbau und Grünlandnutzung auf abgetorften Flächen halten sich in etwa das Gleichgewicht. Papenburg (29) war die erste Fehnkolonie auf deutschem Boden.

Erheblich höher (50 m ü. M.) und grundwasserferner liegen die eiszeitlichen Ablagerungen von Hümmling, Cloppenburger und Delmenhorster Geest (VIII). Zwar treten auch hier noch Moore und Heiden auf [30: Ahlhorner Heide; 31: Großes Moor bei Vechta (32); 33: Dose, westl. Cloppenburg (34)]. Doch die Höhenlage der eiszeitlichen Grundmoränen unter einer dünnen Sanddecke erlaubt eine großflächige Nutzung durch Getreide-Futterbau-Systeme. Nur die feuchten Talniederungen bilden reine Wiesen- und Weideflächen. In einer seitlichen Abflußrinne wurde der Thülsfelder Stausee (35) angelegt. Nach Süden folgen die Endmoränenzüge, die hier das Norddeutsche Tiefland abgrenzen und in die Mittelgebirgsschwelle überleiten; sie sind im Bild nicht mehr erfaßt.

H. F.

Rechte Seite:
Ostfriesland
Bildmaßstab 1 : 500 000
Aufnahmedatum: 19. 4. 1976

Moor, Marsch und Geest

Niedersachsen ist reich an Mooren, die sich — z. B. im oldenburgischen Hochmoorgebiet — zwischen den Geestplatten in pleistozänen Schmelzwasserrinnen ausbreiten. Die 50 000 ha Moorflächen der Hunte-Leda-Niederung blieben den Menschen verschlossen, bis die Niederländer am Ende des 16. Jahrhunderts bei Groningen das erste „Veen" trocken legten, indem sie die 4—8 m starke Torfschicht abbauten, das Restmoor dränierten und landwirtschaftlich nutzten. Nach dieser Methode begann man 1631 auch in Deutschland mit der Kolonisierung der Moore, so in Papenburg, wo die Moorkolonie 1675 angelegt wurde. Die weiteren Moorsiedlungen gehen auf das Urbarmachungsedikt Friedrichs des Großen (1765) zurück; Ostrhauderfehn (Bild links oben) wurde zugleich mit Westrhauderfehn ab 1769 in Angriff genommen.

Das Luftbild läßt deutlich den Grundriß und die Entwicklung der ursprünglichen Fehnkolonie erkennen. Man trieb zunächst Gräben ins Moor vor, die nicht nur (als Wasserwege) der verkehrsmäßigen Erschließung dienten, sondern auch dem Abtransport des gewonnenen Schwarz- und Weißtorfs und hernach auch der weiteren Entwässerung. Senkrecht dazu wurden die Torfstiche eingerichtet. Nach dem Abbau des Torfs baute man Viehfutter an. Mit der Zeit verloren die Hauptgräben ihre Bedeutung als Verkehrswege; auf Schüttdämmen wurden Straßen angelegt und durch Querdämme mit Durchlässen miteinander verbunden. Heute sind die Gräben zumeist träge hinfließende oder stehende Entwässerungssammler, die allmählich verlanden. Die Straßen liegen höher als die kultivierten Moorgrundstücke, die immer noch sehr grundwassernah sind. Ostrhauderfehn, heute eine Gemeinde mit 7200 Einwohnern, besitzt vier solcher ehemaliger Moorkanäle. In unserem Jahrhundert wird die Moorkolonisation nicht mehr mit dem Abstich des Torfes eingeleitet, sondern sie geschieht durch die konsequente Bodenverbesserung mit Mineraldüngern. Man nennt dieses Verfahren Deutsche Moorkolonisation im Gegensatz zur „niederländischen" Fehnkolonisation.

Im Küstengebiet mußte der Mensch seinen Lebensraum im Kampf mit dem Meer bewahren und wiedergewinnen. Ehe sich die Kette der Ostfriesischen Inseln aus flachen Sandplatten aufgebaut und als Wellenbrecher vor die Küste geschoben hatte, verursachten die Sturmfluten große Landverluste: Um 450 brach die 130 km² große Harlebucht ein, und die Nordsee drang bis 1164 über 20 km tief in das Land vor. Der Dollart entstand durch die Marcellusflut von 1362 und vergrößerte sich 1509 durch eine weitere Sturmflut; auch der Jadebusen ist das Ergebnis mehrerer Meereseinbrüche. Begünstigt wurden diese durch andauernde Senkungen des Festlandes, man hat für die 600 Jahre ab 1100 eine Senkung von stellenweise über 2,50 m nachgewiesen.

Bis in das 16. Jahrhundert hinein konnte sich der Mensch gegen die Überflutungen nur dadurch schützen, daß er seine Wohnplätze auf künstlichen Hügeln errichtete, den Wurten oder Warfen. Die ersten Wurten Ostfrieslands sind aus der späten Eisenzeit nachgewiesen; durch Grabungen und Bohrungen hat die Wurtenforschung sogar die Zeitpunkte und die Materialien ermittelt, zu denen und mit denen spätere Erhöhungen vorgenommen wurden.

Bei den Wurten unterscheidet man die Einzelwurt, die nur eine Hofstelle trägt, von der Dorfwurt. Letztere konnte dadurch entstehen, daß durch Zwischenschüttung mehrere Einzelwurten miteinander verschmolzen wurden; doch ist dies nicht die Regel. Fast alle radial gegliederten Runddörfer sind von Anfang an nach gleichem Schema auf einer Großwurt erbaut worden; nachgewiesen ist dies schon für das 1. nachchristliche Jahrhundert. Der Prototyp hierfür ist Rysum in der Krummhörn bei Emden; aber auch Ziallerns im Jeverland (links unten) entspricht diesem Typ. Das Luftbild zeigt, wie diese Dorfwurt aus jüngeren Flachsiedlungen der Marsch herausragt: die älteren größeren Bauernhäuser auf der linken Seite lassen noch die ehemalige radiale Anordnung erkennen, ebenso die Parzellengrenzen. Die kleineren, rechts gelegenen Wohnhäuser entstammen jüngeren Bau- bzw. Umbauperioden.

Die Landschaft der Geest ist schon seit der Jungsteinzeit besiedelt. Bei Cloppenburg liegt das Kerngebiet dieses flachen, saaleeiszeitlichen Grundmoränenlandes, etwa 1000 km² groß und durchschnittlich 50 m hoch; reich gegliedert durch Flugsanddecken, Dünen, Windausblasungen, alte Entwässerungsrinnen und Moore zwischen den Geestplatten (rechtes Bild).

Die über Soeste, Leda und Jümme nach Norden und über Süd-Radde und Hase nach Südwesten entwässernde Geest erhielt ihre naturräumliche Gestaltung durch die abtragende und ausräumende Tätigkeit zahlreicher kleiner Wasserläufe, die ihre Talsohlen etwa 4—6 m in das Geestniveau eingesenkt haben. Damit wird das Gebiet je nach Entfernung von diesen Wasserläufen auch in verschiedene Höhenstufen gegliedert. Meist breitere Bodenwellen liegen hoch über dem Talniveau, sind grundwasserfern, haben gebleichte, rostfarbene, sandig-lehmige Waldböden und als natürliche Vegetation den trockenen Eichen-Birken-Wald, der allerdings — wie im Kammerforst (links) — längst einem beforsteten Nadel- und Mischwald gewichen ist. Eine grundwassernähere Übergangsstufe mit Eichen-Auen-Wald leitet allmählich in die Niederungsstufe mit ursprünglichem Erlenbruchwald auf Moorböden, sog. organischen Naßböden, hinein. Der kulturlandschaftliche Gegensatz manifestiert sich im deutlichen Unterschied zwischen den durch Getreideanbau genutzten und — hier — mit Einzelhöfen besetzten höheren Rücken und dem Moor, dessen Wegenetz und Parzellengrenzen noch die Anlage der Entwässerung nachzeichnen und das überwiegend mit Futterpflanzen bebaut ist. Die Talstufe als tiefste Stufe mit vergrünten Talauen und Wiesenmooren ist im Luftbild nicht mehr erfaßt. Ebensowenig zeigt das Bild die recht typischen Siedlungsformen der Übergangsstufe. Hier liegen nämlich fast ausschließlich die für die Geest Niederdeutschlands bezeichnenden dörflichen Siedlungen, die „Drubbel". H. F.

Linke Seite
Links oben: Ostrhauderfehn, eine Moorkolonie
Links unten: Dorfwurt Ziallerns in der Jevermarsch
Rechts: Cloppenburger Geest bei Molbergen

Landgewinnung und Deichbau

Die junge Marsch Ostfrieslands bedarf ständiger Entwässerung, damit sie landwirtschaftlich genutzt werden kann. Dieps oder Tiefs befördern das Grundwasser in das Wattenmeer und sorgen für den Abfluß der Niederschläge. Im Wattenmeer läuft das Wasser dann durch die Priele in die offene See ab. Um den Siel, das Wassersammelbecken am Deichdurchlaß, entstanden von jeher kleine Dörfer mit Fischereihäfen; entlang der heutigen ostfriesischen Küste zwischen Emden und Wilhelmshaven liegen zwölf solcher Sielhafenorte, unter anderem Neuharlingersiel (oberes Bild) vor der ehemaligen Harlebucht. Orte mit der Endung „-siel" im Ortsnamen gibt es aber auch im Landesinneren der Harlemarsch. 6 km landeinwärts liegt heute Altfunnixsiel, nur 4 km landeinwärts Neufunnixsiel, 2 km hinter der Küste Carolinensiel und an der Küste Harlesiel. Diese fast lineare Aufreihung kennzeichnet deutlich das Voranschreiten der Besiedlung im Gefolge der Landgewinnung bei der Eindeichung der Harlebucht ab etwa 1500.

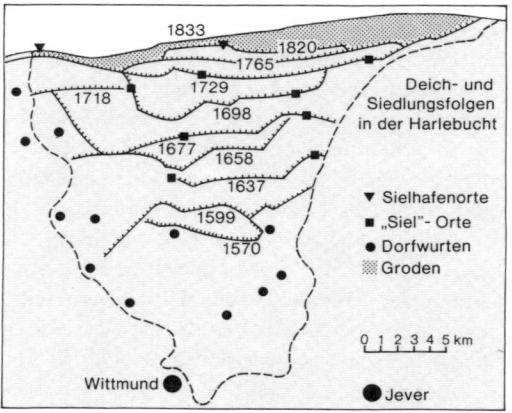

Alle Sielorte liegen heute noch an einem Tief und an einem der alten Querdeiche, von denen es im Harlinger Land — den heutigen Seedeich eingerechnet — neun Generationen gibt. Die Sielhafenorte an der Küste sind also relativ junge Siedlungen; in Ostfriesland sind nur noch jene Neuanlagen jünger, die in den Groden gebaut wurden, also in dem über der gewöhnlichen Fluthöhe liegenden Vorland der Seedeiche. In diesen Gebieten wurde in den letzten hundert Jahren am meisten um Neuland gerungen. Neuharlingersiel, am Austritt zweier sich kurz vorher vereinigenden Tiefs, wurde etwa im Jahre 1690 um den Siel herum angelegt. Von da an war der Ort Hafen für die Wattfischerei und auch Umschlaghafen für den Getreide- und Holzhandel im Harlinger Land. Zwar bezeichnete sich der Ort schon 1910 als Nordseebad; seine heutige Bedeutung als Fremdenverkehrsort erhielt er aber erst ab 1956 bzw. 1961.

Das Neuharlingersiel, wie es sich jetzt im Luftbild darstellt, hat nämlich mit dem von vor 1950 recht wenig gemein. Damals war der Ort hinter dem Seedeich rund um den Siel gruppiert, und nur eine Straße längs des Altharlinger Tiefs war auf beiden Seiten mit Wohnhäusern bebaut; die 400 Einwohner lebten vorwiegend vom Krabbenfang, zum Teil auch von der Landwirtschaft. Nach der niederländischen Flutkatastrophe (1954) wurde im Rahmen des Küstenplans der Deich erhöht, der Siel mit einer Flutmauer umgeben und zum leistungsfähigen Hafen ausgebaut, neues Deichvorland aufgespült und vor allem das neue Schöpfwerk errichtet; dies geschah so rechtzeitig, daß der Ort während der deutschen Sturmflutkatastrophe von 1962 nicht zu leiden hatte. Diesen Siel-Umbau begleitete eine Dorfsanierung bzw. -renovierung, so daß Neuharlingersiel heute wohl einer der schmucksten Orte an der ostfriesischen Küste ist. Und es liegt von allen Küstenorten am weitesten seewärts. Das nutzte man, indem man 1967 das erhöhte Watt vor dem Deich mit Sand überspülte; es entstand ein fast natürlicher Sandstrand, damals der einzige in ganz Ostfriesland. Daher konzentrierte sich hier auch der Bade- und Ferienfremdenverkehr, was wiederum den Ausbau des Ortes nach sich zog. Ein Zeltplatz wurde angelegt, im Ortsteil Addenhausen wurde eine Ferienhauskolonie gebaut, und auch Neuharlingersiel selbst erhielt eine Reihe neuer Wohnhäuser, wodurch das Bettenangebot von 1950 fast verdoppelt wurde. Der dominierende Wirtschaftszweig ist jetzt der Fremdenverkehr (im Durchschnitt bleiben die Gäste 18 Tage); die Landwirtschaft (Getreide- und Futterbau) wird von drei oder vier abseits liegenden Betrieben aufrechterhalten; die Krabbenfischerei ist auf ein Minimum reduziert worden und steht zum guten Teil auch schon im Dienste des Fremdenverkehrs. Der Ort zählt heute (mit Eingemeindungen) knapp 1500 Einwohner. Das Luftbild zeigt beiderseits des Sandstrandes zwischen Watt und Deich Lahnungsfelder für die Neulandgewinnung. Seit dem Ende des 16. Jahrhunderts ringen die Bewohner der friesischen Küste dem Meer Land ab, meist, indem sie durch Anlage solcher Felder die Schlick- und Sandablagerungen aus der See fördern. Gewonnenes Neuland (niederländisch: Polder; nordfriesisch: Koog; ostfriesisch: Groden) wird dann durch Deiche geschützt. Auch heute noch gewinnt man hier Neuland, weniger allerdings, um Wirtschaftsland zu erhalten, sondern um die neuen Deiche zu schützen.

Der moderne Deichbau vollzieht sich unter Maschineneinsatz in folgenden Phasen: Im abgesetzten festen Watt werden Spüldämme aus Klei (Marschboden) errichtet; durch Querdämme werden Spülbecken abgeteilt (Bild rechts unten); Saugbagger im Sandwatt (Bild links unten) spülen den Sandkern des neuen Deiches abschnittsweise ein; der Sandkern erhält sein typisches, seewärts flacher geneigtes Profil und eine Kleidecke; die Flanken des Deiches werden dann noch durch ein Steinpflaster geschützt. Die Luftbilder zeigen Momentaufnahmen von Landgwinnungs- und Deichbauvorhaben, die seit 1970 am Nordrand der ehemaligen Harlebucht durchgeführt werden und durch die Teile des „Neuen Brack" vor dem Elisabeth-Groden zwischen Harlesiel und Minsen festländisch gemacht und eingedeicht werden sollen. Die Arbeiten werden mit Unterstützung des Landes Niedersachsen und der Bundesrepublik Deutschland durch die zuständigen Siel- und Deichachten durchgeführt.

H. F.

Rechte Seite
Oben: Neuharlingersiel, ein Sielhafenort
Unten links: Saugbagger im Sandwatt
Unten rechts: Deichbau – Spülfeld

Häfen und Mündungsbauwerke

In den vergangenen hundert Jahren wurden die ostfriesischen Küstenbereiche erheblich verändert. Zur bloßen Neulandgewinnung aus dem Watt gesellte sich die großflächige Nutzung der jungen „Kunstmarsch"; sie wurde besiedelt, man errichtete technische Anlagen und begann mit einer intensiven agrarischen Bewirtschaftung. Zwei Beispiele mögen hier für viele andere stehen.

1853 kaufte der preußische Staat von Oldenburg ein 316 ha großes Areal im Watt des westlichen Jadebusens zur Anlage eines Kriegshafens. Die Voraussetzungen für den Hafenbau waren gut; zwar ist der Jadebusen zum größten Teil und besonders in seinem Südende völlig verschlickt, sein Tiedenhub von 360 cm und die damit verbundene Spülkraft des Ebbstroms sind jedoch beträchtlich. Außerdem wird der Ebbstrom durch einen Wattausläufer, den Schweinsrücken, dicht an die Westseite des Jadebusens herangedrückt und spült dadurch täglich eine 13 m tiefe Fahrrinne frei — ein Phänomen, das an der friesischen Küste einmalig ist.

Zu dem 1870 fertiggestellten Kriegshafen kamen der Bauhafen, eine Werft und am Ausgang des Ems-Jade-Kanals eine Reihe von Kanalhäfen. Gleichzeitig entstand eine Werftarbeiter- und Marinesiedlung, die 1873 das Stadtrecht und den Namen Wilhelmshaven erhielt. 1911 zählte sie 20 000 Einwohner, bot jedoch noch einigen tausend Menschen aus den umliegenden oldenburgischen Gemeinden und der Stadt Rüstringen Arbeitsplätze. 1937 erfolgte der Zusammenschluß dieser Gemeinden zur Großstadt Wilhelmshaven mit 133 000 Einwohnern.

Die Teildemobilisierung der Flotte nach dem Ersten Weltkrieg und die Zerstörung von Stadt und Hafen durch über hundert Bombenangriffe im Zweiten Weltkrieg zwangen zur Umstellung der ganz auf Werft und Hafen ausgerichteten Wirtschaft. Da nicht anzunehmen war, daß der Hafen jemals wieder größere Bedeutung erlangen könnte, wurde Industrie angesiedelt; Textilverarbeitung, Eisen- und Stahlbearbeitung, feinmechanische und Bürogeräte-Industrie. Der Bau eines Ölhafens wurde begonnen und 1958 beendet. Er liegt etwa 2,5 km nördlich des heutigen Marinehafens neben einer künstlich verlängerten Tiefwasserrinne, dem Maade-Tief, im ehemaligen Watt des Jadebusens. Das Luftbild läßt die Schwimmdach-Öltanks erkennen, ebenso die 700 m vor dem Ufer liegende, 650 m lange Löschbrücke, an deren Löschköpfen gleichzeitig drei Öltanker abgefertigt werden können. Da das hier gelöschte Öl nur zwischengelagert und nicht verarbeitet wird, sind außer Werkstätten, Feuerwehrdepot, Hafenmeisterei und einem Übernachtungsheim mit Trinkwasserstation keine aufwendigen Gebäude notwendig geworden. Eine nach Wesseling bei Köln geführte Pipeline versorgt auf dieser Strecke insgesamt sechs Raffinerien.

Ein neuer Seedeich (dunkles Grün) umschließt den Ölhafen; er ist zugleich südlicher Sieldeich im „Neuen Binnentief", in dem auch ein Bootssporthafen ausgespart ist. Schleuse und Außenmole regeln Ausfahrt und Wasserabfluß. Weiter nördlich erstreckt sich im aufgespülten Rüstersieler Watt das Baugelände für den neuen Erzhafen. Noch ist das Öl mit einem Jahresumschlag von 20 Millionen t das einzige Massengut im Umschlagsangebot des Hafens; dennoch ist Wilhelmshaven jetzt schon der zweitgrößte deutsche Seehafen nach Hamburg. Durch die Vertiefung des Jadefahrwassers auf über 15 m soll künftig auch Riesentankern bis zu 200 000 t das Löschen ermöglicht werden; bisher müssen sie Rotterdam anlaufen. Die Einwohnerzahl betrug 1975 wieder 105 000, in der Industrie gab es zu diesem Zeitpunkt über 30 000 Arbeitsplätze.

Das Gegenstück zu Wilhelmshaven ist an der Westflanke Ostfrieslands die Stadt Emden am Dollart; sie ist Erzhafen und gleichermaßen Industriestandort. Beiden Städten ist ein fast ausschließlich agrarisches Hinterland im Seemarschensaum zugeordnet; daher sind sie auf Fernverbindungen mit den westdeutschen Industriegebieten angewiesen, Emden z. B. auf den Dortmund-Ems-Kanal.

Nördlich und ostwärts von Emden durchdringen sich die Oberflächenformen und hydrologischen Komponenten der ostfriesischen Seemarschen und der Emsmarschen in der Krummhörn. Man findet dort im Großen Meer und in der Hieve sogar echte Depressionen bis zu 1 m unter dem Meeresspiegel, und das alte Problem West- und Ostfrieslands, die Marschentwässerung, ist hier aktuell. Das bislang geübte Verfahren, bei dem man einfache Sieltore und kleine Schöpfwerke verwendet, reichte nicht aus, weil das Gefälle der Tiefs zu gering war. Abhilfe brachte das Küstenprogramm, das nicht nur die Regulierung der Marschgewässer vorsah, sondern auch die Sicherung der Ableitung durch Küstenbauwerke.

Seit 1955 werden Tiefs umgeleitet, schlecht funktionierende Siele stillgelegt und die Abflüsse auf neue, leistungsfähigere Schöpfwerke konzentriert. Das obere Luftbild zeigt das neue Siel- und Schöpfwerk Knock an der Außenems, das seit 1968 in Betrieb ist, und durch das ein Niederschlagsgebiet von 42 800 ha (das zweitgrößte Ostfrieslands) entwässert wird. Der Unterlauf des Knockster Tiefs, das zum alten Siel lief (kleiner See), wurde verlegt und zu einem Sammelbecken verbreitert. Dieses kann durch vier Pumpen in zwei Sielläufen mit je einem Hubtor in die Ems entleert werden. Der Deich, der vordem schon den Wybelsumer Polder (rechts) schützte, wurde vorgezogen, und auf der anderen Seite des Werks wurde das Watt vor dem Rysumer Hammerich, der Rysumer Nacken, aufgespült, so daß sich das zur Zeit noch in die Ems vorspringende Knocker Werk später in eine neue Küstenlinie eingliedert.

Die Landnutzung in den Poldern wird von Einzelhöfen aus betrieben. Außer den Getreidefeldern, die typisch für ältere Polder sind, ist auch ausgedehnter Anbau von Feldgemüse zu erkennen.

H. F.

Linke Seite
Oben: Siel- und Schöpfwerk Knock am Wybelsumer Polder
Unten: Ölhafen von Wilhelmshaven

Norddeutsches Tiefland

Eine überraschende Vielfalt von Landschaftselementen, ein verwirrendes Mosaik von roten und blauen Flächen aller Schattierungen, unregelmäßige und geometrische Strukturen — dies ist das Bild eines Geländeausschnitts aus dem Norddeutschen Tiefland, wie er sich dem Aufnahmesystem eines Erderkundungssatelliten in etwa 950 km Höhe darbietet.

Zunächst einige Worte zu den Farben: Es handelt sich um ein Infrarotfarbbild, bei dem lebendes Blattgrün in roten Farbtönen wiedergegeben wird. Dadurch werden die vegetationsbedeckten Flächen hier besonders hervorgehoben. Die Originale zu diesem Bild muß man sich — etwas vereinfacht — als drei schwarzweiße Diapositive vorstellen, die gewissermaßen als „Farbauszüge" der abgebildeten Landschaft anzusehen sind. Wie beim Vorgang des Filterns in der Photographie werden bestimmte Bereiche des Spektrums mehr oder weniger stark betont, so wird etwa im Grünauszug Grün ziemlich hell, Rot ziemlich dunkel wiedergegeben. Beim Rotauszug ist es umgekehrt, und im Infrarotkanal erscheint die Vegetation, die die nahe infrarote Strahlung stark remittiert, sehr hell. Wasser dagegen absorbiert diese Strahlung und bleibt damit relativ dunkel. Da es bei der additiven Farbmischung nur drei Grundfarben gibt, nämlich blau, grün und rot, können nur diese zur Wiedergabe der eben genannten Farbauszugsdias — grün, rot und infrarot — benutzt werden; dabei wird das blaue Licht nun dem grünen Spektralbereich zugeordnet, das grüne Licht dem roten und das rote Licht dem infraroten Spektralbereich.

Anhand einiger markanter topographischer Elemente fällt die Orientierung auf diesem Bild nicht schwer: Oben links erscheint das Wattgebiet der Deutschen Bucht bis zum Jadebusen. Die Abstufung der Blautöne läßt auf unterschiedliche Wassertiefen schließen. Im oberen Bildviertel ist die Unterelbe mit Hamburg zu sehen; der rechte Bildrand schneidet die Elbe knapp flußabwärts von Geesthacht ab. Im linken Bildteil läßt sich die Unterweser von der Spitze des Mündungstrichters bei Bremerhaven bis nach Bremen verfolgen, wo unter anderem — wie auch bei Hamburg — die Hafenbecken deutlich auszumachen sind. Folgt man flußauf dem mäanderreichen Lauf der Weser, so

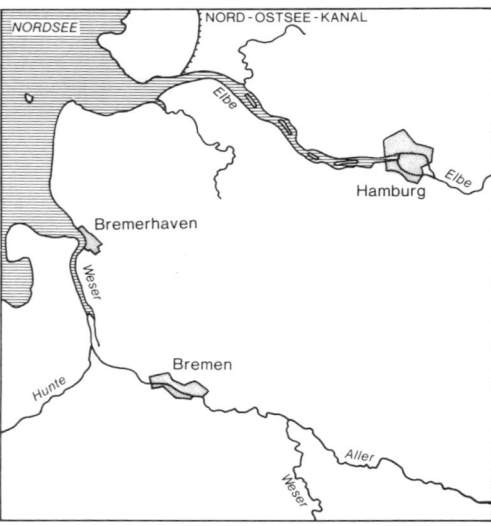

gelangt man an den unteren Bildrand, der noch südlich von Nienburg verläuft und — da das Bild nach Nordnordost ausgerichtet ist — auch noch einen Teil des Steinhuder Meers erfaßt. Die landschaftsräumliche Gliederung, die sehr stark auf dem naturräumlichen Gefüge basiert, kommt in unterschiedlichen Farbflächenmosaiks sehr deutlich zum Vorschein. Es sind insbesondere die Grenzen zwischen Marsch und Geest, die sich auf dem Bild millimetergenau kartieren lassen.

Den größten Teil des vom Bildausschnitt erfaßten Geländes stellen die Geestflächen. Nach der naturräumlichen Gliederung Deutschlands können wir folgende Gruppen der Haupteinheiten bzw. Teile davon abgrenzen:

Schleswig-Holsteinische Geest (nördlich von Hamburg),
Stader Geest (mit den Haupteinheiten Wesermünder Geest, Zevener Geest, Hamme-Oste-Niederung, Wümmeniederung und Achim-Verdener Geest, etwa in der Bildmitte),
Lüneburger Heide (die dunkelbraun gesprenkelten Gebiete am rechten äußeren Bildrand),
Weser-Aller-Flachland,
Ostfriesisch-Oldenburgische Geest (am linken Bildrand),
Dümmer-Niederung (am unteren linken Bildrand).

Diesen ausgedehnten Geestflächen stehen nur zwei größere Marschgebiete gegenüber, nämlich die Unterelbeniederung mit den Stader und Holsteinischen Elbmarschen sowie die Wesermarschen.

Die Marschgebiete sind durch die überwiegend roten Flächen zu erkennen — ein Zeichen dafür, daß die Agrarlandschaft von Wiesen- und Weideflächen beherrscht wird; zum anderen sind es die geometrischen Strukturen, die im starken Kontrast zu den angrenzenden Geestflächen stehen. Sie kommen hier durch die als lineare Elemente angelegten Entwässerungskanäle und -gräben zustande.

Beim Vergleich zwischen Wesermarschen und Unterelbeniederung mit den Stader und Holsteinischen Elbmarschen fällt auf, daß bei den beiden zuletzt genannten das Ackerland einen höheren Anteil an der landwirtschaftlichen Nutzfläche aufweist als die Wesermarschen. Diese Feststellung konnte durch den günstigen Aufnahmezeitpunkt getroffen werden: Es handelt sich um ein Bild aus dem Sommer, und während dieser Jahreszeit waren die Äcker schon abgeerntet.

Der westlichste Teil der Unterelbeniederung ist das Land Hadeln, das buchtenartig 20 km weit nach Süden vordringt. Hier zeichnet sich der Geestrand deutlich als U-förmiger Moränenzug ab. Die Niederung liegt in ihrem südlichen Teil besonders tief, zum Teil unterschreitet sie das Niveau des Meeresspiegels. Der Moränenzug dagegen erreicht Höhen bis zu 70 m NN und mehr. Er läßt sich durch die Acker- und Waldflächen (dunkelrot) sehr gut verfolgen.

Die waldreichsten Teile des abgebildeten Geländeausschnittes zeigt der östliche Teil, der überwiegend von der Lüneburger Heide eingenommen wird. Der sogenannte Haupthöhenzug — mit Höhen von durchschnittlich 120 m — beginnt im Norden bei Hamburg-Harburg und setzt sich in allgemein südöstlicher Richtung über den Wilseder Berg und den Lüß fort, der aber schon außerhalb des Bildes liegt. Es handelt sich um einen mächtigen Endmoränenzug, der auch die Wasserscheide zwischen Elbe und Weser bildet.   *V. K.*

Rechte Seite:
Ausschnitt aus dem Norddeutschen Tiefland
Bildmaßstab 1 : 500 000
Aufnahmedatum: 10. 8. 1975

Land unter dem Pulsschlag der Nordseegezeiten

Das schleierig-unscharfe, kaum konturierte Bild weckt mit der für einen Moment fixierten Gezeitenstromdynamik und der grandiosen Unfertigkeit zerfließender Bodenformen und Grenzen zum Wasser fast urweltlich gespenstische Impressionen.

Kein Zweifel, es ist ein im täglich zweimaligen Tiden- bzw. Gezeitenwechsel durch Ebbe und Flut amphibisch geprägter Saum flachen Landes zwischen bedeichter Küste und den Inselreihen am Rand zur offenen See. Der seichte Grund wird im Rhythmus eines halben Mondumlaufs alle 12 Std./25 Min. bei auflaufender Tidenflut höchstens wenige Meter hoch zwischen einzelnen tieferen, regellos verzweigten Stromrinnen (Baljen, Prielen) überspült und dann bei folgendem Ebbe-Rückstrom für Stunden wieder freigegeben.

Es handelt sich um Wattenland, d. h. um zum Teil dem Festland vom Meer durch extreme Sturmfluten bis in historisch junge Zeit (1362, 1634) entrissenes Land. Es säumt als ein von Ebbe und Flut mit Dünung, Seegang und Brandung zu einem sandig-schlickigen Boden abgetragener Wattengürtel die Flachmeerschale der Deutschen Bucht entlang den Küsten und bildet bei Ebbe die Küstenlinie der Nordseebucht. Das Wattland leitet also zum ständig meerbedeckten Grund der Nordsee über, der vor 20 000 Jahren noch vom Inlandeis bedeckt war. Nach dem Abschmelzen, bis etwa 9000 v. Chr., setzte sich das von Grund- und Endmoränen, sowie den Tälern der Elbe, Weser und Ems geprägte postglaziale Landschaftsbild in den Bereich der heutigen Nordsee fort. Erst durch den Wiederanstieg des Weltmeerspiegels, etwa seit 6500 v. Chr. bis zur Zeitenwende, versank dieser Streifen erneut unter der heutigen 10–50 m tiefen Meeresbedeckung.

Statt von Wattenland kann man, entsprechend dem Ebbe-Flut-Wechsel, auch von Wattenmeer sprechen, wie es die Niederländer mit dem Wort „Waddenzee" (Wattensee) tun. Ursprünglich bedeutet „Watt" ein Seicht- oder Furtwasser, das man durch „waten" kann. In den Nordseewatten ist das aber nur zur Hauptebbezeit auf bestimmten Fuß-/Wagenweg-Verbindungen vom Festland zu einigen Inseln möglich, z. B. von Duhnen bei Cuxhaven nach Neuwerk, wo bei tiefer Ebbe noch immer einige flache, wassergefüllte Rinnen zu passieren sind.

Das nebenstehende Bild wurde aus etwa 2650 m Höhe aufgenommen und zeigt einen Teil des Großen Knechtsands südwestlich Neuwerks zwischen Außenelbe und Außenweser. Die Aufnahme hat einen Maßstab von etwa 1 : 15 000, so daß 1 cm ca. 150 Metern in der Natur entspricht. Eine nähere Lokalisierung durch Vergleich der Konfigurationen und ihrer Lage zur Nordrichtung mit entsprechenden Karten ist wegen häufiger Lage- und Formänderungen der Rinnensysteme im Watt unsicher. Es scheint aber, daß es sich um einen kleinen südlichen Teil des Naturschutzgebietes Knechtsand um das Altcappeler Tief vor dessen Mündung in die Robinsbalje handelt.

Die Aufnahme zeigt eine häufige, typische Grundstruktur des Wattenlands, nämlich eine von Baljen, Prielen und kleineren Rinnen der auf- und ablaufenden Gezeitenströme teils gröber in Platen und Bänke gegliederte, teils feiner durchäderte Sand- und Schlickfläche. Da wattfremde Strukturen nicht erkennbar sind und es keine Hinweise auf wasserbautechnische Eingriffe des Menschen gibt, kann sich die Erläuterung der Luftaufnahme auf das allgemeine Erscheinungsbild des Watts und die dort ablaufenden Prozesse beschränken.

Gliedernde Strukturelemente des Bildfelds sind (rechts oben) ein von Norden kommender, 150–300 m breiter, mäßig verzweigter Priel, der sich in Bildmitte unter scheinbarer Verbreiterung auf 600 m und Aufnahme eines kurzen, aber breiten Zweigs jenseits einer schmalen Sandzunge (Altarm oder Neubildung?) nach Westen wendet, sowie eine dunkel abschattierte große Wasserfläche mit kaum sichtbarem Grundrelief (links und unten), in die das Prielsystem einmündet.

In diese Richtung weisende Sandfahnen unter Wasser sowie (noch) überflutete Sandplatenränder (Mitte/oben) und auch eine vom Prielrand schräg verschleppte Kräuselung des Wassers zeigen, daß die Luftaufnahme eine Phase fortgeschrittenen Ebbe-Rückstroms abbildet. Die vom Rückstrom ausgespülten Priele, durch die nach 6 Stunden erneut die Flut ins Wattland einströmt, erfüllen die Funktion von Leitbahnen. Größere unter ihnen, die für Küsten-(Krabben)fischerei und Fährverkehr zu den Inseln schiffbar sind, heißen Tiefs und Baljen. Die etwas höheren Wattflächen (oben rechts) mit ihren in zum Teil bindigerem Schlicksand vom Rückstrom konturscharf ausgespülten Rinnen und Platenkanten liegen in dieser Phase schon bloß. Die bei Vollebbe zum Teil noch zutage tretenden tieferen Teile (links und unten) lassen ihre Umrisse, darunter die Robinsbalje, wegen der Wassertrübe vorerst nur ahnen, obschon das ruhige Wasser auf ruhiges Wetter weist. Der Bildbereich wird bei mittlerem Tide-Hochwasser (= Wattobergrenze an der Uferlinie) ganz überflutet, denn der Mittlere Tidenhub als Differenz zwischen beiden Wasserständen beläuft sich hier auf knapp 3 m (gegen 11 m in der Bucht von St. Malo). Nur ein Hochsand im Nordwesten außerhalb des Luftbildes bleibt meist über Wasser; er ist jährlich zur Mauserzeit Rastziel Tausender von Brandgänsen.

Die Wattsande erscheinen — auch unter Wasser — hell, die in ruhigerem Wasser tieferer Watts abgesetzten schwefeleisenhaltigen tonigen Schlicke dunkler bis schwärzlich. Beides sind Produkte des beim „Ein- und Ausatmen" des Gezeitenmeers hin und her bewegten Meeresbodenabriebs wie auch zerstörter Festlandmarsch, wobei es zwischen Sand und Schlick Mischformen gibt.

Der Wattbewuchs beschränkt sich auf Seegras und Blasentang sowie Queller-Stauden in bis zu 20 cm hoch überfluteten Vordeichlagen (Schlickfänger). Von alledem aber zeigt das Luftbild nichts, auch keine Seehunde und Seevögel, da auf ihm 1 mm Objekten von 15 m Länge entspricht. Das gilt auch für Pricken, Bojen und andere Seezeichen. Ob indes der helle und der dunkle Fleck auf der oben erwähnten Sandzunge im Tief vielleicht Fundamente für solche sind und die dunklen Punktmuster rechts davon Miesmuschelkolonien, ist nicht auszumachen.

M. B.

Linke Seite:
Wattenmeer am Großen Knechtsand

Nord-Ostsee-Kanal und Pumpspeicherwerk Geesthacht

Für die Landverbindung von Skandinavien nach Mitteleuropa hat die Jütische Halbinsel mit Schleswig-Holstein eine ausgesprochene Brückenfunktion. Die wichtigsten Wege verlaufen dort in Nord-Süd-Richtung. Die gleiche Jütische Halbinsel ist aber auch die natürliche Barriere zwischen Nord- und Ostsee. Die schmalen Ausgänge der Ostsee in Belt und Sund verhindern das Eindringen der Gezeiten in die Ostsee, die damit zu einem echten Binnenmeer wird.

Erste Versuche, diese Barriere für die Schiffahrt zu öffnen, reichen bis in das 14. Jahrhundert zurück. Der Städtebund der Hanse und besonders Lübeck als die führende Stadt an der Ostsee bauten um 1390 den Stecknitz-Kanal. Mit diesem 7—8 m breiten und 80 cm tiefen Wassergraben schufen sie eine Verbindung nach Lauenburg und damit die erste künstliche Wasserstraße in Nordeuropa. Die geringe Wasserführung zwang zum Bau von 13 Schleusen. Lübeck konnte nun die Salztransporte von Lüneburg mit 200 Zentner tragenden Schiffen billiger als auf dem Landweg durchführen. Dieser Vorläufer des 1900 eröffneten Elbe-Trave-Kanals war gut zweihundert Jahre in Betrieb. Eine direkte Wasserstraße zwischen Hamburg und Lübeck über Alster und Trave verlandete dagegen schon bald wieder.

Unter dem Dänenkönig Christian VII. wurde 1777 bis 1784 ein hundert Jahre alter Plan verwirklicht, die Kieler Förde mit der Nordsee zu verbinden. Man baute unter Einbeziehung der Flüsse Levensau und Eider (Eiderkanal), einen Wasserweg von Kiel nach Rendsburg. Die hohen Verkehrsfrequenzen (1868 wurden 4808 Schiffe registriert) lassen erkennen, daß wirtschaftliche Verbindungen von Ost nach West zu allen Zeiten sehr rege waren.

Das Interesse Preußens an einer leistungsfähigen Wasserverbindung zwischen Nord- und Ostsee wuchs nach 1871, als Kiel zum Marinehafen der Ostsee ausgebaut wurde. Als 1895, nach achtjähriger Bauzeit, der Kaiser-Wilhelm-, später Nord-Ostsee-Kanal genannte und in der internationalen Seefahrt als Kiel-Kanal bekannte Wasserweg eröffnet wurde, verkürzte die Kanaldurchfahrt den üblichen Wasserweg durch den oftmals stürmischen Skagerrak um rund 75 Prozent. Von Kiel bis Brunsbüttelkoog dauert die Kanalfahrt nur noch 8—9 Stunden.

Schon bald mußte der Kanal wegen der Größe der in Kiel stationierten Kriegsschiffe erheblich erweitert werden. Bis 1914 entstanden auch die nördlichen Schleusenkammern, die mit 330 m Länge, 45 m Breite und 14 m Tiefe noch größer als die Schleusen des Panama-Kanals sind. Der Schiffsverkehr ist aber so rege, daß auch die beiden alten Schleusen noch in Betrieb sind. Gemessen an der Zahl der die Schleusen passierenden Schiffe, ist der Nord-Ostsee-Kanal die am meisten befahrene Wasserstraße der Welt.

Brunsbüttelkoog, die auf dem oberen Bild zu beiden Seiten der Kanalmündung liegende Gemeinde, ist, wie die Namensendung -koog andeutet, in einer eingedeichten Marschfläche, einem Koog, entstanden. Ihre Bewohner leben von der Schiffahrt und den wachsenden Industriebetrieben. Als Kanal-, Elb- und Seelotsenstation ist die Stadt praktisch Melde- und Lotsenwechselstelle für alle Schiffe, die die Elbe oder den Kanal befahren. Zugleich entwickelt sich das Gebiet zu beiden Seiten der Kanalmündung in jüngster Zeit zu einem Zentrum der petrochemischen Industrie. Auf dem nördlichen Kanalufer tritt die Uferböschung ein wenig zurück und gibt Raum für den geschützten Hafen, in dem Langholz auf die Weiterverarbeitung wartet. Außerhalb des Bildes schließt der 1959 gebaute Ölhafen an, in dem importiertes Rohöl in die Pipeline zur Raffinerie der Deutschen TEXACO im Raum Heide-Hemmingstedt gepumpt oder in den danebenliegenden petrochemischen Werken verarbeitet wird.

Auf dem gegenüberliegenden Ufer zeigen die weißen Fabrikgebäude der Kalichemie den Beginn einer nach Osten ausgreifenden Industriezone mit einem eigenen Ölpier am Elbstrom für petrochemische Werke, deren Energiebedarf unter anderem das geplante Kernkraftwerk in Brokdorf decken soll.

Etwa 20 km landeinwärts von Brunsbüttelkoog verläßt der Kanal das Marschgelände und schneidet in die Gebiete der sandigen Geest ein. Das Bild unten links markiert den Übergang. Saftige grüne Wiesen in der Marsch werden abgelöst durch gelbbraune Getreidefelder auf der Geest, die im trockenen August 1976 — dem Zeitpunkt der Aufnahme — bereits abgeerntet waren. Die Felder selbst sind vielfach von Baumreihen und Hecken umgeben, den sogenannten Knicks, die dem Acker einen gewissen Windschutz geben und zugleich die Ackerkrume vor übermäßiger Austrocknung schützen sollen.

Wie in Brunsbüttelkoog ist auch zwischen Hohenhörn und Schafstedt der Kanalübergang nur mit einer Fähre möglich. Im ganzen Kanalbereich überqueren nur sechs Hochbrücken in 42 m Höhe die Wasserstraße: zwei Eisenbahnbrücken, zwei kombinierte Eisenbahn- und Straßenbrücken und zwei Straßenbrücken, von denen eine die 1974 eingeweihte Autobahnbrücke bei Schacht-Audorf ist. Seit 1961 gibt es in Rendsburg einen Straßentunnel unter dem Kanal, ein weiterer ist im Raum Brunsbüttelkoog geplant.

Das dritte Bild dieser Seite wurde gut 100 km elbaufwärts aufgenommen. Unweit von Geesthacht haben die Hamburgischen Elektrizitätswerke (HEW) über dem 65 m hohen Steilhang nördlich der Elbe ein großes Becken ausgehoben, das mit 3,8 Millionen m^3 mehr Wasser enthält als Außen- und Binnenalster zusammen. Drei Druckrohre von je 3,8 m Durchmesser führen vom Staubecken zu dem Krafthaus im Elbspiegelniveau. Die HEW benutzen unverwertbaren Nachtstrom, um Elbwasser in das Becken zu pumpen. Im Bedarfsfall, und das sind die Spitzenbelastungen der Stromabnahme, kann die Fallhöhe zur Erzeugung zusätzlicher Energie genutzt werden. Die Volleistung von 105 000 kW kann in weniger als 100 Sekunden nach Öffnen der Rohre erbracht werden. In ca. vier Stunden läuft das Becken leer.

P. M.

Rechte Seite
Oben: Nord-Ostsee-Kanal mit Schleusenkammern bei Brunsbüttelkoog
Unten links: Nord-Ostsee-Kanal mit Fährübergang Schafstedt-Hohenhörn
Unten rechts: Pumpspeicherwerk der HEW in Geesthacht

Der Industriehafen in Bremen

Inmitten von nacheiszeitlichen jungen Aufschüttungsflächen des Weserurstromtales zieht von Verden bis zur Lesummündung ein etwa 25 km langer flacher Dünenrücken parallel zum Strom. Er tritt aber nur auf zwei Kilometer bis unmittelbar an die Weser heran. An dieser verkehrsgeographisch begünstigten Stelle wurden schon früh bedeutende Landwege zusammengeführt. Außerdem konnten die ersten seetüchtigen Schiffe die Weser aufwärts bis in das Gebiet der heutigen Stadt Bremen gelangen. Fährplatz, Straßenknoten und Anlegeplatz für Schiffe 70 km von der Wesermündung entfernt waren die günstige Ausgangslage für eine schnell aufblühende Siedlung, für Bremen. Doch die Veränderungen des Strombettes durch Sandablagerungen unterhalb der Stadt und die Tatsache, daß man inzwischen größere Schiffe baute, erschwerten schon im 16. Jahrhundert die Benutzung des Wasserweges nach Bremen. Deshalb gründeten die Bremer bereits 1618 einen Vorhafen in Vegesack. Anfang des 19. Jahrhunderts, als das Zeitalter der Dampfschiffe anbrach, mußten wagemutige Bremer an der Geeste-Mündung einen weiteren Vorhafen, das heutige Bremerhaven, anlegen. Um dem Handelsplatz Bremen den Zugang zum Meer zu sichern, bedrängten Bremer Reeder und Kaufleute ihren Senat, die Weser zu kanalisieren und die Lebensader der Stadt wieder für den ungehinderten Verkehr zu öffnen. Der geniale Strombaumeister Ludwig Franzius zwang die Weser unterhalb Bremens in ein Hauptfahrwasser und schaffte der Flutwelle wieder einen ungehinderten Zugang bis in die Stadt. Heute erreicht der Tidenhub in Bremen mit 3,10 m fast die gleiche Höhe wie in Bremerhaven. Schiffe mit bis zu 10 m Tiefgang können Bremen auf der Flutwelle „reitend" erreichen. Mit der Weserkanalisation (1883—1895) wurde der großzügige Ausbau der Hafenbecken auf dem rechten Weserufer notwendig. Erst nach 1960 wurde das erste neue Hafenbecken auf dem linken Weserufer ausgebaggert und in Betrieb genommen. Es bietet Liegeplätze für Binnenschiffe und gegenüber eine Verladeanlage für Container. 1970 lag der Stückgutumschlag in Containern in Bremen bei unter 10 Prozent, 1975 schon bei über 25 Prozent des gesamten Stückgutumschlags. Fast die Hälfte des Containerverkehrs wird mit Nordamerika getätigt.

Der zentrale Teil des Luftbildes wird vom Industriehafen ausgefüllt. Der Zugang zu den Hafenbecken ist nur durch eine 170 m lange Schleuse mit 23 m breitem Schleusentor möglich. Sie hält den Wasserstand im Hafen auf konstanter Höhe und entzieht ihn den Schwankungen von Ebbe und Flut. Dieser Teil des Bremer Hafens ist ein Schleusenhafen, und überwiegend für den Massengüterumschlag eingerichtet. Der Zugang zum Ölhafen ist an den zum Teil noch im Bau befindlichen Öltanks zu erkennen.

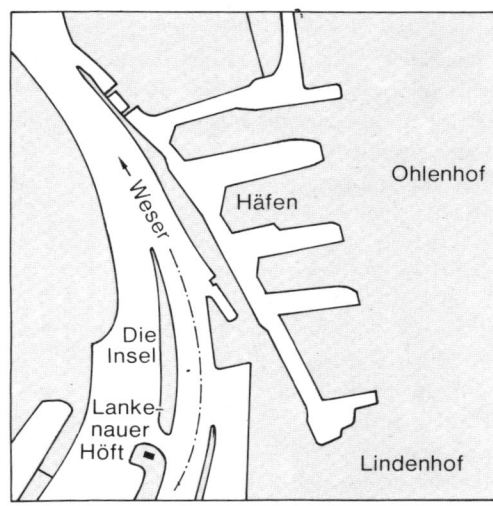

Nordwestlich beginnt das Gelände eines der größten gewerblichen Arbeitgeber der Stadt, der Klöckner Werke AG — Hütte Bremen. In dem südlich davon sich erstreckenden Hüttenhafen werden Erze, Kohle, Phosphate und andere Massengüter gelagert, die sich durch unterschiedliche Färbung zu erkennen geben.
Gegenüber im Kohlehafen liegt das Kraftwerk Hafen, das das Industriegebiet und die westlichen Stadtteile mit elektrischer Energie versorgt. Es verfügt über eine eigene Umschlaganlage für Kohle.
Der große Massengutfrachter im südlich anschließenden Kalihafen lädt wohl gerade Kalisalze, die mit dem Binnenschiff oder der Bahn aus dem oberen Wesergebiet oder den Kalisalzbergwerken im Raum Hannover/Braunschweig angeliefert wurden.
Auf der schmalen von Nordwest nach Südost parallel zum Strom laufenden Kaje, die gleichzeitig als Leitdamm für das Hauptfahrwasser dient, sehen wir die Autoumschlaganlage des Bremer Hafens. In bremischen Häfen wurden im Jahre 1975 Kraftfahrzeuge im Gewicht von über 350 000 t ausgeführt.
Die übrigen, weit größeren und bedeutenderen Hafenbecken schließen sich weseraufwärts an. Sie liegen im Tidebereich, können also ohne Schleusendurchfahrten angelaufen werden. In ihnen vollzieht sich der für die Bremer Wirtschaft besonders bedeutsame Stückgutumschlag. Baumwolle und Wolle sowie Tabak und Kaffee stellen einen besonders hohen Anteil der nach Deutschland eingeführten Produkte. Aber auch die gesamte indonesische Tabakernte (Sumatratabak) wird von Bremen aus auf dem Weltmarkt angeboten. Diese Stückgutanlagen mit umfangreichen Speicherschuppen auf den Kajen gehören zum Freihafen, sind also Zollausland.
Der Massengüterumschlag im Industriehafen vollzieht sich dagegen im Zollinland. Auch die größte Werft Bremens, die Weser AG, befindet sich außerhalb des Freihafengeländes. Zwei Riesentanker mit mehr als 300 m Länge liegen am Ausrüstungskai der Weser AG, ein dritter Großtanker wird noch auf der Helling montiert (unterer Bildrand).
Die Weser ist als Binnenwasserstraße bis zum Mittellandkanal bei Minden für das Europabinnenschiff mit 1350 t ausgebaut, für kleinere Binnenschiffe ist sie noch bis Karlshafen schiffbar. Allerdings schwankt der Wasserstand jahreszeitlich sehr stark, so daß die Binnenschiffahrt mit vollbeladenen Schiffen nur zeitweilig betrieben werden kann. Deshalb ist Bremen für zügige Hinterlandverbindungen auf die Schienenwege angewiesen. Ausgedehnte Gleisanlagen zur Zusammenstellung der Güterzüge einschließlich der Verladeeinrichtungen sind in unmittelbarer Hafennähe vorhanden.
P. M.

Linke Seite:
Industriehafen in Bremen
(N: oben rechts)

Der Hamburger Freihafen

Der Hamburger Hafen ist ein offener Tidehafen. Zweimal täglich läuft die Flutwelle von der Elbmündung bis zum 100 km flußaufwärts gelegenen Hamburg. Mit den Gezeiten verändern zu- und abfließende Wassermassen den Wasserstand etwa alle 6 Stunden um durchschnittlich 2,3 m. Nur die überfluteten unteren Teile der Ablaufbahnen auf den Helligen im Werfthafen bei Blohm & Voss im Nordwesten des Bildes zeigen — in dem mit überwiegend senkrechten Kaimauern versehenen Hafen — die zur Aufnahmezeit herrschende Flut an.

Auf der Nordseite des Elbstromes schwingen die St.-Pauli-Landungsbrücken in einem Bogen parallel zum Ufer. Die patinagrüne Kugelfläche hinter der Mitte des Landungspontons verbirgt den Einstieg in den nördlichen Schacht des 1911 eingeweihten Elbtunnels, dessen Ausgang auf Steinwerder südlich von den beiden rot leuchtenden Dächern liegt. Im Durchschnitt passieren täglich 20 000 Fußgänger, 6000 Zweiradfahrer und 3000 Kraftwagen den Tunnel. Östlich davon liegt die langgestreckte Überseebrücke, an der Passagierschiffe und offizielle Flottenbesuche festmachen.

Die Uferstraßen und die Keller in den Häusern jenseits des U-Bahnviadukts standen einst bei Hochwasser regelmäßig unter Wasser. Sie sind nach der Sturmflut von 1962 durch eine Hochwasserschutzmauer und ein Sperrwerk vor der Alstermündung geschützt worden. Unmittelbar hinter den Landungsbrücken steigt das Gelände bis 20 m über den Wasserspiegel. Von diesen Elbhöhen, zum Beispiel von der Jugendherberge am Stintfang oberhalb der U-Bahnstation Landungsbrücke, hat man einen weiten Blick über den Hamburger Hafen, besonders über die sich fächerförmig zum Strom hin öffnenden Hafenbecken der sogenannten Kuhwerderhäfen.

Da zur Zeit der Hafenplanungen (zweite Hälfte des 19. Jahrhunderts) der überwiegende Teil der Umschlaggüter auf großen und schwerfälligen Binnenschiffen transportiert wurde, sind in den Hafenbecken großräumige Wasserflächen vorhanden. Um aber den Verkehr der Binnenschiffe von dem der Seeschiffe getrennt zu halten, entstand um die Seehafenbecken ein Kranz von Binnenschiffhäfen, die untereinander durch einen ringförmig geführten Kanal verbunden sind.

Nach dem Zweiten Weltkrieg verlagerte sich durch die politische Teilung Mitteleuropas der Verkehr vom Hamburger Hafen in das Hinterland immer stärker auf Schiene und Straße. Deshalb wurden die Kaizungen verbreitert und entsprechend der neuen „Hamburger Kaigliederung" wieder aufgebaut. An der Wasserseite der Kaischuppen führen 2 bis 3 Eisenbahngleise direkt unter dem Verladegeschirr entlang. Daneben liegt dann noch eine breite Rampe, die in besonderen Fällen auch von Lastwagen befahren werden kann. Der überwiegende Straßenverkehr wird jedoch an der Landseite der Schuppen, also in der Mitte der Kaizungen, abgewickelt. Hier sind die ehemals verlegten Rangiergleise herausgenommen und auf der verbreiterten Wurzel der Kaizunge in einem Bezirksbahnhof zusammengefaßt worden. Mit dieser Anpassung an die veränderten Strukturen hat Hamburg seinen Ruf als „schneller Hafen" festigen können.

Das Luftbild zeigt einen Ausschnitt aus dem westlichen Teil des insgesamt fast 1500 ha großen Freihafengebietes, und zwar den Teil auf der Elbinsel Steinwerder. Der Hamburger Freihafen unterscheidet sich von anderen Freihäfen, in denen Güter zollfrei gelagert und sortiert werden, vor allem durch Industriebetriebe wie Werften, Maschinenfabriken und Verarbeitungsbetriebe, die praktisch im Zollausland produzieren. Die Wirtschaft behält also volle Dispositionsfreiheit und muß nur die Waren verzollen, die ein Inlandskunde abruft. Interessant ist, daß der Staat entweder Eigentümer des Grund und Bodens im Hamburger Hafen bleibt oder durch vertraglich gesicherte Rückkaufsklauseln sicherstellt, daß auch nach Ausscheiden einer Firma die Nutzflächen an den Staat zurückfallen. Eine dynamische Wirtschaft führt ständig zu Veränderungen bei der Nutzung von Freihafenflächen. So sind die zusammenhängenden hellen Flächen am Nord-Süd verlaufenden Reiherstieg erst kürzlich aufgespült und, wie ein Vergleich mit wenig älteren Karten zeigt, ist bei dieser Gelegenheit ein Stichkanal zugeschüttet worden.

Am oberen Reiherstieg zwischen der aufgespülten Fläche und den Brücken (mittlerer rechter Bildrand) sind überwiegend Verarbeitungsbetriebe der Mineralölindustrie angesiedelt. Unmittelbar an der Elbe liegen die Werften. Mehrere Schwimmdocks sind zu sehen, in denen die Außenflächen der Schiffe von Muscheln gereinigt werden und einen neuen Farbanstrich erhalten. Ein Schwimmdock ist ein schwimmfähiger Behälter, dessen Seitenwände und Boden hohl sind. Werden die Kammern geflutet, so sinkt das Dock, das Schiff kann hineinfahren und liegt nach dem Lenzen der Kammern mit seinem Kiel auf dem Trockenen. Das Trockendock gegenüber den St. Pauli Landungsbrücken ist mit 368 × 60 m das größte Dock des Kontinents, dort können Seeschiffe bis zu 100 000 tdw repariert werden. Der eingedockte Tanker paßt gerade noch hinein. Westlich vom Trockendock liegt ein Schiffsneubau auf den Helligen von Blohm & Voss. Am Ausrüstungskai der Werften sind Neubauten in verschiedenen Stadien des Ausbaus festgemacht. Im Werfthafen liegt zum Beispiel eine Bohrinsel. An den zahlreichen Kaischuppen, deren Nummern auf den Dächern gut lesbar sind, herrscht reger Betrieb. Schuppen 71 bis 74 nehmen überwiegend Stückgüter aus Nordamerika auf. Die südlicher gelegenen Kaianlagen werden meist von Schiffen aus der Ostasienfahrt angelaufen.

Unter den Stückgütern, die in Hamburg gelandet werden, nehmen unter anderem Südfrüchte und Rohkaffee die Spitze der deutschen Einfuhren ein. Bedeutend sind auch die Importe von Getreide und Rohöl. Die Mineralölraffinerien der großen internationalen Gesellschaften liegen allerdings außerhalb des Freihafens, zum Teil in Harburg, jenem Brückenkopf Hamburgs am Südufer des Elbe-Urstromtales, der über den Köhlbrand am Westrand des Bildes zu erreichen ist. Der Köhlbrand wird seit 1975 von einer Hochbrücke überquert, die unmittelbar südlich des unteren Bildrandes verläuft und nicht mehr zu sehen ist. *P. M.*

Rechte Seite:
Der Hamburger Freihafen auf Steinwerder
zwischen Köhlbrand und Reiherstieg

Bohrinsel im Hamburger Hafen

Mit dem wirtschaftlichen Aufschwung ist in der Bundesrepublik Deutschland eine ständig steigende Nachfrage nach Primärenergie einhergegangen. Seit 1950 stieg der Energieverbrauch von 135 Mill. t Steinkohle-Einheiten (SKE) auf 371 Mill. t SKE in 1976. Der Anteil der Kohle (Stein- und Braunkohle) ging im gleichen Zeitraum von 73 % auf 29 % zurück, während das Mineralöl seinen Anteil von 5 % auf 53 % erhöhen konnte.

Konsumenten der Energie waren 1960 die Industrie mit 49 %, Haushalte und Kleinverbraucher mit 36 % und Verkehr mit 15 %. 1975 haben sich die Gewichte erheblich verlagert. Die Industrie ist nur noch mit 36 %, Haushalte und Kleinverbraucher aber mit 44 % und Verkehr mit 20 % am Energieverbrauch beteiligt. Der Wandel in den Heizgewohnheiten der privaten Haushalte und der Zuwachs des Motorisierungsgrades haben zu dieser Änderung beigetragen. Dabei hat das Rohöl als Ausgangsstoff für die verschiedenartigsten Produkte der chemischen Industrie inzwischen eine Bedeutung erlangt, die eine sparsamere Verwendung von Mineralöl in Haushalt und Verkehr dringend empfehlenswert macht.

Parallel zu den Verbrauchergewohnheiten in der Bundesrepublik Deutschland hat sich auch im übrigen Westeuropa der Mineralölverbrauch in den letzten 25 Jahren mehr als verzehnfacht, er stieg von 60 Mill. t auf über 600 Mill. t. 1952 lag der Anteil der Bundesrepublik Deutschland bei 9 %, 1976 bei 21 % des westeuropäischen Mineralölverbrauchs.

Die rapide steigende Nachfrage konnte nur befriedigt werden, weil die Suche nach Bodenschätzen und die Abbaumethoden durch neue technische Verfahren mit einem höheren Ausbeutungsgrad ständig verfeinert wurden.

Seit etwa 15 Jahren wird vermutet, daß unter dem Festlandsockel der Nordsee, das ist der Meeresboden bis zu 200 m unter dem Meeresspiegel, Erdgas- und Erdöllagerstätten zu finden sind. Aus der Verbreitung seismischer Wellen, die verschiedene Gesteinsschichten mit unterschiedlicher Geschwindigkeit durcheilen, kann auf die günstige Lage von erdgas- und erdölhaltigen Gesteinen geschlossen werden. In einem geologischen Graben, der in der Mitte der Nordsee von Nord nach Süd führt, sind in 2500 bis 3000 m Tiefe sowohl Ölmuttergesteine als auch poröse Speichergesteine aus Jura, Kreide und Tertiär angetroffen worden. Reiche Gas- und Ölvorkommen sind bisher im norwegischen und britischen Anteil des Grabens nachgewiesen worden. Der südlichste Ölfund ist zur Zeit das norwegische Feld „Ekofisk".

Die Schätzung der abbauwürdigen Erdölvorkommen unter der Nordsee beläuft sich zur Zeit auf rund 2,8 Mrd. Tonnen und 2,4 Billionen m³ Erdgas, davon 1,9 Mrd. t Öl und 1,2 Billionen m³ Erdgas im britischen Teil des Festlandsockels. Diese Mengen — so wird angenommen — könnten in etwa 20 bis 25 Jahren abgebaut werden.

Die Ausbeutung von Bodenschätzen, die unter dem Meeresboden vermutet oder geortet werden, hat zu neuen Abbaupraktiken geführt. Festmontierte Bohr- und Fördertürme im Meer kennen wir seit langem aus den seichten Küstengewässern im karibischen Raum, im Golf von Mexiko und von den Erdölfeldern in Baku am Kaspischen Meer. Seit aber Geologen auch in größeren Meerestiefen Erdöl und Erdgas aufspürten, wurden zunehmend schwimmende Bohrinseln entwickelt, die im Bedarfsfalle auch als stationäre Fördertürme einsetzbar sind. Neue Bohrverfahren erlauben das Niederbringen von Sonden auch in bis zu 50° geneigtem Winkel.

Der Bau solcher Off-shore-Geräte (im Küstenvorfeld einzusetzen) ist in Deutschland eine Spezialität der Hamburger Werft von Blohm & Voss. Sie ist überwiegend im konventionellen Schiffbau tätig und hat mit diesen neuen Geräten weitere Beschäftigungsmöglichkeiten für ihre Mitarbeiter gefunden. Unser Bild zeigt eine solche Bohrinsel, die im firmeneigenen Werfthafen gerade im Bau ist. Der Werfthafen ist das fast dreieckige Becken im nordwestlichen Teil des Freihafens in Hamburg-Steinwerder (Bild auf Seite 35).

Die dem Betrachter zugewendete Schmalseite der Bohrinsel ist ca. 80 m lang, die Unterkante der Plattform liegt etwa 40 m über dem Wasserspiegel. In die Tiefe des Bildes erstreckt sich die Bohrinsel über mehr als 150 m, so daß insgesamt eine nutzbare Fläche von über einem Hektar geschaffen wird. Etwa in der Mitte davon ist der Fuß des Bohrturms zu erkennen. Lebenswichtig ist die noch nicht montierte Landeplattform für Hubschrauber, damit die Bedienungsmannschaften (über 100 Arbeiter und Ingenieure befinden sich ständig im Einsatz) in regelmäßigem Turnus ausgewechselt werden können.

Im Hintergrund werden weitere Teilstücke für die Bohrinsel auf dem Werftgelände montiert. Elemente der Teleskopbeine, die der Bohrinsel später in ihrer Position festen Halt geben, stehen zwischen den beiden Kranreihen. Bei der Bohrinsel handelt es sich um eine schwimmende Plattform, einen sogenannten Halbtaucher, der in Wassertiefen von 100 bis etwa 300 m zum Einsatz kommt. Seine Beine stehen auf Schwimmkörpern, die über der geplanten Bohrstelle teilweise geflutet und damit in ruhigeren Wassertiefen von 15—25 m in der Schwebe gehalten werden. Mit zusätzlichen Ankern werden die Bohrinseln dann in ihrer Position gesichert.

Wenn die Aufbauten vollendet und auch die technischen Einrichtungen vollständig montiert sind, wird das Bohrgerät vom Auftraggeber übernommen. Mehrere Hochseeschlepper ziehen die Insel dann zur vorgegebenen Position im Schelfgebiet der Nordsee. *P. M.*

Linke Seite:
Bohrinsel im Werfthafen von Blohm & Voss in Hamburg-Steinwerder

Vierlande

Südöstlich von Hamburg, etwa vom Stromspaltungsgebiet der Elbe aufwärts bis nach Geesthacht, erstreckt sich das größte geschlossene Gartenbaugebiet Deutschlands, das unter dem Namen Vier- und Marschlande weit über Hamburgs Grenzen hinaus bekannt ist. 1971 bestanden 1800 Betriebe und bewirtschafteten 7800 ha Nutzfläche; davon waren 90 % Gartenbaubetriebe, die jedoch nur 20 % der Fläche besaßen. Diese Zahlen verdeutlichen bereits die kleinbetriebliche Struktur dieses äußerst intensiv genutzten Raumes. Gemüsebaubetriebe wirtschaften durchschnittlich nur auf 1 ha, Zierpflanzenbetriebe müssen sich durchschnittlich sogar mit der Hälfte dieser Fläche begnügen. Ein ausreichendes betriebliches Einkommen kann also nur über eine entsprechend intensive Nutzung mit „Unter-Glas-Kulturen" erreicht werden. 180 ha der Flächen sind verglast, davon können 114 ha beheizt werden; und der Glasflächenanteil nimmt weiter zu. Nur aufgrund dieser Intensivnutzung ist es möglich, daß zum Beispiel 1971 für 100 Millionen DM gartenbauliche Produkte erzeugt wurden. 57 % dieser Leistung erwirtschaften die Zierpflanzenbetriebe und 33 % die Gemüsebaubetriebe. Der größte Teil der Produkte wird am Hamburger Großmarkt umgesetzt; 1970 waren es 26 Millionen DM aus dem Gemüsebau, 50 Millionen aus Blumen und Zierpflanzen.

Ohne solche nüchternen Zahlen zu nennen ist es nur schwer möglich, diese vom marktwirtschaftlichen Kalkül geprägte Landschaft zu verstehen. Den Bewohnern dieses Raumes sind dabei die Früchte nie in den Schoß gefallen. Die Gunst der Natur muß auch heute immer wieder neu erkämpft werden. Das Hauptproblem ist die Regelung des Wasserhaushaltes, sei es die Sicherung gegen Hochwasser und Sturmfluten dieses noch von den Gezeiten beeinflußten Gebietes, die Entwässerung der nur wenige Meter über Normal-Null liegenden Flächen oder die Bewässerung der anspruchsvollen Intensivkulturen. Für die Bewässerung reicht oft die Qualität des reichlich vorhandenen Wassers nicht aus. Die Entwässerungsgräben sind gleichzeitig Abwasserkanäle, die Elbe ist zu stark organisch verschmutzt; es bleiben meist nur wenige Bracks, die eine gute Wasserqualität haben. Auf dem Schrägluftbild rechts unten sind die kreisrunden Sprenglerflächen deutlich erkennbar.

Das Flußmarschengebiet der Elbe ist ein Teil des Warschau-Berlin-Urstromtales. Erst als die vermoorten Gebiete vom Strom abgedeicht wurden und die periodischen Überschwemmungen hinter den Deichen das gröbere Material absetzten, entstanden die nährstoffreichen Flußmarschen und Auenböden. Deichbrüche blieben nicht aus; als bleibende Zeichen dieser Ereignisse sind die sogenannten Bracks zurückgeblieben. In der oberen Bildhälfte der Senkrechtaufnahme ist ein solcher „Kolk" zu erkennen.

Die Besiedlung konnte nur an den Deichen und Dämmen erfolgen. Hier liegen kleine Hausstellen neben großen Niedersachsen-Hallenhäusern mit prächtigen Giebelfronten. Sie bilden einen lebhaften Kontrast zu den vielen schmucklosen Gewächshäusern (Bild rechts unten).

Die hohen Grundwasserstände erforderten schon immer intensive Entwässerungsarbeiten. Mit dem Grabenaushub wurden die Beete erhöht, die teilweise zu Hügelbeeten ausgeformt sind. So entstand ein Streifenbesitz, der mögliche Rationalisierungsmaßnahmen, die an Maschineneinsatz gebunden sind, nicht gerade erleichtert. Durch eine großräumig geschaffene künstliche Vorflut über Pumpwerke kann aber auch heute schon auf Teilflächen gedränt werden, so daß die im Hinterland der Deiche liegenden moorigen Gebiete intensiver genutzt werden können. Gerade die weit von den Höfen entfernten Parzellen sind in den letzten Jahren häufig brachgefallen; inzwischen wachsen dort Birken (oberer Bildrand).

Die Sturmflutkatastrophe vom 17. 2. 1962 hat auch in diesem Gebiet Schäden verursacht und die Anstrengungen bei der Deichsicherung verstärkt. So ist auf dem Abschnitt zwischen Warwisch und Hoove (linkes Bild) ein neuer, höherer Abschlußdeich entstanden, mit dem auch die Verkehrsverhältnisse wesentlich verbessert wurden. Damit gewinnt dieses Gebiet für die Hamburger Wochenendausflügler zusätzliche Attraktivität, denn trotz der sehr intensiven gartenbaulichen Nutzung dieses Raumes besteht ein erheblicher Besucherstrom nicht nur zu einigen attraktiven Badeseen und Campingplätzen. Aufgegebene Kleinbauernstellen werden häufig zu Wochenendhäusern umgebaut und Wohnwagenstellplätze auf nicht mehr genutzten Flächen vermietet.

Der Obstbau hat in den Vierlanden keine größere Bedeutung mehr, hier sind die meisten Plantagen verwildert oder gerodet. Dagegen hat das Alte Land seine Stellung als Obstbaugebiet bisher behaupten können. Rund 2500 Unternehmen betreiben Erwerbsobstbau. Die Apfel- und Kirschenblüte ist jedes Jahr eine Attraktion, die sich die Hamburger nicht entgehen lassen.

Die großen niedersächsischen Vierständer-Häuser (Bild rechts oben) mit ihren klaren sauberen Fachwerk-Giebelfronten bezeugen die Qualität einer bäuerlichen Architektur. Der Kontrast wird jedoch gleich mitgeliefert; doch Obstscheunen und Kühlhäuser sind eben auch notwendig, um die reiche Ernte bis in den April hinein vermarkten zu können. Goldparmäne, Boskop, James Grieve und Jonathan waren mit ihrem sicheren Ertrag und kräftigen Geschmack bisher die Hauptanbausorten. Inzwischen zeigt sich ein Trend zu Cox, Delicious und Renetten, die jedoch in diesem Klima mit hoher Luftfeuchte, reichlichem Regen und entsprechenden Grundwasserständen neue Probleme mit sich bringen. Der Obstbau ist in diesem Gebiet erst ca. hundert Jahre alt, die Marschhufenkolonisation greift aber auf das Jahr 1120 zurück und prägt heute noch die Kulturlandschaft des Alten Landes. *D. K.*

Rechte Seite
Links: Vier- und Marschlande in Hamburg-Kirchwerder, Ortsteil Warwisch bis Hoove (oben) (N: oben rechts)
Rechts oben: Niedersächsisches Vierständer-Haus
Rechts unten: Vier- und Marschlande in Zollenspieker, Blickrichtung SW

Lüneburger Heide zwischen Undeloh und Wilsede

Ein Tag im August 1976 geht zu Ende. Die hitzedurchflimmerte Heidelandschaft gewinnt wieder an Konturen. Kräftige Baumschatten von Föhren (Kiefer), Fichte und Wacholder bieten dem heimkehrenden Heidewanderer optischen Halt in der weichen, leicht hügeligen Landschaft. Das Zirpen der Grillen und die Vogelstimmen werden lauter. Die Natur atmet nach diesem heißen Sommertag wieder auf.

Zu jeder Jahreszeit lassen sich ähnliche Stimmungsbilder zeichnen, die sich tief in das Gedächtnis einprägen und einen Heide-Mythos geschaffen haben, der auch die gegenwärtige Generation zu beeindrucken vermag. Nicht zuletzt das durch Hermann Löns literarisch verklärte Heidebild trägt mit dazu bei, in dieser Kulturlandschaft ideelle Werte zu sehen, die auch die Zeiten einer strengeren Rationalität überlebt haben.

Die Heidebegeisterung ergriff nicht nur einige finanzkräftige Förderer, mit deren Hilfe 1910 der Verein Naturschutzpark e. V. gegründet und damit der erste Naturpark überhaupt aus der Taufe gehoben wurde. Heute kommen jährlich mehr als drei Millionen Besucher in den Heidepark, der sich dank großzügiger privater Hilfen auf ein Gebiet von 200 km² ausgedehnt hat und mit einem Diplom vom Europarat ausgezeichnet ist. Dabei hat es der Verein nicht leicht, diese „künstliche" Landschaft einer Heidschnuckenhütewirtschaft gegen die Gesetze der Wirtschaftlichkeit und der Natur zu erhalten; ohne die weidenden Schafe und ohne die Eingriffe des Menschen würden durch aufkeimende Birken, Kiefern und Eichen in kurzer Zeit lichte Wälder entstehen. Die Erhaltung einer einmalig einprägsamen Kulturlandschaft und die Ziele des Naturschutzes gestalten sich in diesem Raum nicht problemlos. Es gibt genügend kritische Stimmen, die in dem Einsatz chemischer Pflanzenschutzmittel zur Bekämpfung der Birke um die Erhaltung einer „degenerierten Vegetation" willen einen Verrat an der Sache erkennen wollen. Der Streit der Experten wird sicherlich andauern, ebenso wird das mythisch-glorifizierende Heidebild weiterhin vielen Wochenend- und Ferienbesuchern den Ausgleich für Streß und Rationalität des Alltags bringen. Der Fremdenverkehr wird daher auch in Zukunft die Haupteinnahmequelle dieses nicht gerade mit fruchtbaren Böden oder Bodenschätzen gesegneten Landstrichs sein. Der Reichtum dieser Landschaft liegt in den von Stille und Einsamkeit geprägten Erlebnisinhalten einer vorindustriellen, als harmonisch empfundenen Kulturlandschaft.

Ihren formprägenden Charakter erhielt diese Landschaft in der Saaleeiszeit. Abgeflachte Moränenwälle, durchzogen von Abflußrinnen, bilden ein wellig-hügeliges Gelände, das immer neue und überraschende Ausblicke erschließt. Der im Laufe der Jahrhunderte von basischen Nährstoffen freigewaschene, manchmal etwas lehmige Sandboden hat stets nur eine „arme" Vegetation hervorgebracht. Trockene Eichen- und Birkenwälder beherrschten das Bild, bis durch den Raubbau am Holzbestand ganze Dünenzüge durch Windverwehung in Bewegung gerieten. Unterstützt wurde dieser Vorgang durch Überweidung und die Anwendung einfacher Ackerbaumethoden, wie etwa der Plaggenwirtschaft, bei der die oberste, stark mit Wurzeln durchsetzte Bodenschicht mit dem Pflug in Stücken (Plaggen) abgetragen wird. Aufforstungen mit wirtschaftlichen Holzarten wie Kiefern und Fichten konnten größeren Schaden verhindern. In der Zentralheide hat sich die landwirtschaftliche Nutzung auf wenige Flächen mit lehmigen Böden zurückgezogen, die jedoch weiterhin von der Aufforstung bedroht sind. Wie aus dem Zuschnitt der Parzellen und dem Alter der Forstkulturen geschlossen werden kann, zeichnet sich hier ein weiterer kulturlandschaftlicher Wandel ab. Die Natur versucht jedoch, die strengen geometrischen Parzellenformen von Ackerbau und Forstwirtschaft wieder auszugleichen. Sturmschäden und Käferbefall lockern das Bild der Monokulturen nach kurzer Zeit auf und passen es dem Formenspiel der Landschaft an. Auf einer Wanderung oder Kutschfahrt von Undeloh nach Wilsede lassen sich diese kultur- und naturlandschaftlichen Entwicklungsprozesse sehr gut verfolgen.

Am Ortsrand von Undeloh wird der kulturhistorisch interessierte Betrachter auf dem Luftbild die Reste der Hügelgräberkultur ausmachen können. Auch andere farbliche Veränderungen auf den abgeernteten Feldern sind möglicherweise auf die gleiche Zeitepoche zurückzuführen. Der Nutzungswandel der Landschaft zeigt sich auch in der Ortsentwicklung von Undeloh. Die dunkel aussehenden, mit Reet gedeckten Katen sind zwar noch erkennbar, dazwischen hat aber so manches alte Bauerngehöft ein feuersicheres Ziegeldach erhalten; neu hinzugekomme Ferienhäuser oder Eigenheime beginnen zu dominieren. Im alten Ortskern beherrschen noch die großen breiten Kronen der Eichen das Bild.

Die Camping- oder Parkplätze als notwendige touristische Infrastruktur vermögen sich allerdings in die gewachsene Form dieses Ortes noch nicht so recht einzuordnen.

Die südlich an den Ort anschließenden großen zusammenhängenden Heideflächen mit dem Radenbach-Tälchen gehören zum Kernstück des Naturparkes. Wie stark der Besucher von seinem freien Erlebnisdrang Gebrauch macht, läßt sich aus dem Gewirr der Wanderwege erkennen, denen offensichtlich kein System zugrundeliegt. Viele Trampelpfade führen hier zu einer interessanten Wacholdergruppe, dort zu einer schattenspendenden Kiefer, zu einem Bienenzaun, einem Schafstall oder einfach zu so nahrhaften Dingen wie Heidelbeersträuchern. Botaniker, Zoologen, Fotografen, Ornithologen und andere können in diesem Freiraum ungehindert ihren Interessen nachgehen.

Viele eilige Besucher genießen jedoch die Landschaft am intensivsten bei einer Kutschfahrt zum Wilseder Berg — mit 169 Metern über NN die höchste Erhebung der Norddeutschen Tiefebene —, von dem aus bei klarem Wetter die Silhouette von Hamburg zu erkennen ist. Sie werden ferner die Gastlichkeit von Wilsede zu schätzen wissen und auch dem Heidemuseum einen Besuch abstatten. Auf mahlenden Sandwegen entlang an Steinwällen und Heidschnuckenherden läßt man sich gern kurzfristig in eine Zeit zurückversetzen, die wohl mehr Gemütlichkeit als die Gegenwart zu bieten vermochte, die aber sicherlich auch nicht sorgenfrei war. Aufgrund dieser Spannungsfelder zwischen Realität und Wünschen wird der Naturschutzpark Lüneburger Heide weiterhin seine Anziehungskraft behalten.

D. K.

Linke Seite:
Naturpark Lüneburger Heide mit Undeloh

Münsterländer Bucht und unteres Weserbergland

42

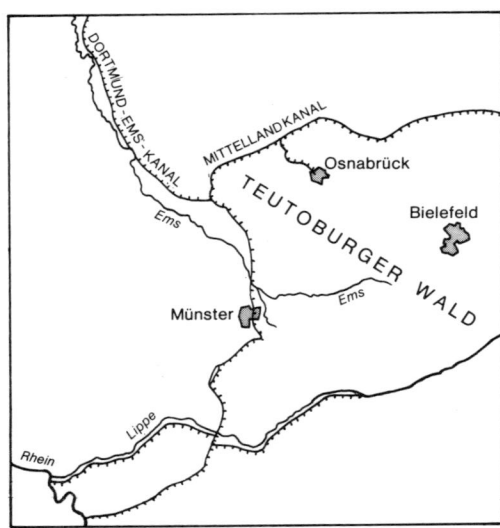

Dieser Bildausschnitt reicht vom Nordrand des Sauerlandes, dem Arnsberger Wald (rechte untere Bildecke), über die Hellwegbörde, die Münsterländer Bucht und das untere Weserbergland bis in die norddeutsche Geest hinein. Von den Gewässern sind nur die mäanderreiche Ems oben links und die Weser mit dem Durchbruch der Porta Westfalica oben rechts zu erkennen, außerdem die gradlinig verlaufenden Kanäle: der Dortmund-Ems-Kanal in der linken, der Mittellandkanal in der oberen und der Lippe-Seitenkanal in der unteren Bildhälfte.

Der Arnsberger Wald ist ein Bergland, das durch viele schmale Wiesentälchen gegliedert wird. Das Gebiet ist aus stark gefalteten karbonischen Schiefern, Grauwacken und Sandsteinen aufgebaut.

Die Möhnetalsperre am Nordrand des Arnsberger Waldes dient wie die vielen anderen Talsperren des Sauerlandes zur Regulierung des Wasserablaufs der Ruhr und ihrer Zuflüsse und damit der Wasserversorgung des Ruhrreviers.

Unmittelbar nördlich der Möhne bauen kreidezeitliche Kalke und Mergel eine steil nach Süden abfallende Schichtstufe auf, den unbewaldeten Haarstrang oder die Haar. Nach Norden schließt sich als ganz flache, wenig geneigte Abdachung die Hellwegebene an. Hier bedeckt eine nach Norden mächtiger werdende Lößdecke die Kalke des Untergrundes. Dieser bodentrockene, fruchtbare Lößstreifen entwickelte sich zu einer waldlosen Börde mit zahlreichen Haufendörfern und weiten Ackerfluren mit Weizen- und Zuckerrübenanbau. Es ist die größte zusammenhängende Ackerlandschaft des Bildbereiches (Blaufärbung). Die Hellwegebene war stets ein wichtiges Durchgangsland für den West-Ost-Verkehr. So entstand schon in frühgeschichtlicher Zeit der Große Hellweg, die heutige Bundesstraße 1. Im Schnittpunkt mit den in nord-südlicher Richtung verlaufenden Straßen entwickelten sich Städte, die vorwiegend als Kornmärkte, zum Teil auch durch ihre Salinen und den Salzhandel, Bedeutung erlangten. Davon sind als dunkle, ausstrahlende Punkte in dem blauen Streifen Unna, Werl, Soest, Erwitte, Gesecke und Salzkotten zu erkennen.

Der größte Teil der Münsterländer Bucht im unteren Bilddrittel erscheint als stark differenziertes blaurotes Mosaik. Es handelt sich um eine bodenfeuchte, abwechslungsreiche Parklandschaft mit viel Grünland, reich an Baumreihen und kleinen Gehölzen, aber ohne größere Wälder. Aus den weiten Ebenen erheben sich im Inneren inselartige Hügel: die Baumberge westlich von Münster, die Beckumer Berge im Osten an der Ems und die Hohe Mark mit der Haardt und den Borkenbergen im Westen, in der unteren linken Ecke des Bildes. Die zuletzt genannten Berge sind mit dichten Kiefernwäldern bedeckt. Im Satellitenbild zeigen sie sich als große dunkelbraune Flächen. Die hier vorkommenden nährstoffarmen senonischen Sande sind zur landwirtschaftlichen Nutzung nicht geeignet. Beckumer Berge und Baumberge haben hingegen nur wenig Wald, aber ausgedehntes Ackerland. Sie werden aus Kalken und Mergeln aufgebaut, die günstigere Böden liefern.

Während offene Kalk- und Lößlandschaften den Süden der Westfälischen Bucht bestimmen, finden wir im Osten, am Fuß des Teutoburger Waldes, ausgedehnte Wälder auf sandigen Böden, die in der Senne zwischen Paderborn und Brackwede südlich von Bielefeld ihre größte Ausdehnung erreichen. An die trockene Senne mit Kiefernwäldern im Osten schließt sich nach Westen an der oberen Ems die feuchte Senne mit ausgedehntem Grünland an (nahe am rechten Kartenrand).

Teutoburger Wald und Wiehengebirge erscheinen auf dem Satellitenbild als langgestreckte, schmale Waldbänder. Es handelt sich um Härtlingsrücken aus harten, gegen Verwitterung resistenten Kalken und Sandsteinen. Dieses harte Material leistete den abtragenden Kräften größeren Widerstand als die weicheren Mergel und Tone der Umgebung.

Offene, waldarme, dicht besiedelte und zum Teil stark industrialisierte Landschaften füllen die Becken und Senken zwischen Teutoburger Wald und Wiehengebirge, besonders im östlichen Teil, wo im Ravensberger Hügelland fruchtbare Lößböden auftreten. Im Teutoburger Wald und im Wesergebirge wurden Pässe und Durchbruchstäler von besonderer Bedeutung für den in West-Ost-Richtung verlaufenden Verkehr. Dabei liegen die beiden niedrigsten und damit verkehrsgünstigsten Durchlässe einander genau gegenüber: die Porta Westfalica im Weser-Wiehen-Gebirge und der Bielefelder Paß im Teutoburger Wald (markiert durch scharfes Absetzen der schwarzroten schmalen Gebirgsstränge und hervorgehoben durch das Siedlungsband Bielefeld-Minden). Diesem günstigsten Durchgang folgen Bundesstraße und Eisenbahn, die das Ruhrgebiet mit den Nordseehäfen und den Ballungsräumen von Hannover und Berlin verbinden.

Hier entwickelte sich die Städtereihe Bielefeld, Herford, Bad Oeynhausen, Minden. Nach Südwesten findet sie ihre Fortsetzung in Richtung Ruhrgebiet über Gütersloh, Rheda-Wiedenbrück, Oelde, Beckum, Ahlen, Hamm. Auf dem Bild ist die Eisenbahnlinie zwischen diesen Städten deutlich zu erkennen, aber nicht die entsprechenden Bundesstraßen und Autobahnen.

Nördlich der Wiehengebirgskette beginnt das Norddeutsche Tiefland mit der aus eiszeitlichen Ablagerungen aufgebauten Sand- und Moränenlandschaft der Geest.

A. S.

Rechte Seite:
Münsterländer Bucht und unteres Weserbergland
(Mosaik aus drei Bildern)
Bildmaßstab 1 : 500 000
Aufnahmedaten: 10. 8. 1975, 29. 8. 1975, 19. 4. 1976

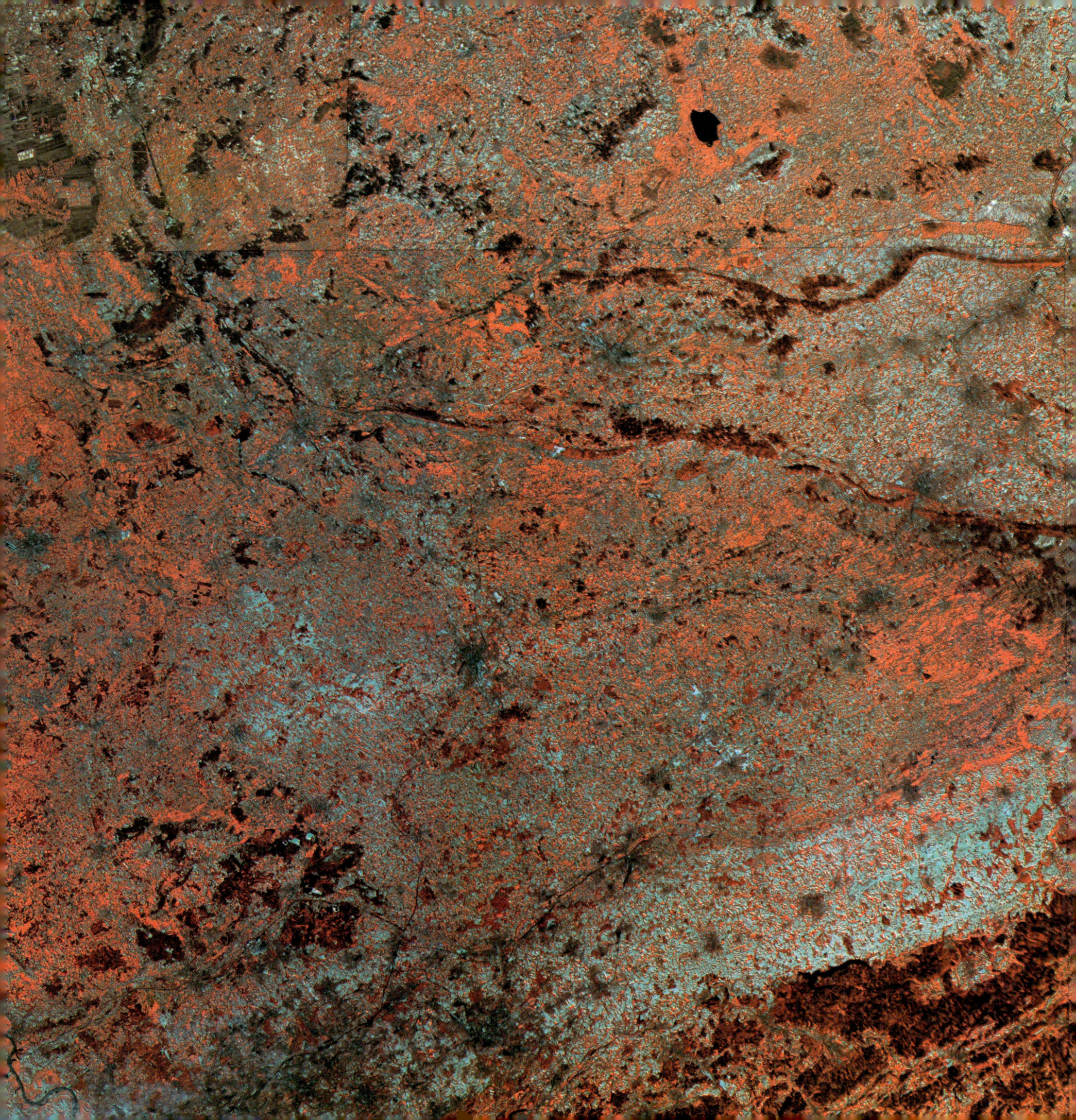

Münsterland und Emssandebene

Die obere Ems wird im östlichen Münsterland an beiden Ufern von ausgedehnten ebenen Sandplatten begleitet. Das ist die Emssandebene, eine in der Weichsel-Eiszeit aufgeschüttete Flußterrasse.

Im unteren Teil des nebenstehenden Senkrechtluftbildes ist die regulierte Ems als flacher Bogen zu erkennen. Sie wird auf beiden Seiten von parallel laufenden Entwässerungskanälen begleitet. Der südliche Kanal, unmittelbar am Waldrand unten, ist durch eine Pappelreihe verdeckt. Vor der Regulierung pendelte der Fluß in vielen, sich häufig verlagernden Mäandern über den ebenen Talboden, wie das in der rechten Bildhälfte noch deutlich zu erkennen ist. Die etwa 500 m breite Talaue liegt nur um etwa 2 m tiefer als die Emssandebene. Sie ist bis auf eine kleine Mühle, die vor einigen Jahren ihren Betrieb einstellte, nicht besiedelt. Links von der Mühle ist noch der wassererfüllte Rest eines alten Emslaufes zu erkennen. Die Talaue wird als Grünland und Ackerland genutzt. Der Kiefernwald an der unteren Bildkante steht auf einer flachen Düne. Dieser Wald entstand erst vor 150 Jahren, als man die Heideflächen aufforstete, die bis dahin die meisten Dünen bedeckten.

Der größte Teil des Bildausschnittes wird von der tischebenen Emsniederterrasse eingenommen. Vom Kanal bis zum oberen Bildrand steigt sie auf einer Strecke von etwa 1 km kaum merklich von 58 m auf 60 m an. Bäuerliche Einzelhöfe sind über die ganze Terrasse verteilt. Das Grünland, meist in Form von Mähweiden, tritt gegenüber dem Ackerland zurück. Die stattlichen vollbäuerlichen Höfe entstanden in der mittelalterlichen Ausbauzeit. Jünger, jedoch ebenfalls im Mittelalter entstanden, sind die kleineren Markkötterhöfe am linken Bildrand (Flurname „Auf'm Rott"). (Sie wurden in Rodungen der ausgedehnten Wald- und Heidemarken der Altdörfer angelegt.) Das seit früher Zeit praktizierte Anerbenrecht (der Besitz wird nicht geteilt, sondern von nur einem Erben übernommen) verhinderte die Aufsplitterung und die Verkleinerung der Betriebe. Versmold, der Schwerpunkt der westfälischen Fleischwarenindustrie, liegt nur sechs Kilometer entfernt. Daher sind die Bauern dieser Gegend auf Schweine- und Rindermast spezialisiert. Die neuen großen Ställe mit den hellen Flachdächern, die in der Bildmitte und auf dem am weitesten links liegenden Hof zu sehen sind, kennzeichnen diese Entwicklung. Der Ems parallel verlaufen zwei Bundesstraßen durch das Ostmünsterland, die nördliche, am oberen linken Bildrand, ist an den Baumreihen zu erkennen.

Die Acker- und Grünlandflächen sind mit größeren und kleineren Waldstücken durchsetzt. Der ursprüngliche Wald der Sandterrasse war ein Laubwald, vorwiegend aus Eichen und Birken mit eingestreuten Kiefern. Starker Holzeinschlag führte zur Waldvernichtung und zur Ausdehnung von Heideflächen, die dann nach der Markenteilung mit Kiefern aufgeforstet wurden. So ist der heutige Wald meist Kiefernwald, aber an den Rändern und in kleinen Gehölzen wachsen häufig Eichen und Birken sowie andere charakteristische Gewächse des ursprünglichen Waldes auf.

Im wasserreichen Kernmünsterland treten die von breiten Gräben umschlossenen Wasserburgen an die Stelle der Höhenburgen des Berglandes. Haus Vischering (Bild links unten) am nördlichen Stadtrand von Lüdinghausen, ist eine der am besten erhaltenen westfälischen Wasserburgen. Sie wurde im 13. Jahrhundert von dem Bischof von Münster zur Sicherung seiner landesherrlichen Rechte gegenüber den Herren von Lüdinghausen angelegt. Die ursprünglich kreisrunde Hauptburg und die viereckige Vorburg liegen als Inseln in dem Burgteich. Er wird vom Grundwasser gespeist und erhält zusätzliches Wasser aus der Stever (rechts, außerhalb des Bildes) und einem abgeleiteten Seitenarm (links). Nach außen war der Burgteich durch mehrere Gräben und Wälle geschützt. Die Hauptburg ist der am stärksten befestigte Kern der Anlage. Sie bestand ursprünglich aus einer kreisrunden mächtigen Mauer aus Findlingen und Ziegelsteinen, die auf dicken Eichenpfählen ruhte. Diese Ringmauer trug einen doppelten Wehrgang. Die Wohnbauten lagen auf der Innenseite und öffneten sich zu einem kreisförmigen Innenhof. Zu dieser ältesten Festungsanlage gehörte auch ein Burgfried. Nach einem Brand im Jahre 1521 wurde beim Wiederaufbau der alte Festungsbau zu einer Wohnburg umgestaltet. In die Ringmauer wurden Fenster gebrochen. Im Süden wurde um 1620 eine architektonisch bemerkenswerte „Ausflucht" mit prächtigem Giebel und Erker im Renaissancebaustil angefügt.

In der Hauptburg befinden sich heute das Heimatmuseum des Kreises Lüdinghausen und ein Restaurant. Die Vorburg mit dem großen giebelseitig erschlossenen „Bauhaus" enthielt früher Ställe und Scheunen. Heute beherbergt sie die gräfliche Forstverwaltung.

Stattliche Einzelhöfe (Bild rechts unten) inmitten des in große Blöcke (Kämpe) gegliederten Landbesitzes bestimmen die bäuerliche Siedlung im Kern der westfälischen Bucht. Wallhecken mit Baumreihen, kleine Gebüsche, Waldstücke und baumbestandene Zufahrtswege zu den Höfen machen das Kernmünsterland zu einer Parklandschaft. Die Höfe sind in Eichenhaine eingebettet, so daß sie auf größere Entfernung kaum erkennbar sind. Ursprünglich lieferte dieser „Eichenkamp" das für den Hof benötigte Nutzholz, besonders für die von Zeit zu Zeit notwendige Erneuerung des Fachwerks, aus dem ursprünglich alle Bauernhäuser hierzulande gebaut waren.

Das Kernmünsterland ist ein bodenfeuchtes Gebiet mit schwer bearbeitbaren Lehmböden, dem sogenannten Klei, nach dem es auch Kleimünsterland genannt wird. Durch den stauenden Untergrund von kreidezeitlichem Mergel entstand ein dichtes Gewässernetz, das durch zahlreiche, künstlich gezogene Entwässerungsgräben verdichtet wurde. Viele Höfe sind von einem Wassergraben, einer Gräfte, umgeben, wahrscheinlich nach dem Vorbild der adeligen Wasserburgen. Die Gräften sind ein wirkungsvoller Schutz; sie dienen aber auch dem Sozialprestige des Besitzers. Die Hofanlage besteht aus dem von der Giebelseite erschlossenen niederdeutschen Hallenhaus, das ursprünglich Wohnung, Stallung und Vorratskammern unter einem Dach vereinte. Später wurden zusätzliche Ställe, Scheunen und Schuppen hinzugebaut.

A. S.

Linke Seite
Oben: Die Emssandebene im Ostmünsterland östlich von Warendorf
Unten links: Wasserburg Vischering bei Lüdinghausen
Unten rechts: Gräftehof im Kleimünsterland

Bielefeld am Teutoburger Wald

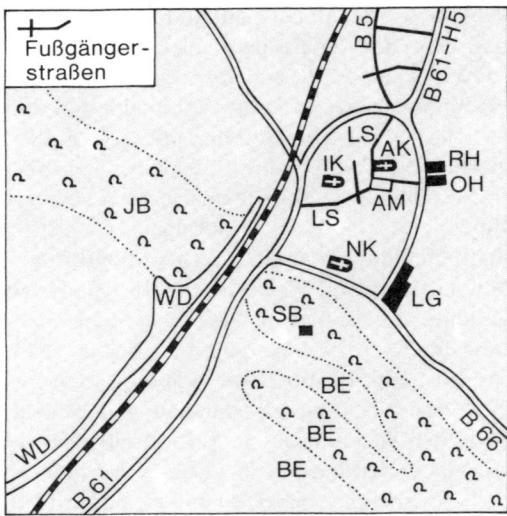

Von Südosten nach Nordwesten ziehen die aus harten Kalken aufgebauten bewaldeten Kämme des Teutoburger Waldes diagonal durch das Bild. Nach Nordosten (in der oberen rechten Bildhälfte) schließen sich an diese Waldzone in weitflächiger Ausdehnung mehrere Stadtviertel an, die einen hufeisenförmigen mittelalterlichen Stadtkern umgeben. Die andere Diagonale wird von einem Quertal zwischen dem Johannisberg (JB) und dem Sparrenberg mit der Sparrenburg (SB) gebildet. Dem Tal folgt ein alter Fernverkehrsweg, die heutige Bundesstraße 61. Sie überschreitet den Teutoburger Wald über den Bielefelder Paß, der etwas außerhalb der oberen rechten Bildecke liegt. Diese Straße diente schon in früherer Zeit dem Fernverkehr vom Niederrhein zur Weser und nach Mitteldeutschland, über Abzweigungen zu den Nordseehäfen. Sie wurde später durch die parallel laufende Autobahn (außerhalb des Bildes) entlastet. Neben der Straße läuft seit 1843 eine später vierspurig ausgebaute Eisenbahn, die sogenannte Köln—Mindener Strecke. Zur weiteren Entlastung des Durchgangsverkehrs wird zur Zeit der Westfalen-Damm als breite Kraftfahrzeugstraße neben der Eisenbahn in den Berg hinein gebaut. Die Baustelle ist in der Bildmitte gut zu erkennen (WD).

Im altbesiedelten, lößbedeckten Ravensberger Hügelland, das nördlich an den Teutoburger Wald anschließt, gründeten um 1214 die Grafen von Ravensberg die Stadt „Im Bilifelde" und bauten zu ihrem Schutz um die Mitte des Jahrhunderts die Sparrenburg (SB) auf steil abfallendem Muschelkalksporn.

Im 19. Jahrhundert wurden die mittelalterlichen Befestigungsanlagen geschleift und zu einer breiten Ringstraße umgestaltet, so daß der Durchgangsverkehr um die Innenstadt herum geleitet wurde. Die alte Fernstraße, die einst mit deutlichem Knick am Alten Markt (AM) durch die Altstadt hindurchführte, ist heute eine Einkaufs- und Ladenstraße mit einem vielseitigen, zum Teil hochspezialisierten Warenangebot geworden. (LS). Mit ihren Nebenstraßen bildet sie einen geschlossenen Fußgängerbereich.

Die Innenstadt wurde zum größten Teil im letzten Krieg zerstört. Doch wurden einige historisch bedeutende Bauwerke wieder hergestellt, wie die drei gotischen Kirchen, die heute wie einst das Bild des alten Stadtkerns bestimmen: die Altstädter Nicolaikirche (AK), die Neustädter Marienkirche (NK) und die ehemalige Klosterkirche St. Jodokus.

Die eigentliche cityartige Innenstadt von heute entwickelte sich in der zweiten Hälfte des 19. Jahrhunderts außerhalb des mittelalterlichen Stadtkerns in Richtung auf den 1847 gebauten Bahnhof (im Norden außerhalb des Bildes). Schwerpunkte wurden die heute mit ihren Seitenstraßen zum Fußgängerbereich umgestaltete Bahnhofstraße und der im Norden vor dem mittelalterlichen Stadtkern gelegene Jahnplatz mit vielseitigem Einzelhandel, großen Warenhäusern, Banken, Versicherungsanstalten, Kinos, Gaststätten und Hotels. Bei der derzeitigen Citysanierung entstehen auf den Grundstücken ehemaliger ausgelagerter Industrieanlagen neue große Bauten mit Warenhäusern, Läden und Wohnungen zwischen Bahnhofstraße und Herforder Straße (B 61 — HS).

Mit der Bevölkerungszunahme und industriellen Entwicklung in der zweiten Hälfte des vorigen Jahrhunderts wuchs die Stadt nach allen Seiten über die ehemaligen Wallanlagen hinaus. Neue Stadtviertel mit oft schachbrettartigem Grundriß schließen seither an den alten Stadtkern an. Nach Westen dehnen sich in günstiger Lage Wohnsiedlungen aus, die bei vorherrschend westlichen Winden ohne Beeinträchtigung durch Industrieanlagen bleiben. Der Teutoburger Wald wurde glücklicherweise als stadtnahes Erholungsgebiet von der Bebauung freigehalten. Im Bereich des Bildes ist der Wald in städtischem Besitz.

Die Industrie siedelte sich in erster Linie in Nähe der Eisenbahn an: so im Paß zwischen Bielefeld und Brackwede, wo schon in vorindustrieller Zeit ausgedehnte Bleichen für das Leinengewerbe bestanden. Hier finden sich heute aneinandergereiht größere und mittlere Betriebe fast aller Branchen, die in Bielefeld vertreten sind: Textilverarbeitung, Bekleidung, Nahrungs- und Genußmittel, Eisen- und Metallverarbeitung, Arzneimittel. Unmittelbar östlich an die Altstadt anschließend entstand (am rechten Bildrand) ein Viertel mit schachbrettartigem Grundriß, das von einer recht ungünstigen Mischung von Industrieanlagen und eng bebauten Wohnblöcken geprägt ist.

Mehrere Einrichtungen größerer zentraler Bedeutung fanden um die Jahrhundertwende ihren Standort auf den ehemaligen Wallanlagen im Osten des mittelalterlichen Stadtkerns, so das neue Rathaus (RH), das Opernhaus (OH) und das Landgericht (LG). Vorwiegend Wohnfunktionen kennzeichnen die weitgehend aufgelockert bebauten Viertel an den unteren Hängen des Teutoburger Waldes und in seinen Längstälern, die sich zur Paßfurche hin öffnen.

Südlich an den Sparrenbergrücken schließen die 1867 gegründeten Betheler Anstalten der Inneren Mission an (BE). Sie erstrecken sich über zwei Längstäler und den dazwischen liegenden Höhenrücken mit großen Kranken- und Pflegeheimen, Kliniken, mehreren Schulen, Werkstätten und einer kirchlichen Hochschule. Alle Häuser Bethels liegen abseits vom Durchgangsverkehr in einer Oase der Ruhe, eingebettet in Gärten, Parkanlagen und Buchenwäldern.

A. S.

Rechte Seite:
Bielefeld

Minden an Weser und Mittellandkanal

Von Süden nach Norden durchzieht die Weser in zwei flachen, langgestreckten Bögen das Bild. Auf ihren Innenseiten breitet sich die Talaue aus (Punktsignatur auf der Karte). Sie ist bis heute nicht bebaut. Seit der Regulierung der Weser wird die Aue landwirtschaftlich genutzt. Außerdem entstanden hier ausgedehnte Sportanlagen.

Mit einer deutlichen Stufe erhebt sich über die Talaue die weichselzeitliche Niederterrasse (NT). Sie ist im allgemeinen hochwasserfrei und wurde daher — zum Teil schon im Mittelalter — dicht besiedelt. Die Grenze zwischen Aue und Niederterrasse ist durch die Ausdehnung der Bebauung auf beiden Seiten der Weser im Luftbild äußerst prägnant erkennbar. Demgegenüber ist die deutliche Stufe zwischen der Niederterrasse und der nächsthöheren Terrasse, der saaleeiszeitlichen Mittelterrasse, trotz ihrer beachtlichen Höhe auf dem Luftbild überhaupt nicht sichtbar. Sie verläuft in der Altstadt von Nord nach Süd, westlich des Domes (D) und östlich der anderen mittelalterlichen Kirchen. Dementsprechend liegt das linke Drittel des Bildbereiches auf dieser Terrasse, die sich darüber hinaus weit nach Westen ausdehnt.

Die älteste Siedlung im Bereich der heutigen Stadt ist die sogenannte Fischerstadt (Fi), ursprünglich von Fischern und Schiffern bewohnt, auf dem linken Weserufer zwischen der Straßen- und der Eisenbahnbrücke, etwa in der Mitte des Luftbildes. Sie bestand schon, bevor Karl der Große um 800 das Bistum Minden gründete. Damit begann die städtische Entwicklung des Ortes, begünstigt durch die Lage an alten Nord-Süd und West-Ost gerichteten Fernstraßen, wobei eine Furt den Übergang über die Weser begünstigte. Den alten Straßen entsprechen die heutigen Bundesstraßen 61 und 65. Unmittelbar westlich der Furt entstand der einst befestigte Bischofssitz mit dem Dom (D), auf dem Bild etwas links unterhalb der Straßenbrücke, erkennbar an dem grünen Kupferdach des Westwerks, den roten Giebeldächern des Langhauses und dem im Süden anschließenden Kreuzgang. Westlich davon entwickelte sich eine Kaufmannsstadt (Wik) mit Nord-Süd gerichtetem Straßenmarkt (M) und dem Rathaus (R).

Der mittelalterliche Stadtkern wird bestimmt

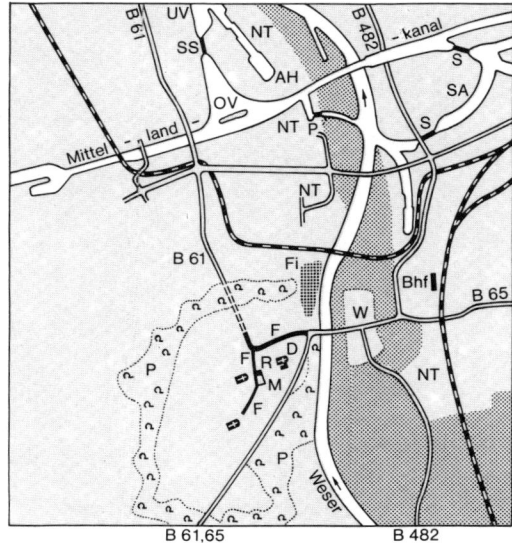

durch ein dichtes Netz enger, meist gewundener Straßen mit vielen giebelseitig stehenden Häusern, die mit roten Ziegeldächern gedeckt sind. Er ist deutlich abzugrenzen durch die ausgedehnten Parkanlagen auf den ehemaligen brandenburgisch-preußischen Befestigungsanlagen, die erst 1873 geschleift wurden (P).

Im Bereich der Unterstadt sind die von Norden nach Süden und von Westen nach Osten gerichteten Straßenzüge mit dem ehemaligen Straßenmarkt und in Verlängerung der Brücke zu den wichtigsten Einkaufsstraßen geworden, die jetzt nur noch Fußgängern zugänglich sind (F). An der Brücke sind die Ausschachtungen eines Sanierungsgebietes zu erkennen. Hier entstehen Kaufhäuser, Läden, Geschäftsräume und Wohnungen. Auch zwischen Dom und Rathaus wird ein großer Baukomplex ausgeschachtet. Die zentrale Bedeutung Mindens wird im Luftbild auch deutlich durch die ausgedehnten Schulbauten westlich der Altstadt auf dem ehemaligen Befestigungswall in unmittelbarer Nachbarschaft der Parkanlagen.

Erst nach dem Schleifen der Befestigungsanlagen konnte sich die Stadt nach allen Seiten ausdehnen. So entstanden im Westen auf der Mittelterrasse Wohnviertel mit vorwiegend gradlinigen Straßen. Darin eingelagert sind größere Komplexe öffentlicher Gebäude, aber keine Industrie.

Der Übergang der alten West-Ost-Straße über die Weser wurde durch eine heute dicht bebaute ehemalige Insel (Werder) erleichtert (W). Die städtische Entwicklung und Bebauung auf der rechten Weserseite wurde entscheidend vorangetrieben durch den Bau der Köln—Mindener Eisenbahn im Jahre 1847. Eisenbahn und Bahnhof sind von dem Altstadtkern durch die Weser und die hier recht breite Weseraue getrennt. Trotz des frühen Anschlusses an das Eisenbahnnetz konnte die Stadt die damit gegebenen Chancen für eine industrielle Entwicklung nicht nutzen, da die Festung auch im Osten ein freies Schußfeld (Glacis) erforderte. Sogar Eisenbahn und Bahnhof wurden zunächst in den Festungsbereich mit eingeschlossen. Die industrielle Entwicklung nahm erst im 20. Jahrhundert einen entscheidenden Aufschwung durch den Bau des Mittellandkanals, der nördlich der Altstadt die Weser überquert. 1914 wurde die Kanalbrücke über den Fluß und die hier recht breite Talaue fertiggestellt. Westlich der Brücke erweitert sich der Kanal zu dem dreieckigen oberen Vorhafen (OV). Über die Schachtschleuse an seiner nördlichsten Ecke (SS) werden die Schiffe in sieben Minuten 12,50 m tief zur Weser hinunter geschleust. Nach dem Abstieg erreichen sie den unteren Vorhafen (UV), der an der oberen Bildkante mit dem Abstieghafen (AH) und der Weser in Verbindung steht. Zwischen der Kanalbrücke und dem oberen Vorhafen liegt am Rande eines rechteckigen Beckens das Hauptpumpwerk (mit rotem Dach, P). Hier wird Weserwasser in den Kanal gepumpt, um das beim Schleusen verbrauchte Wasser und die durch Versickerung und Verdunstung entstandenen Verluste zu ersetzen. Östlich der Kanalbrücke führt der Südabstieg (SA) über zwei weitere, hintereinander geschaltete Schleusen (S) mit Hubhöhen von 6 m und 6,50 m ebenfalls zur Weser herab. An dem verkehrsgünstigen Standort des Wasserstraßenkreuzes haben sich zahlreiche Industriebetriebe angesiedelt: Metallverarbeitung, Glasindustrie, Holz-, Papier- und Textilindustrie, Nahrungs- und Genußmittelindustrie. Diese Betriebe erhalten einen Teil ihrer Rohstoffe auf dem Wasserwege. *A. S.*

Linke Seite:
Minden

Das Weserbergland, der Harz, Hannover und Braunschweig

Das Weserbergland, der Wechsel waldreicher Höhenrücken und landwirtschaftlich genutzter Ebene, geht, gleichsam aufgelöst, ohne scharfen Übergang in die Norddeutsche Tiefebene über. Das unruhige Muster des Bildes beherrscht der dunkle markante Gebirgsrücken des Harzes. Die morphologische und nutzräumliche Gliederung der erfaßten Landschaft Mitteldeutschlands wird durch Farbkontraste einzigartig unterstrichen in dieser günstigen Hochsommeraufnahme, die nach der Ernte der Hauptanbausorten entstand.

Deutlich heben sich die hell- und dunkelroten Bergrücken im Süden ab. Die landwirtschaftlich intensiv genutzten, vorherrschend blaugrünen Flächen zeigen in dem engmaschigen Wechsel zwischen Rot und Blau die zeitlich unterschiedliche Aberntung der Feldfrüchte.

Als gradlinig begrenzter Block liegt am rechten mittleren Bildrand der Harz, der mit seinen weitläufigen dunkelrot bis schwarz erscheinenden Nadelwäldern die Aufnahme beherrscht. Das scharf konturierte Massiv läßt ahnen, wie es durch randliche Störungen horstartig aus dem umliegenden Tiefland hochgepreßt wurde. Im Harzvorland fallen die kleineren Felderteilungen auf. Die jahrhundertealte Bedeutung dieser Gegend als Kornkammer wird dokumentiert, aber die Feldergröße demonstriert auf der anderen Seite, daß hier noch keine Anpassung der Landschaft an moderne Anbau- und Erntemethoden erfolgt ist.

Im Weserbergland sind die quer durchs Bild streichenden auf- und abtauchenden Kalkrücken des Deister, Süntel, Ith, Hils und Solling erkennbar. In Anlehnung an die diese Rücken aufbauenden Gesteine sind sie dort, wo Kalke vorherrschen, mit hellrotem Laubwald bestanden. Die mehr mergelig-sandig aufgebauten Bereiche tragen schwarzrot/hellrot gesprenkelte Mischwälder.

Als feine dunkle Linien durchziehen das mäandrierende natürliche Flußsystem der Weser sowie die Kanalbauten des Mittellandkanals mit seinen Seitenkanälen das Bild.

Als markante Linie zieht sich die Grenze zur DDR durch die östliche Bildhälfte. Nicht nur der breite Grenzstreifen, der abgeholzte Bereich des Todesstreifens, der auf Strecken als feine helle Linie erkennbar ist, sondern auch die unterschiedliche landwirtschaftliche Nutzung,

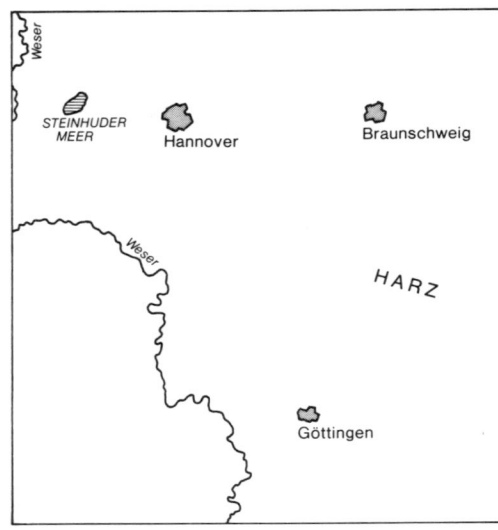

hervorgehoben durch verschiedene Feldergrößen, markieren diese Naht durch den zentralen Teil Deutschlands. Während auf der Seite der Bundesrepublik Deutschland die Vielzahl kleiner und kleinster Felder — abgesehen von wenigen Gebieten, in denen eine Flurbereinigung schon abgeschlossen ist — die Aufteilung des Landes entsprechend den verschiedenen Erbsystemen dokumentiert, wurde das landwirtschaftliche Nutzbild im östlichen Teil Deutschlands durch die Verwaltungs- und Nutzungsform der landwirtschaftlichen Produktionsgenossenschaften grundlegend verändert. Großflächige (über 10 ha) Felder und weitgehende Monokulturen sollen im Rahmen der LPGs die Landwirtschaft rationalisieren.

In blauen Farben heben sich deutlich größere Städte hervor: Im äußersten Süden Kassel, nach Norden im Leinetal Göttingen, Hildesheim und als größte Stadt auf diesem Bild Hannover. Östlich davon ist Braunschweig zu erkennen, mit Hannover verbunden durch den Mittellandkanal. Diese für die strukturelle Entwicklung des Rücklandes, dem billige und natürliche Transportwege fehlen, äußerst wichtige Wasserstraße, ist auf dem Satellitenbild als durchgehender, feiner dunkler Strich anzusprechen. Auffällig sind auch die Stichkanäle, die entlang des Hauptkanals weitere Industriegebiete erschließen. So ist südlich der Linie Hannover—Braunschweig das inmitten weiter Agrargebiete liegende niedersächsische Industriegebiet mit Metallverarbeitung, Erzbergbau und Kaligewinnung zwischen Hildesheim und Salzgitter angeschlossen.

Nördlich von Braunschweig ist der zur Zeit der Aufnahme noch im Bau befindliche Elbe-Seitenkanal als relativ breite, hellblaue Zone zu sehen. Diese Wasserstraße, die nur wenige Wochen nach der Freigabe 1977 wegen eines Dammbruches bereits wieder gesperrt werden mußte, soll durch die Verbindung mit Deutschlands wichtigstem Hafen Hamburg eine noch bessere Erschließung gewährleisten. Verfolgt man von Kassel den weiteren Verlauf der Fulda nach Norden, so ist bei Hannoversch Münden der Zusammenfluß dieses Flusses mit der Werra zu erkennen; von dort schlängelt sich die Weser durch die Ausläufer des Weserberglandes und die Norddeutsche Tiefebene. Im Bereich der Mittelgebirge wird am Verlauf des Flusses deutlich, wie er sich dem Bau des geologischen Untergrundes anpaßt. Während die Weser ab Hannoversch Münden relativ geradlinig nach Nordwesten fließt, biegt sie im Bereich des Sollings auffällig nach Westen ab und folgt dann wieder dem natürlichen Gefälle nach Norden.

Westlich von Hannover liegt das Steinhuder Meer, ein auffälliger ovaler, schwarzer Fleck. Die dunkle Farbe belegt bei der geringen Tiefe dieses Sees die Sauberkeit des Wassers, was in Hinblick auf den hohen Freizeitwert dieser Landschaft besonders positiv zu werten ist. Südlich des Steinhuder Meeres liegt das ehemalige Herzogtum Schaumburg-Lippe. Ähnlich wie im Nördlinger Ries ist hier noch andeutungsweise die alte Feldaufteilung — sternförmig ausgehend von einem kulturellen und wirtschaftlichen Zentrum (hier Stadthagen und Bückeburg) — zu erkennen.

Im Norddeutschen Tiefland werden die Ausläufer der eiszeitlichen Ablagerungen durch die dunklen Kiefernwälder auf den sandigen Böden hervorgehoben.

J. B.

Rechte Seite:
Das Weserbergland, der Harz, Hannover und Braunschweig
Bildmaßstab 1 : 500 000
Aufnahmedatum: 9. 8. 1975

Hannover

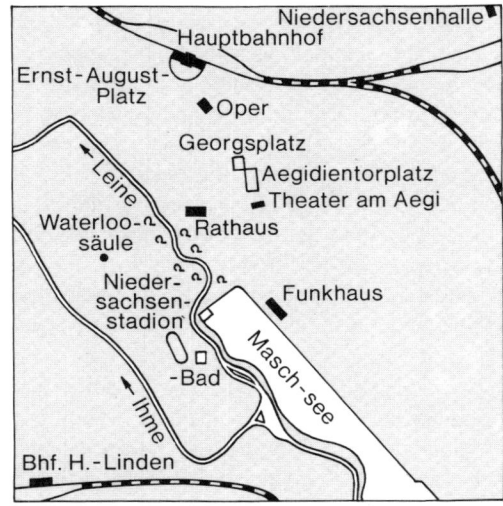

Die Senkrechtaufnahme zeigt das Zentrum der niedersächsischen Landeshauptstadt Hannover. Blickfang ist der markant geformte Maschsee, an dessen Westufer sich der Fluß Leine entlangschlängelt. Die Ihme, ein zweiter Flußarm, der neben dem Sportstadion zu sehen ist, vereint sich noch im nordwestlichen Stadtbereich wieder mit der Leine (außerhalb des Bildes). In der rechten Bildhälfte sind großzügig angelegte Straßenzüge in nordwest-südöstlicher Richtung mit rechtwinklig kreuzenden Nebenstraßen zu erkennen, während links im Bild neuangelegte Schnellstraßen das Zentrum Hannovers durchziehen und somit eine gute Verbindung mit dem Hauptbahnhof (oberer Bildrand) und dem Bahnhof Linden (linker unterer Bildrand) herstellen. Großflächige Grünanlagen erstrecken sich im Bereich der Flüsse Leine und Ihme bis hinauf zum Niedersachsenstadion mit dem danebenliegenden Schützenplatz; auch das Rathaus in der Mitte des Bildes liegt am Rande eines großen Parks.

Die räumliche Entwicklung der Stadt Hannover geht auf verschiedene Siedlungen zurück: Da gab es ein Fischerdorf auf dem Brühl, die Burg Lauenrode und eine Siedlung auf dem Hochufer der Leine. Diese alten Plätze lagen auf einer wichtigen Achse der Handelswege von Bremen nach Hildesheim. Eine im 12. Jahrhundert angelegte Marktstadt mit einer Waage erhielt durch diese günstige Lage einen schnellen wirtschaftlichen Aufschwung. Um 1300 wurde der mandelförmige Marktkern mit einer Mauer umgeben; die Einwohnerzahl stieg von 5000 im Jahre 1435 auf rund 12 000 im Jahre 1766.

Gegen den Widerspruch des Rates machte im Jahre 1636, mitten im Dreißigjährigen Krieg, Herzog Georg von Calenberg Hannover zur Residenz der Lüneburger Linie des Welfenhauses. Einige Jahre später (1692) wurde das Fürstentum Calenberg zum Kurfürstentum Braunschweig-Lüneburg erhoben. Gleichzeitig wurde im Westen der Stadt Hannover auf dem Gelände des alten Ortes Haringehusen das Barockschloß Herrenhausen mit seinen repräsentativen, 50 ha umfassenden Gartenanlagen geschaffen. Als Garten aller Gärten sollte er Würde und Hoheit des barocken Fürstengedankens manifestieren und ein bleibendes Denkmal des Strebens der Menschheit zum Absoluten und Perfekten sein.

Nachdem Kurfürst Georg Ludwig 1714 als Georg I. den englischen Thron bestiegen hatte, setzte nun der Adel in Hannover die Bautätigkeit fort. Der Hof siedelte jedoch nach London über. Die Befestigungen der Stadt erwiesen sich im Siebenjährigen Krieg als zwecklos und wurden gegen 1780 abgerissen. An ihrer Stelle entstanden Grünanlagen. Während der napoleonischen Zeit war Hannover zum Teil von Preußen (1802 und 1806) und den Franzosen (1803 und 1806) besetzt; 1807–1813 gehörte es zum Königreich Westfalen. Nach dem Wiener Kongreß (1816) zog als Administrator des neugegründeten Königreichs Hannover Herzog Adolf-Friedrich von Cambridge ein und residierte im 1752 errichteten Alten Palais (Bildmitte).

In der Schlacht von Langensalza (1866) zwischen Hannover und Preußen verlor Hannover seine Selbständigkeit und wurde preußische Provinz. Aus ihr und den Ländern Braunschweig, Oldenburg und Schaumburg-Lippe entsteht nach dem Zweiten Weltkrieg Niedersachsen als ein Bundesland der neugeschaffenen Bundesrepublik Deutschland. Hannover wird Landeshauptstadt.

Seit 1814 modernisierte Georg Ludwig Laves (1788–1864), ein klassizistischer Baumeister, die Altstadtanlage, baute das Leine-Schloß um (Bildmitte) und gestaltete 1826 den Waterloo-Platz. Eines seiner vollkommensten Bauwerke, das Opernhaus, entstand in der Zeit von 1845–1852.

Nicht nur der wirtschaftliche Aufschwung Hannovers setzte um die Wende zum 20. Jahrhundert ein, sondern auch die flächenhafte Bebauung der Randgebiete der Stadt.

In den Jahren 1901–1913 begann man mit dem Bau des monumentalen Rathauses, eines typischen Repräsentationsbaus der wilhelminischen Epoche, in Nachahmung historischer Stile, nach Plänen des Architekten H. Eggert aus Berlin. Als Standort wählte man die Maschwiesen, im Zentrum des Bildes gelegen. Der Bau wurde auf 6000 Buchenpfählen errichtet. Der Entschluß zu einem so gewaltigen Neubau hing auch damit zusammen, daß sich in den Jahren zwischen 1850 und 1900 die Einwohnerzahl der Stadt Hannover sprunghaft von 30 000 auf 250 000 vergrößert hatte. Heute besitzt die Landeshauptstadt Hannover rund 570 000 Einwohner. U. M.

Linke Seite:
Hannover

Land zwischen Harz und Heide

Als Ergänzung zu dem Senkrechtluftbild von Hannover (S. 52) werden hier zwei weitere wichtige Komponenten der Stadt dargestellt: das Messegelände und das Schloß Herrenhausen. Das dritte Bild führt uns nach Salzgitter, in die Industrielandschaft südöstlich von Hannover.

Hannover ist mit 570 000 Einwohnern die Landeshauptstadt Niedersachsens; rechnet man den Großraum dazu, so besitzt sie rund 1,1 Millionen Einwohner. Als Messestadt und „Großstadt im Grünen" ist Hannover weltweit bekannt und dank seiner Lage bequem mit der Bundesbahn, über Fernstraßen und Autobahnen sowie über den an das internationale Luftverkehrsnetz angeschlossenen Flughafen Langenhagen erreichbar.

Mit einem Grundkapital von 1,2 Millionen Reichsmark wurde 1947 die Messe A. G. gegründet. Der Betrag ist in der Zwischenzeit auf 69 Millionen DM angewachsen und wurde zwischen der Landeshauptstadt Hannover, dem Land Niedersachsen, Bremen und Berlin aufgeteilt, wobei die Stadt Hannover mit 50 Prozent den weit größten Teil trägt. Auf einem Gelände von 683 000 m² Fläche findet als größte Industriemesse der Welt die Hannoversche Messe statt, die das ganze Jahr andauert und, jahreszeitlich bedingt, verschiedene Schwerpunkte besitzt. Über 1200 Aussteller aus dem Ausland und 3800 aus dem Inland nehmen seit einigen Jahren daran teil. Insgesamt sind 41 ausländische Staaten auf der Messe vertreten, an der Spitze England, Italien, die Schweiz und Frankreich. Die Schwerpunkte der Messe konzentrieren sich auf Büro- und Informationstechnik, elektronische Energieversorgung, Bau-, Motoren-, Turbinen- und Nachrichtentechnik.

Auf der Schrägaufnahme (oberes Bild) sieht man einen kleinen Teil des Messegeländes, eingefaßt von über 1,2 Millionen m² Parkfläche mit einem Fassungsvermögen für ca. 50 000 Fahrzeuge. Im Mittelpunkt des Bildes erkennt man auf dem 240 000 m² großen Freigelände der Messe dicht zusammengestellt verschiedenartige Ausstellungsstücke der Bauindustrie sowie einen Teil der 24 großen Hallen, die ein Gesamtausstellungsvermögen von 450 000 m² Fläche besitzen. Neben Postämtern, die im Jahr über 150 000 Briefsendungen erledigen, Pressezentren und Serviceeinrichtungen stehen 360 Parkwächter und etwa 30 000 Personen für den Auf- und Abbau der Messe bereit.

Das heutige Herrenhausen (Bild links unten), entstand aus dem bereits 1022 erwähnten Dorf Haringehusen oder Hageringehusen im 17. Jahrhundert, als Hannover zur Residenz des Herzogs Georg von Calenberg erklärt wurde. Sein Sohn Christian Ludwig errichtete dort 1683 ein Vorwerk, das er 1684 erweiterte. Dessen Bruder Herzog Georg Wilhelm vergrößerte das Vorwerk abermals und ließ ein kleines Lustschloß hinzufügen. Der dritte der herzoglichen Brüder, Johann Friedrich, baute die Anlage in den Jahren 1665—1668 zu seiner Residenz aus.

Die eigentliche Glanzepoche von Herrenhausen begann 1679, als Herzog Ernst August und seine Gemahlin Sophie in Hannover die Regierung übernahmen. Ihr Gärtner Martin Charbonnier aus Osnabrück gestaltete die Herrenhäuser Gärten nach italienischen, holländischen, vor allem aber französischen Vorbildern der barocken Gartenkunst zu einem einheitlichen Gesamtwerk. 1714 wurde der Große Garten, ein Rechteck von 50 ha, vollendet, der an drei Seiten von einem breiten Wassergraben und Lindenalleen umschlossen ist und nach Norden hin durch das Schloß und seine Nebengebäude abgeriegelt wurde. Heute stehen dort nur noch die Galerie mit ihrem neuen Foyer und die Umfassungsmauer des einstigen Ehrenhofes. Das Schloß selbst ist den Bomben des letzten Krieges zum Opfer gefallen.

Die nördliche, den Galerien zugewandte Hälfte des Gartens, begrenzt durch vier Wasserbecken, ist im Mittelpunkt des Bildes zu sehen und enthält das mit Skulpturen besetzte „Luststück" oder Parterre, während im Vordergrund die schematische Aufteilung des Gartens in zahlreiche durch Hecken- und Laubengänge voneinander abgeschirmte Quartiere, wie sie im 16. Jahrhundert vorgeherrscht haben, besonders deutlich wird. Der Garten gehörte zum repräsentativen Lebensraum der damaligen höfischen Gesellschaft und diente der Erhöhung fürstlicher Macht und Größe.

Die im Harzvorland liegende Stadt Salzgitter verdankt ihren Reichtum an Eisenerzen den Meeresüberflutungen während der Jura-Kreide-Zeit. Warmes Klima, das die Gesteinszersetzung und Ausfällung von Eisenverbindungen begünstigte, seichte Meeresbereiche, an deren Küsten durch die Brandung Erzkörper ausgefällt wurden, und gebirgsbildende Bewegungen, die Mulden schufen, in denen sich das Erz ablagerte, führten zur Bildung oolithischer Brauneisenerze, auch „Rogenstein" genannt. Diese sind erbsengroße konzentrisch-schalige Kügelchen, die im Inneren einen winzigen Kristallisationskern besitzen, um den sich Kalk oder Eisen aus übersättigter Lösung abgeschieden hat.

Die ca. 150 Millionen Jahre alten oolithischen Brauneisenerze treten an beiden Seiten des schmalen, ca. 10 km langen Salzgitterschen Höhenzuges zutage. Die Mächtigkeit der durch Bohrungen nachgewiesenen Erze schwankt zwischen 1 und 20 m, bei einzelnen inneren Becken beträgt sie über 100 m. Etwa 1800 Millionen Tonnen Vorräte wurden nachgewiesen mit einem durchschnittlichen Eisengehalt von 30—35 % und einem Phosphorgehalt von 0,5 %. In Anbetracht dieser gewaltigen Eisenerzvorräte wurde im März 1938 mit dem Bau eines der größten Eisenwerke und einer Industriestadt für etwa 250 000 Menschen begonnen, wobei man 28 Dörfer zu einem Stadtkreis von 213 km² zusammenfaßte. Die Zerstörung von rund 80 Prozent der Hüttenwerke im letzten Weltkrieg konnte nicht verhindern, daß Salzgitter (Bild rechts unten) heute wieder zu den größten und modernsten Eisenhüttenbetrieben der Bundesrepublik Deutschland gehört.

Als Transportweg dient ein 18 km langer Stichkanal des Mittellandkanals mit einem etwa 3 km langen und 150 m breiten Hafenbecken bei Salzgitter-Hallendorf, dessen Ende in der linken Bildhälfte zu sehen ist.

Das eigentliche Verwaltungs- und Wohnzentrum ist Salzgitter-Lebenstedt mit rund 50 000 Einwohnern. Es liegt im Westen der Industrieanlagen und gerät nur bei relativ seltenen, starken Ostwinden in den Bereich der zum Teil giftigen Abgase und Rauchwolken. *U. M.*

Rechte Seite
Oben: Messegelände in Hannover
Unten links: Schloß Herrenhausen
Unten rechts: Industrieanlagen in Salzgitter

Wolfsburg

Die Senkrechtaufnahme zeigt, getrennt durch den Mittellandkanal, in der oberen Bildhälfte den VW-Konzern mit seinen Werkshallen, während im unteren Bereich die in Wald und Grünanlagen eingebettete Stadt Wolfsburg zu sehen ist, die nach dem — verbesserten — Originalbauplan der dreißiger Jahre angelegt wurde. Die Werksfront erstreckt sich fast 1,5 km entlang des Mittellandkanals. Das Hafenbecken neben dem großen Parkplatz dient ausschließlich der Entladung von Kohle und Heizöl.

Auf dem Werksgelände wurden entlang der überdimensionalen Werkshallen, die im Innern über 200 km Förderketten enthalten, 71 km zum Teil zweispurig ausgebaute Straßen angelegt. Sie verbinden die einzelnen Produktionsstätten miteinander. Auf 69 km werkseigenen Rangiergleisen werden die bis zu 700 m langen Züge zusammengestellt, die aus Doppelstockwaggons bestehen und ein Fassungsvermögen von 300 Fahrzeugen haben. Neben dem Hafenbecken erkennt man das von vier roten Schornsteinen überragte Kraftwerk mit einer Gesamtkapazität von über 365 000 kW; ein Teil der Energie wird für die Beheizung der Stadt Wolfsburg verwendet. Im unteren Teil des Bildes fallen die zusammenhängenden Waldflächen des Stadtteils Klieversberg und die schon 1938 konzipierte Ringstraße auf. Zahlreiche Sportanlagen und der künstlich angelegte Schiller-Teich (am rechten Bildrand) dienen dem Ausgleichssport der überwiegend jungen Stadtbevölkerung.

Ein neues Rathaus, neue Schulen, neue Kirchen, ein modernes Krankenhaus, Sport- und Grünanlagen, Hallenbäder, Kindergärten, die Stadthalle und das Kulturzentrum wurden mit Hilfe des VW-Werkes erbaut. Jährlich verbringen einige Tausend Mitarbeiter in werkseigenen Erholungsheimen ihren Urlaub.

Nicht nur vom Gründungsjahr her, sondern auch durch die Bevölkerungsstruktur ist Wolfsburg eine junge Stadt. Da das im schnellen Aufbau begriffene VW-Werk durchweg junge Arbeiter eingestellt hat, ist das Durchschnittsalter der Stadtbevölkerung auffallend niedrig. Rund 72 Prozent der Einwohner sind unter 40 Jahre.

Die Gründung des Volkswagenwerkes und der Stadt Wolfsburg geht auf das Jahr 1938 zurück. In kürzester Zeit sollte damals eine repräsentative und „gigantische" Wohnstadt für 40 000 Arbeiter und 100 000 Einwohner geschaffen werden, die sich durch eine gute Verkehrslage zu Eisenbahn, Autobahn und Wasserstraßen auszeichnete. Aus Sicherheitsgründen mußte die geplante Industriestadt mitten im damaligen Deutschland liegen.

Der bald nach der Grundsteinlegung ausbrechende Zweite Weltkrieg hat den geplanten Gesamtausbau der Stadt verhindert. Errichtet wurde eine große Anzahl von Werkshallen, die jedoch nicht der Herstellung von Privatwagen dienten, sondern in denen von 1940 bis 1945 für Kriegszwecke über 50 000 Kübelwagen und 12 000 Schwimmwagen gebaut wurden. Als der Krieg zu Ende ging, waren die Montagehallen und sonstigen Fabrikgebäude zu über 60 Prozent zerstört. Die englische Militärregierung änderte den Namen der Stadt — „Stadt des KdF-Wagens" — in Wolfsburg um, das VW-Werk erhielt kurzfristig den Namen „Wolfsburger Motoren-Werke". Die Militärregierung richtete dort eine Reparaturwerkstatt für ihre eigenen Fahrzeuge ein und ließ aus den Resten des Kriegsmaterials über 10 000 Wagen nach dem ersten Modell von Ferdinand Porsche bauen.

In den Jahren 1946/47 lehnten die englische und die französische Automobilindustrie die Übernahme und den Wiederaufbau des stark zerstörten Werkes ab. Aus diesem Grunde wurde 1948 dem früheren Opel-Ingenieur Heinrich Nordhoff die alleinige Verantwortung übergeben, und in den kommenden Jahrzehnten folgte ein rapider Aufstieg. So verließ bereits Ende 1948 der fünfundzwanzigtausendste VW das Werk. 1951 waren 250 000, 1953 schon 500 000 und Ende 1977 über 35 Millionen Fahrzeuge seit dem Kriegsende hergestellt worden. Zweigwerke in Hannover mit 18 000 Beschäftigten (1977), Kassel (14 000), Emden (7000), Salzgitter (6000) und Braunschweig (5000) produzieren Ersatz- und Einzelteile und Motoren; in Ingolstadt und Emden werden Kraftfahrzeuge gebaut. Im Stammwerk Wolfsburg sind über 50 000 Beschäftigte angestellt. Mit dem rapiden Anstieg der VW-Produktion ging der Ausbau der Stadt Wolfsburg voran. Waren 1947 noch 14 000 Menschen in Baracken untergebracht, so konnten 1965 über 83 000 Einwohner in modernen ferngeheizten Häusern wohnen.

Das Volkswagenwerk kann nur mit Superlativen beschrieben werden, denn es ist das größte Industrieunternehmen Deutschlands, die größte Autofabrik Europas und in der Welt der größte Auslandslieferant für Kraftfahrzeuge. Der Konzern selbst ist eine Aktiengesellschaft. Je 20 Prozent des Grundkapitals gehören dem Bund und dem Land Niedersachsen. Die Gewinne werden der „Stiftung Volkswagenwerk" überlassen, die damit Forschungsaufträge finanziert und Wissenschaft und Technik fördert. Über 60 Prozent des Grundkapitals wurden in Form von Kleinaktien an mehr als zwei Millionen Privatleute abgegeben.

U. M.

Linke Seite:
Wolfsburg

Braunschweig

Das Senkrechtluftbild der Stadt Braunschweig ist so orientiert, daß die linke obere Ecke ungefähr nach Norden weist. Deutlich hebt sich der mittelalterliche Stadtkern gegen die Siedlungsgebiete des 19. und 20. Jahrhunderts ab. Er liegt in den Talauen der Oker, die sich hier in mehrere Seitenarme aufteilt. Ursprünglich floß sie mitten durch das Stadtgebiet; diese Flußläufe sind heute zugeschüttet, und die Oker folgt den eckigen Wallgräben der ehemaligen Ringbastionen.

Geschützt durch eine Burganlage entstand Braunschweig im 9. Jahrhundert als ein sogenannter Wik, als Handelsplatz am Übergang der Verbindungsstraße Rhein-Elbe über die Oker, die bis hier schiffbar war. Direkt am Hafen siedelten sich die Händler im Ort Altewiek an. Das Aufblühen des Nord-Süd-Handels, der den Wik ebenfalls als Stützpunkt benutzte, ließ die Siedlung bald an Bedeutung gewinnen. Bereits im frühen 11. Jahrhundert erfolgte die Anlage der Altstadt, mit Rathaus, Martinikirche und Gewandhaus, die heute noch zum Zentrum Braunschweigs gehören. Der ovale Grundriß dieses Gebietes läßt sich im südwestlichen Teil der Stadtanlage erkennen.

1160 wurde die ebenfalls selbständige Siedlung Hagen erbaut, in der vorwiegend Flamen lebten und arbeiteten. Hier herrschte im Gegensatz zu den Fernhändlern in der Altstadt das Handwerk vor. Im Nordosten des alten Stadtkerns gelegen, fällt dieses Gebiet durch breite, in rechten Winkeln angelegte Straßenzüge auf. In kurzer Zeit folgten dann noch die Siedlungen Neustadt und Sack, jeweils mit eigenem Stadtrecht. Als schließlich im 13. Jahrhundert ein Mauerring angelegt wurde, hatte man damit einschließlich der zentral gelegenen Burg- und Domfreiheit und der Klosterfreiheit St. Ägidien, sieben selbständige Gebiete zu einer Stadt zusammengefaßt.

Der frühe Aufstieg Braunschweigs ist eng verbunden mit dem Namen eines großen Herrschers, Heinrichs des Löwen aus dem Hause der Welfen. Er machte die Stadt zu seiner Residenz und erbaute im 12. Jahrhundert die Burg Dankwarderode und zwischen 1173 und 1195 als Grabeskirche seines Geschlechts den Dom, eine romanische Pfeilerbasilika.

In der Mitte des Burgplatzes ließ der mit dem Kaiser verfeindete Herzog als Ausdruck seines Herrschaftsanspruchs einen erzenen Löwen errichten, die erste Freiplastik in Deutschland und ein Hauptwerk der Romanik. Auch einige weitere großartige romanische Bauwerke und ein Großteil des berühmten Welfenschatzes gehen auf diesen kunstverständigen Herrscher zurück.

Schon früh allerdings drängte die Stadt auf Selbständigkeit, so daß die Welfen bereits 1283 ihre Residenz nach Wolfenbüttel verlegten. Seine größte Blütezeit erlebte Braunschweig vom 13. bis zum 17. Jahrhundert. Im Sächsischen Städtebund und als wichtiges binnenländisches Mitglied der Hanse erlangte Braunschweig erhebliche Bedeutung. Im 15. Jahrhundert besaß die Stadt über 16 000 Einwohner. Einige Fachwerkhäuser mit kunstvoll geschnitzten Balken zeugen noch heute vom Glanz und Reichtum dieser mit dem Niedergang der Hanse beendeten Blütezeit. 1671 gelangte Braunschweig unter die Oberhoheit des Herzogs Karl I., der 1753 seine Residenz wieder in die Stadt verlegte.

Die zweite wichtige Periode in der Stadtentwicklung begann in der Mitte des 19. Jahrhunderts mit dem Hinauswachsen über die alten Ringmauern und mit dem Bau des ersten Bahnhofs. Eine bunte Palette verschiedenartigster Industriebetriebe siedelte sich an. Führend war dabei der Maschinenbau, der die Nähe der damaligen Harzer Eisenhütten und später der Hochöfen von Salzgitter und Peine nutzte. Aus ähnlichen Gründen entwickelte sich hier auch eine bedeutende Konservendosenindustrie.

Vor besonderen städtebaulichen Problemen stand Braunschweig nach dem Zweiten Weltkrieg. Von rund 16 000 vorhandenen Gebäuden waren mehr als 11 000 ganz vernichtet oder schwer zerstört, darunter fast alle romanischen Großbauten und die Fachwerkhäuser der Altstadt.

Trotz bewundernswerter Aufbauleistung zeigen die im Bild deutlich erkennbaren, zum Teil riesigen Freiflächen, daß unendlich viel an mittelalterlicher Bausubstanz endgültig verloren ist. Eine schwerpunktmäßige konsequente Renovierung und die Eindämmung „moderner" Großbauten hatten jedoch zur Folge, daß heute zumindest einige Traditionsinseln einen Eindruck vom vergangenen Bild dieser wichtigen mittelalterlichen Stadt vermitteln. Erwähnt sei in diesem Zusammenhang auch die Verlegung des Hauptbahnhofes. Der in der Flußniederung der Oker gelegene alte Sackbahnhof, dessen Gleistrasse man im Bild gut erkennt (untere Bildmitte), wurde komplett in ein Außenviertel verlegt und in einen leistungs- und ausbaufähigen Durchgangsbahnhof mit ausgedehntem Rangiergelände umgewandelt. Diese Maßnahme hat die Innenstadt entlastet und gleichzeitig den großzügigen Ausbau ermöglicht. *K. H.*

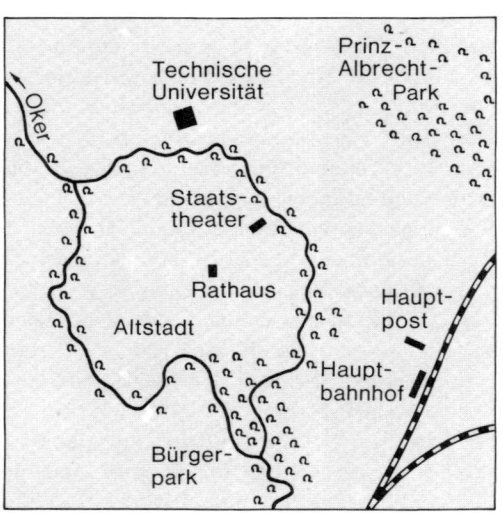

Rechte Seite:
Braunschweig
(N: oben links)

Der Harz

Im südöstlichen Bereich Niedersachsens erhebt sich aus dem flachen bis welligen Vorland horstartig das Gebirgsmassiv des Harzes mit einer Länge von etwa 100 km und einer Breite von 25 km. Die Hochfläche des Harzes überragt mit einer Durchschnittshöhe von etwa 600 m alle anderen Berge des niedersächsischen Berglandes, der Brocken als höchste Erhebung erreicht 1142 m.

Nur wenige Landschaften in Deutschland sind so von ihren Wäldern geprägt wie der Harz. Jahrhundertelang dienten die unermeßlichen Holzvorräte dem Bergbau oder der unentbehrlichen Holzkohleherstellung. Zur Überwindung der akuten Holznot wurde vor etwa 180 Jahren begonnen, den Harz mit schnell wachsenden Fichten aufzuforsten. Das obere Bild läßt sehr deutlich den einheitlichen Baumtyp erkennen. Neben den Bodenschätzen, die in einigen Teilen des Gebirges abgebaut werden, liefert der Harz Energie für die Elektrizitätsgewinnung und dient als Trinkwasserspeicher der umliegenden Städte und Industriebetriebe.

Ein im Jahr 1926 erlassenes Gesetz förderte den Bau von Wasserspeichern. Schritt für Schritt entstanden in den Tälern der Söse (1931), Oder (1934), Ecker (1934), Oker (1956), Innerste (1966) und Grane (1969) sechs große Speicherbecken, die unter anderem einen erheblichen Teil des jahreszeitlich bedingten Hochwassers auffangen. Mit dem Bau der Talsperren sollten wasserwirtschaftlich mehrere Ziele erreicht werden: Aufstauung überschüssiger Wassermengen zur Reserve für trockene Zeiten, Regelung des Grundwasserstandes im Harzvorgelände, Zurückhaltung des saisonbedingten Hochwassers, Gewinnung elektrischer Energie und vor allem die Trinkwasserversorgung.

Auf dem oberen Bild sieht man die Sösetalsperre bei Osterode am Westharz, die im Jahre 1931 gebaut wurde. In den bereits überschwemmten, tief eingeschnittenen und fingerartig auseinandergehenden Seitentälern werden rund 25 Mill. m³ Wasser gespeichert. Im Mittelpunkt des Bildes erhebt sich ein Erddamm mit 252 m Sohlenbreite und 56 m Stauhöhe. Seit 1934 werden von der Sösetalsperre in einer 200 km langen Trinkwasser-Fernleitung unter anderem die Städte Hildesheim und Bremen mit Wasser versorgt.

Auf dem linken unteren Bild sieht man ein Eisenhüttenwerk der Stadt Harlingerode an der Nordseite des Harzes, unweit von Goslar und Bad Harzburg gelegen.

Seit dem Mittelalter wird im Harz Bergbau betrieben. Erze aus Goslar und dem Oberharz wurden exportiert und brachten den Mächtigen des Landes Einfluß und Reichtum. Goslarer Bergleute waren anerkannte Fachleute, sie entdeckten bald neben dem Eisenerz auch Blei- und Kupfer-Gangerze mit einem hohen Silberanteil. Die Vielfalt der Erzvorkommen im Harz entstand während seiner 300 Millionen Jahre umfassenden Erdgeschichte. In Spalten und Klüfte des Gebirgsdaches sind metallhaltige wässerige Thermallösungen mit 300–400 Grad Celsius eingedrungen und haben dort zerbrochene Gesteinspakete wieder verheilt. So wurden früher im großen Umfang am Harz Gänge mit Blei, Zink, Kupfer und Silbererzen abgebaut. Die entscheidende Bergbauperiode, die im 16. Jahrhundert begann, war geprägt durch neue und bessere technische Abbauvorrichtungen. Durch die bekannten Wasserlösungsstollen wurden Erze freigemacht, manchmal benutzte man vor Ort gewaltige Holzfeuer, die den Felsen sprengten, oder das Erz wird durch neuere Methoden (Kammerbau, Querbau) von Schrappern zu einem Sturzschacht gezogen und gefördert. Namen wie Rammelsberg, Mansfeld u. a. zeugen von einer bedeutenden Bergbaugeschichte. Heute sind die abbauwürdigen Erzgänge allerdings nahezu erschöpft. In der Herzog-Julius-Hütte in Harlingerode und in der Stadt Oker werden viele Metalle wie zum Beispiel Blei, Kupfer, Zink, Silber und etwas Gold gewonnen. Fast ein Drittel der in der Bundesrepublik verbrauchten Nichteisenmetalle stammen noch aus dem Harz.

Dort, wo die Flüsse Lonau und Sieber nach Norden hin den Harz verlassen, liegt auf dem Schloßberg der Stadt Herzberg das im Jahr 1157 gegründete Jagdschloß (unteres Bild, Mitte). Heinrich der Löwe erwarb es durch Gebietsaustausch schwäbischer Besitztümer. Im Jahr 1510 vernichtete ein verheerender Brand das idyllische Schloß; es wurde nach alten Plänen aufgebaut und blieb bis 1866 in welfischem Besitz. Das Jagdschloß wurde jahrhundertelang nur als Wohnort der Fürsten aus dem Hause Grubenhagen benutzt. Herzog Georg von Calenberg (1582–1641) errichtete hier seine ständige Residenz. Im Jahre 1628 wurden hier seine Tochter Sophie Amalie, die spätere Königin von Dänemark, sowie seine Söhne Christian Ludwig (1622), Georg Wilhelm (1624) und Ernst August (1629) geboren. Christian Ludwig ließ einen Turm innerhalb des Schlosses sowie den Nordflügel bauen. Im Hintergrund des Bildes erblickt man den Fluß Sieber sowie einige Häuser der Stadt Herzberg. Der Ort selbst wurde erstmals 1337 erwähnt; die Entwicklung der Stadt hing stark mit dem kulturellen und politischen Geschehen des Welfenhauses zusammen.

Die letzte Aufnahme der Bildseite zeigt ein Musterbeispiel eines zerklüfteten Granitganges. Der harte Granit des Okertal-Felsens ist an vielen Stellen von Klüften durchzogen, die ihn in quaderförmige und etwas gerundete Blöcke zerlegen. Im Laufe der Zeit arbeitete die Wollsack-Verwitterung die zunächst ganz feinen und kaum sichtbaren Fugen heraus, so daß die an der Oberfläche freiliegenden Gesteine allmählich einer stärkeren Verwitterung ausgesetzt werden. Es entstehen somit abgerundete Formen, sogenannte Wollsäcke.

Viele Meter tief wurde der Granit zu einem lockeren, zum Teil tonigen Granitgrus verarbeitet, der sich oft kaum von Kies und Sand unterscheidet. Erst viel später und unter anderen Klimabedingungen spülte das Wasser den lockeren Granitgrus fort, so daß die zerklüfteten Felsen an die Oberfläche kamen. Seit langem werden die Okertal-Felsen als Klettergärten benutzt.

U. M.

Linke Seite
Oben: Sösetalsperre im Harz
Unten links: Erzabbau in Harlingerode
Unten Mitte: Schloß Herzberg
Unten rechts: Okertal-Felsen

Nordrhein-Westfalen

Das Satellitenbild umfaßt nahezu das ganze Bundesland Nordrhein-Westfalen, ausgenommen den Teutoburger, Bielefelder und Warburger Raum. Die beiden Hauptleitlinien in den dunkelgrün-blauen Farben markieren die Städtebänder am Rhein, der europäischen Lebensader (als Diagonale deutlich zu erkennen), und im rechtwinklig vom Niederrhein abzweigenden Ruhrgebiet. Die rheinische Stadtlandschaft reicht vom offenen Neuwieder Becken am rechten unteren Bildrand über Andernach und die Weinorte sowie Gewerbestädtchen im unteren Mittelrheintal über Bonn und Köln, flußabwärts bis in das Niederrheingebiet (obere linke Bildecke). Deutlich läßt sich die ringförmige Struktur Kölns und der am Rande des Bergischen Landes gelegene Kölner Flughafen Wahn ausmachen.

In der Höhe von Düsseldorf weitet sich das niederrheinische Verstädterungsgebiet nach Westen über Neuß nach Mönchengladbach und nach Norden über Krefeld und Moers hinaus. Das dichteste Ballungsgebiet der Bundesrepublik Deutschland nimmt den Raum zwischen den Flüssen Ruhr und Lippe ein. Es wird von dem Dortmund-Ems-Kanal, der im größten deutschen Binnenhafen Duisburg seinen Ausgang nimmt, diagonal durchzogen. Die großen Städte Oberhausen, Essen, Gelsenkirchen, Bochum, Herne usw. reihen sich nahtlos an der alten Verkehrsader des Hellwegs aneinander. Nur Dortmund, das am weitesten nach Osten in die offene Ackerbaulandschaft der Soester Börde ragt, bildet eine noch klar von dem ländlichen Umland abgegrenzte Großstadt. An der Bundesstraße 1 (Hellweg) reihen sich fortlaufend die Mittelstädte Unna, Werl und Soest an. Die im Süden allmählich ansteigende Schwelle des Haarstrang ist nicht klar herauszugliedern.

Dagegen ist die Landschaftsgrenze zum Arnsberger Wald (Naturpark) mit der Möhnetalsperre (rechter oberer Bildrand, südlich von Soest gelegen) deutlich zu erkennen. Es handelt sich um den größten zusammenhängenden bewaldeten Teil des massigen Rheinischen Schiefergebirges, dessen Blockwirkung durch die überwiegende Rotfärbung unterstrichen wird. In seinem nordöstlichen Bereich, dem Sauerland, häufen sich die Nadelwaldbestände. Die Vielzahl der Talsperren läßt höhere Niederschläge vermuten. Deutlich fallen durch tiefes Schwarz die mondsichelförmigen Stauseen an der Ruhr bei Hagen und Essen auf, die mit den anderen Talsperren die Trink- und Brauchwasserversorgung des Kohlenreviers sicherstellen.

Südlich an das Sauerland schließt sich ab dem verzweigten Biggesee das Siegerland an, dem der Westerwald bis zum Kannebäckerland folgt. Westlich ist dem Sauerland das Bergische Land, das in einem helleren Rot erscheint (Laubwald, Wiesenwirtschaft), vorgelagert. Der gesamte Block des Rheinischen Schiefergebirges, das sich linksrheinisch in der Nordeifel fortsetzt, war in der Karbonzeit das Variskische Hochgebirge, das im Erdmittelalter jedoch völlig abgetragen und eingeebnet wurde. Erst der erneuten Heraushebung im ausgehenden Tertiär verdankt es seine Zertalung und seinen ausgeprägten Mittelgebirgscharakter. Die einstigen Hochflächenreste sind im niedriger gelegenen Bergischen Land am besten erhalten. Hier ist das Tal der Wupper mit seinen alten Bergmannskotten und Hammerwerken von Solingen über Elberfeld-Barmen bis nach Hagen eine einzige Industriegasse geworden.

An das Ruhrgebiet schließt sich nach Norden das Münsterland an. In seinem östlichen Teil um Hamm dominiert der Ackerbau, während westlich der bewaldeten Hügel der Hohen Mark, nördlich von Marl, die Grünlandwirtschaftszone in das zentrale Niederrheingebiet übergeht.

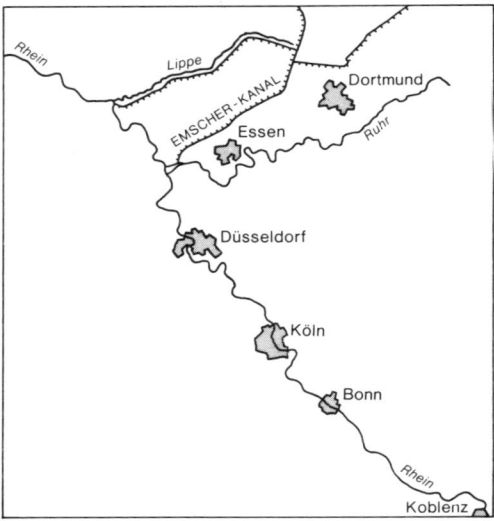

Linksrheinisch treten am unteren Bildrand die bewaldete Nordeifel, das Monschauer Land um die größte deutsche Stauanlage an der Rur und der markante Waldrücken des Hohen Venn in den Sichtbereich. Die ehemaligen Hochmoore auf dem windexponierten Hohen Venn sind verschwunden, im Bereich des wegen seiner Kriegszerstörungen berüchtigten Hürtgenwaldes ist die neue Rodungsinsel bäuerlicher Neusiedlungen Rafflesbrand entstanden (sichtbar als heller Fleck im dunklen Waldstreifen des Hohen Venn).

Diesen Teilen des Rheinischen Massivs östlich vorgelagert, von Euskirchen über Düren und Jülich hinausreichend, erkennen wir eine fruchtbare Lößbörde (rot-blaues Mosaik) mit hohen Zuckerrüben- und Weizenerträgen. Sie wird von den Flüßchen Rur und Erft entwässert. Nördlich des Hohen Venn ist sie geprägt von dem Aachen-Maastrichter Industrierevier, in dem die hellblaue Tagebaunarbe von Eschweiler auffällt. Von dem westlich von Mönchengladbach ausgebreiteten Waldgebiet des Schwalm-Nette-Naturparks und östlich des am Bildrand erkennbaren Maasbogens erstreckt sich eine meist ackerbaulich genutzte Kulturlandschaft auf den Moränenböden der Eiszeiten. Sie reicht über Kamp-Lintfort bis Kleve hinunter.

Die stärkste Landschaftsdynamik fällt jedoch in dem hellblauen Streifen westlich von Bonn und Köln auf. Hier wird im Hügelzug der Ville mit den größten Baggereinrichtungen in 5—10 km breiten Streifen im intensiven Tagebau Braunkohle gewonnen. Dabei werden zwischen Frechen, Frimmersdorf und Grevenbroich oft ganze Dorfschaften umgesiedelt. Westlich von Bonn ist in den ursprünglich unbewaldeten und reliefärmeren neuen Zonen durch sinnreiche Rekultivierung eine Wald- und Seelandschaft für den Köln-Bonner Naherholungsverkehr entstanden. *E. E.*

Rechte Seite:
Nordrhein-Westfalen
(Mosaik aus zwei Bildern)
Bildmaßstab 1 : 500 000
Aufnahmedatum: 29. 8. 1975

Tagebau Fortuna

Das Senkrechtluftbild führt in eine der interessantesten Landschaften am Niederrhein: in die Ville. Schon das Satellitenbild (Seite 63) ließ in dem hellblauen Streifen, der sich westlich von Köln an der Erft entlang zieht, eine unvergleichliche Landschaftsumwandlung und Dynamik im Raum vermuten. Wir blicken in den mittleren der großen Braunkohletagebaue, die zwischen Frechen und Grevenbroich in die fruchtbare Jülicher Börde vorstoßen, den Tagebau Fortuna bei Garsdorf, Bedburg und Bergheim. Diese Tagebauzone hat die alte Hügellandschaft des ca. 45 km langen, leichtgewellten und 4–5 km breiten Rückens der Ville völlig verändert. Das gilt auch für den Bereich 10 km südlich, in der Höhe von Brühl, wo die Kohle schon früh abgebaut wurde und die Landschaft durch vorbildliche Rekultivierung heute kaum wiederzuerkennen ist.

Im Bild tut sich der wichtigste Teil des etwa 1500 ha umfassenden Großtagebaus auf, in dem 1976 ca. 45 Mill. t Kohle und 96 Mill m³ Abraum gefördert bzw. bewegt wurden. Das ursprüngliche Kohlevorkommen von ca. 1 Mrd. t ist bereits zur Hälfte abgebaut. Am unteren Bildrand ist zu sehen, daß die Landschaft teilweise rekultiviert wurde. Von der in der rechten unteren Bildecke sichtbaren, offen gehaltenen Grube soll der Tagebau weiter nach Süden fortgesetzt werden. In dem dunklen trapezförmigen Abbaubereich, der vom linken Bildrand (Mitte) hereinragt, ist das bis zu 70 m mächtige Hauptflöz zu erkennen, wo Abbautiefen bis zu 300 m erreicht werden. Im Endausbau wird mit noch mächtigeren Abraumüberdeckungen und einer Gesamttiefe von 390 m gerechnet. Die hohe Schichtleistung je Mann von 120,3 t kann nur bei einem Höchststand der Fördertechnik erreicht werden. Diese setzt voraus, daß vor Betriebsaufnahme und dann als Dauerleistung der Grundwasserspiegel abgesenkt wird. Die Tiefbrunnen am Tagebaurand und im Abbaufeld lieferten 1976 rund 680 Mill. m³ Wasser, das über die Erft und den Gilbach in den Rhein abgeleitet wurde. Das bedeutet je Tonne geförderter Kohle ein Abpumpen von 15 m³ Wasser, von dem ein Teil für das E-Werk und zur Versorgung der Großstädte Neuss und Düsseldorf verwendet wird. Im Tagebau sind sechs Schaufelradbagger eingesetzt, die Kohle und Abraum getrennt gewinnen können, was bei der durch „geologische Sprünge" gestörten Lagerstätte unerläßlich ist. Um sich eine Vorstellung von den Baggern machen zu können, sei erwähnt, daß vier pro Tag 100 000 m³ und zwei sogar je 200 000 m³ Kohle bzw. Abraum transportieren. Ein Großgerät (200 000 m³) ist 220 m lang, wiegt 13 000 t und hat eine Höhe von 83 m; die 3 m breiten Bänder erreichen eine Geschwindigkeit von 6 m je Sekunde.

In der linken oberen Bildhälfte ist zu erkennen, daß die Förderbänder in einem zentralen Bandsammelpunkt zusammenlaufen, um das Fördermaterial entsprechend verteilen zu können. Die zur Zeit in Betrieb befindlichen 66 Bandanlagen haben eine Länge von knapp 50 km. Vom Bandsammelpunkt gelangt die Kohle in zwei gut zu unterscheidende Vorratsgräben (220 000 t Inhalt) unmittelbar unterhalb der Bahnlinien, in Höhe der angeschlossenen Werke. Die Aufnahme zeigt, daß von dort ein Band die Brikettfabrik Fortuna-Nord und das an den Kühltürmen erkennbare Kraftwerk Niederaußem beliefert. Das letztgenannte Unternehmen zählt mit einer Leistung von 2700 Megawatt zur Spitzengruppe europäischer Wärmekraftwerke. Ein Teil der Kohle wird auf der an der Grube vorbeiführenden 30 km langen Schwerelastbahn transportiert, die als „Schlagader des Reviers" alle Betriebe von Frechen bis Frimmersdorf verbindet. Den größten Teil des im Bild sichtbaren Tagebaus nimmt die reich differenzierte Innenkippe ein, wo die hellgrauen Sande und Schotter und zuletzt die gelben Lößböden von fünf Bandabsetzern auf mehreren Stufen gelagert werden.

Die Flöze verdanken ihre Entstehung einer üppigen Sumpfvegetation im feuchttropischen Klima der Tertiärzeit vor ca. 20 Millionen Jahren (Oligozän/Miozän). Durch die von dem vordringenden Nordmeer ausgelöste Überflutung und Sandabdeckung konnten sich die Flöze im Prozeß der Inkohlung unter Luftabschluß und Druck zu Braunkohle entwickeln. Diese größten Braunkohlelager sind im Süden der Ville nur mit einer 10–20 m starken Schicht aus Rheinschottern und eiszeitlichen Lößaufwehungen bedeckt. Wo sie an die Oberfläche traten, wurde die Kohle schon im 16. Jahrhundert in Familienbetrieben abgebaut. Ihre große Bedeutung erlangte die Braunkohle jedoch erst mit der Einführung des Brikettierungsverfahrens 1877. Durch Erhitzen und Pressen wird dabei der Wassergehalt von 45–65 % auf 10–15 % reduziert und damit ein Massenheizmittel gewonnen. Die preisgünstige Verstromung der Braunkohle deckt allein aus der Ville ein Drittel des Elektrizitätsbedarfs der Bundesrepublik Deutschland.

Im Bereich der Grube Fortuna sind bis jetzt die Ortschaften Wiedenfeld, Garsdorf, Frauweiler und Glesch-Ost verlagert worden, weitere drei Dörfer befinden sich in der Umsiedlung. Bei diesem Vorgang spielen städtebauliche Erkenntnisse und Raumordnungsgesichtspunkte, die auf eine Landschaftsverbesserung zielen, eine große Rolle.

E. E.

Linke Seite:
Braunkohlenabbau in der Ville,
Tagebau Fortuna

Regierungsviertel Bonn-Bad Godesberg

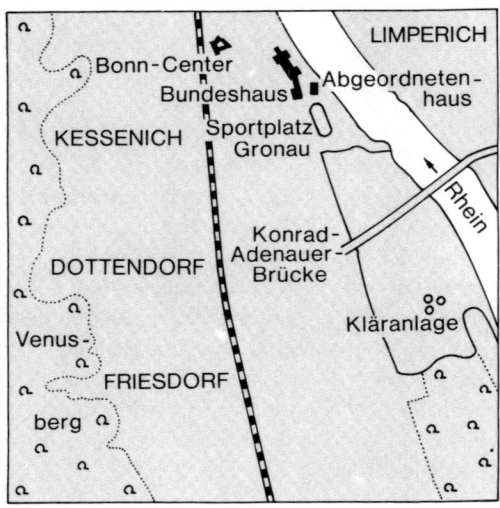

Das Senkrechtluftbild zeigt innerhalb des Großraumes Bonn jenen Ausschnitt, der nun auch baugestalterisch vorrangig bleibende Hauptfunktionen entwickelt. Die Planungen des Parlamentsneubaus sind allerdings noch nicht raumwirksam geworden.

Der Bildausschnitt enthält jedoch noch all jene Konturen, die für den zersiedelten Zwischenraum zweier Städte charakteristisch sind. Bonn und Bad Godesberg sind die beiden historisch alten Pole, zwischen denen sich von Norden über die alten Dorfkerne Poppelsdorf, Dottendorf und Friesdorf nach Godesberg eine nahezu geschlossene Bebauungszone am Hang des Venusberges ausgebildet hat. Die als Zentralanlagen hervortretenden roten Flächen der Sportplätze sind besonders deutlich zu erkennen. Dieses zum Teil bevorzugte Wohngebiet nimmt das gesamte linke Drittel des Bildes ein. Die beiden alten Stadtkerne außerhalb des Bildbereichs gehen auf römische Siedlungsgründungen zurück: auf das Römerlager Castra Bonnensis und die Römerniederlassung in der Nähe der altgermanischen Kultstätte Wodansberg (= Wuodnesberg = Godesberg). Beide Orte sind geprägt durch Monumentalbauten der Kölner Erzbischöfe: In Bonn ist es die weitläufige Residenz, in der sich seit 1818 Teile der Universität befinden, und in Bad Godesberg die 1210 vom Erzbischof auf dem 65 m hohen Basaltkegel errichtete Burg.

Der Bildbereich gliedert sich in Nord-Süd-Richtung nicht nur durch die Waldhänge des Venusbergs und die vorgelagerten Wohnviertel, sondern auch durch die Verkehrsadern, den Rhein, die beiden ihn begleitenden Bahnlinien („Rheinschiene"), sowie die stark befahrene Bundesstraße 9. Sie führt mitten durch das Regierungsviertel, verbindet Bonn und Bad Godesberg und stellt die Mittellinie des Bildes dar.

Einige Zentralbereiche bieten sich zur näheren Orientierung an, so auf der rechten Flußseite, wo sich der Bezirk Beuel über Limperich hinaus erstreckt, die neue Südbrücke. Diese vierspurige Straße ist über den Rhein gespannt, um das Regierungsviertel mit dem Flughafen Köln-Bonn zu verbinden. Wo sie stumpf auf die B 9 trifft, beginnt das eigentliche Regierungsviertel, das erst auf dem Wege ist, baulich ein repräsentativer Bundesdistrikt zu werden. In der noch uneinheitlichen Bausubstanz beginnen großzügig angelegte Bundesbauten zu dominieren, so zum Beispiel an dem Schnittpunkt der neuen Ausfallstraße mit der B 9 zwei durch ihre quadratischen Innenhöfe auffallende neue Ministeriumsbauten. An Bonns „Regierungsachse", der über 2000 Jahre alten Rheintalstraße (B 9), haben sich in Richtung Bonn Botschaften und Bankzentren etabliert. Die architektonisch geschlossenste Anlage befindet sich am Allianzplatz. Das sogenannte Tulpenfeld, durch ein Hochhaus und drei Atriumsgebäude markiert (in der oberen Bildhälfte, rechts neben der B 9), beherbergt die Schwedische Botschaft und die Bundesministerien für Wissenschaft und Bildung sowie für Innerdeutsche Beziehungen.

Von dort sind es nur wenige Gehminuten zum 29geschossigen Abgeordneten-Hochhaus, das von Sportanlagen, Parktiefgaragen und Parkplätzen umgeben ist. Von dem 104 m hohen Bau erstreckt sich der längsgerichtete Bundeshaustrakt nach Norden. Er ist aus der alten Bonner Pädagogischen Hochschule hervorgegangen, in der vom 1. September 1948 bis zum 23. Mai 1949 der Parlamentarische Rat tagte und das Bonner Grundgesetz schuf. Seit Ende 1949 residiert hier der Deutsche Bundestag. Als weiterer markanter Bau fällt an der Südwestecke der Gärten des Kanzler-Bungalows (zwei aneinandergebaute weiße Atriumhäuser in der Mitte des oberen Bildrandes) das mächtige Kanzleramt mit den sechs Innenhöfen auf. Die wichtige Verteilergabel am Bundeskanzlerplatz soll den Verkehr entflechten. Bis hierher reicht auch die U-Bahn, die vom Bonner Hauptbahnhof kommt. Westlich dieses „Ortsmittelpunkts" des Großraums Bonn erhebt sich das winkelförmige Bonn-Center mit einem beherrschenden Hochhaus und Ladenstraßen.

Die Gartenstadtstruktur des Bildausschnittes erhält eine ganz neue Komponente durch die Umformung der früher durch Ackerbau und Wiesenwirtschaft gekennzeichneten Uferzone in der rechten Bildmitte. Sie wird von der Rampe der Südbrücke überquert. Hier sind künstliche Seen und Hügel in barocker, verschnörkelter Linienführung entstanden. Das Godesberger Klärwerk wird geschickt als Enklave planerisch einbezogen und auf diese Weise als Störfaktor ausgeschlossen. Diese Uferfläche soll als das einzige noch offene Areal zwischen Bonn und Bad Godesberg 1979 die Bundesgartenschau aufnehmen. Damit wird in der mittlerweile zur kommunalen Einheit gewordenen Stadt Bonn-Godesberg ein weiterer Schritt für eine würdige Ausgestaltung der Bundeshauptstadt getan. Die Nahtstelle zwischen der Universitäts- und Einkaufsstadt Bonn und der Kur- und Diplomatenstadt Godesberg erhält allmählich eine organische Struktur.

E. E.

Rechte Seite:
Regierungsviertel Bonn-Bad Godesberg

Köln

Die Stadt präsentiert sich auf dem oberen linken Bild als Handels- und Bischofsstadt. Die bauliche Repräsentanz des Handels äußert sich in den Messe- und Kongreßhallen jenseits des Rheins auf dem Deutzer Ufer. Neben den großen Motoren- und Maschinenbaufabriken (Klöckner-Humboldt) im Bildhintergrund wird das Deutzer Ufer von dem Messe- und Kongreßzentrum beherrscht, in dem 1976 insgesamt 116 Veranstaltungen stattfanden, darunter 15 internationale Fachmessen. Sie allein zählten 660 000 Besucher (34 % Ausländer). Neben der weltbekannten Photokina finden hier die Deutsche Möbelmesse und die Internationale Hausratsmesse statt, die Anuga („Weltmarkt" für Ernährung), die Spoga (Internationale Sport- und Camping- sowie Gartenmöbelmesse) und andere. Im neuen Kongreßzentrum, das sich in Richtung Rheinhafen auf den Uferwiesen ausgedehnt hat, können Tagungen bis zu 5000 Teilnehmern in entsprechenden Räumlichkeiten organisiert werden.

Der Dom, einst als „größtes Gotteshaus der damaligen Christenheit" konzipiert, erinnert an das Kölner Erzbistum. Der Bischofssitz geht auf die Franken zurück, die um 450 auf den Trümmern der römischen Colonia eine neue Stadt bauten. Der Pfalz- und Regierungssitz Karl Martells wurde 785 unter Karl dem Großen Sitz eines Erzbischofs. Danach wuchs die Stadt beträchtlich, obgleich sie im Jahre 881 den Plünderungen und Zerstörungen der Wikinger ausgesetzt war. Das Verhältnis zwischen dem Erzbischof und dem aufstrebenden und reicher werdenden Bürgertum trübte sich bereits im Mittelalter so sehr, daß der geistliche Würdenträger um seine Machtstellung fürchtete und seine Residenz nach Bonn verlegte, das sogar zur Stadt erhoben wurde.

Das rechte obere Bild zeigt Schloß Augustusburg, das von dem mittlerweile in Bonn residierenden Erzbischof als Sommersitz errichtet wurde. Erzbischof Clemens August I. ließ es von 1725–1728 in seiner heutigen barocken Form erbauen. Spätere Umbauten machten es zu einem der schönsten Rokoko-Schlößchen Deutschlands. Balthasar Neumann entwarf das berühmte Treppenhaus, das Augustusburg weit über die Landesgrenzen hinaus bekannt macht. Das heutige Repräsentationsschloß des Bundespräsidenten und Gästehaus der Bundesregierung steht auf den Grundmauern einer mittelalterlichen Wasserburg niederrheinisch-westfälischen Typs, die den Franzosenkriegen 1689 zum Opfer fiel. In Schloß Augustusburg sind Architektur, Malerei, Parkgestaltung und Plastik zu einer geschlossenen Einheit großer herrschaftlicher und künstlicher Selbstdarstellung ineinandergeflossen. Die damalige Vorliebe für rationale Landschaftssystematisierung kommt heute noch in dem unmittelbar vor dem Schloß gelegenen ebenen Gartenteil, dem Broderieparterre, zum Ausdruck, wo Blumen und Rasen ganz dem symmetrischen Ornament zu dienen haben.

Die Beendigung der Streitigkeiten mit dem Erzbischof 1288 und die Verbindung mit der Hanse haben die Stadt Köln zu einer nie gekannten Blüte geführt, wobei die Rheinschiffahrt und das Stapelrecht der freien Reichsstadt (1247) besonders zugute kamen. Köln war im ausgehenden Mittelalter der wichtigste Umschlagplatz zwischen Oberdeutschland, den Niederlanden und England; die Kaufmannsgilde eröffnete schon 1444 das größte profane Festhaus des Mittelalters, den Gürzenich. 1180 erhielt die Stadt einen weiträumigen halbkreisförmigen Mauerring, der noch jahrhundertelang Zuwachs aufnehmen konnte. Köln war vom Mittelalter bis in die Neuzeit die flächenmäßig größte ummauerte Stadt Deutschlands, deren Befestigungsanlagen erst 1880 beseitigt und durch einen großen Grüngürtel ersetzt wurden. Dem früheren Mauerverlauf entspricht auf großer Strecke die Bahnlinie.

Die gewaltige, im Luftbild (unten) nur in Ansätzen im Stadtteil Ehrenfeld und um den Hauptfriedhof (Melaten) erkennbare Stadterweiterung setzte erst im 19. Jahrhundert ein. Der große Aufschwung Kölns kam seit 1815 mit der Industrialisierung und mit dem Bahnbau in der Mitte des 19. Jahrhunderts. Im Hauptbahnhof hinter dem Dom werden heute täglich 890 Züge abgefertigt, darunter 51 TEE- und Intercityzüge. Das ausgedehnte Bahngelände im Nordwesten der Innenstadt weist Köln als wichtigste Drehscheibe des Eisenbahnverkehrs im Westen der Bundesrepublik Deutschland aus. Die große Eisenkonstruktion der Hohenzollernbrücke dient in erster Linie dem Bahnverkehr, ist jedoch zugleich auch ein für Fußgänger geöffneter Verbindungsweg zwischen dem Kölner Innenstadtzentrum und dem Deutzer Messegelände. Die Lage Kölns zum Ruhrgebiet und zu den Beneluxländern wirkt sich verkehrsgeographisch günstig aus.

Am Domplatz beginnt die im Krieg zu 93 Prozent zerstörte Innenstadt, die zugleich ein großes Einkaufs- und Behördenzentrum geworden ist. In der modern aufgebauten Innenstadt hat man sich bis auf den Durchbruch der Nord-Süd-Fahrt weitgehend an den alten Erschließungssträngen orientiert (Straßen, Rohrleitungen). Das relativ geradlinige Straßennetz erinnert an die Ära der Römer. Schon 38 v. Chr. war den germanischen Ubiern von den befreundeten Römern der Bau des „oppidum ubiorum" erlaubt worden. Im ersten nachchristlichen Jahrhundert entwickelte sich daraus eine der mächtigsten römischen Legionärstädte nördlich der Alpen, die schon 50 n. Chr. römisches Stadtrecht erhielt. Ihren Namen verdankt die Stadt Agrippina, der Tochter des Feldherrn Germanicus, Frau des Claudius und Mutter Neros: Colonia Claudia Ara Agrippinensis. Die uralten Traditionen der Stadt werden unter anderem von dem Römisch-Germanischen Museum gepflegt, das auf dem oberen Bild rechts neben dem Dom zu erkennen ist. Die Stadt der römischen Veteranen und Kaufleute war seit 313 auch kirchlicher Mittelpunkt.

Im Senkrechtbild erscheint der Dom in seinem eigenen Schatten als Kreuz. Er ist bis heute Wahrzeichen der Stadt, auch wenn er jahrhundertelang ein monumentaler Torso blieb. Erst 1826 begann man, den gewaltigen Chor, das nur in Teilen errichtete Langhaus und die Turmstümpfe zu vollenden. Nach dem Auffinden der alten Pläne haben der nationalromantische Zeitgeist und die Hilfe des preußischen Königshauses dafür gesorgt, daß der Dom mit einem fünfschiffigen Langhaus am 15. Oktober 1880 eingeweiht werden konnte (Langhaus 144 m, Querhaus 86 m, Gewölbehöhe 44 m, Türme 160 m).

E. E.

Linke Seite
Oben links: Kölner Dom und Messegelände
Oben rechts: Schloß Augustusburg in Brühl
Unten: Köln

Düsseldorf

Die Senkrechtaufnahme erfaßt den gesamten Innenstadtbereich der nordrheinwestfälischen Landeshauptstadt. Spornartig liegt der Neusser Stadtteil Oberkassel in der linken oberen Bildecke. Die halbinselförmige Zunge läuft im Hochwasserbereich in einen sanftgeneigten Gleithang aus. In der sandigen Aue sind ein Zirkuszelt samt Wagenpark und ein Wegesystem zu erkennen, das auf die Nutzung der Uferzone zu Ausstellungszwecken schließen läßt. An die roten Tennissportanlagen schließt sich Gartenland und eine stark parzellierte Ackerflur an.

Die Düsseldorfer Uferkante, die eine Durchgangsstraße trägt, ist als Prallhang weitgehend befestigt. Die am Rand von Oberkassel mit eleganten Auffahrten beginnende Rheinkniebrücke, deren Harfenverspannung deutlich zu erkennen ist, führt in den südlichen Zentralbereich Düsseldorfs. In Ufernähe enden einige Abfahrten im Regierungsviertel. Es ist deutlich sichtbar, daß diesen Anlagen dort noch ein Häuserblock weichen müßte. Die Parkplätze sind in dem häufig besuchten Verwaltungsbereich ein Erfordernis unserer Zeit. Als markantestes Gebäude ragt in den Park- und Teichanlagen der Landtag als quadratisch angelegter Kuppelbau heraus, der zwischen 1876 und 1880 als Amtsgebäude für die rheinische Provinzialverwaltung im neoklassizistischen Stil errichtet wurde. Unterhalb der Brückenabfahrt am Rheinufer befinden sich das Haus des Ministerpräsidenten und Ministerien, der große Gebäudekomplex links der Auffahrt beherbergt die Oberfinanzdirektion und das Polizeipräsidium. Während die Bausubstanz in den südlich und östlich vom Landtag anschließenden Gevierten aus den Gründerjahren und dem beginnenden 20. Jahrhundert stammt, wurde der nördlich anschließende Stadtteil, die Karlstadt, in rationalistischer Planmanier als erste große Stadterweiterung schon unter Kurfürst Karl Theodor (1742 bis 1799) angelegt.

Die Karlstadt endet an der bekanntesten Straße Düsseldorfs, der Königsallee, die der Volksmund kurz als „Kö" bezeichnet. In der Mitte der 84 m breiten Allee verläuft schnurgerade ein Wassergraben. Die Anlage entstand 1801, als die Wälle geschleift wurden. Die großzügigen Bauten, meist mit Flachdach versehen, lassen erkennen, daß diese Repräsentationsstraße der Stadt nicht nur Boulevardcharakter besitzt, sondern auch den Sitz der rheinischen Wirtschaftsmacht, den „Schreibtisch der Industrie", beherbergt. Konzerne, internationale Wirtschaftsverbände, Konsulate, die Rheinisch-Westfälische Börse und Versicherungen beherrschen die westliche Seite, elegante Cafés, Läden und Restaurants für gehobene Ansprüche, sowie Arzt- und Anwaltspraxen und Reisebüros häufen sich auf der gegenüberliegenden Seite.

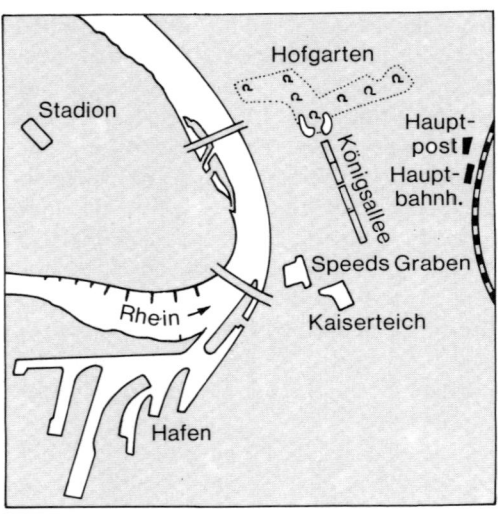

Die Königsallee mündet in Höhe der „Deutschen Oper am Rhein" in die breiten Parkanlagen des Hofgartens. Diese umschließen in einem Viertelkreis die enger und unregelmäßiger angelegte Altstadt. Der Hofgarten entstand, wie die „Kö", während der Niederlegung der alten Befestigungsanlagen in napoleonischer Zeit. Die Düsseldorfer Altstadt wird geprägt von originellen Gaststätten, Varietés, Bühnen und Kabaretts (Kommödchen). Der runde Turm in der Biegung der Uferstraße erinnert als letzter Rest an das 1872 abgebrannte Stadtschloß.

Die Altstadt ist aus der 1135 erstmals erwähnten Fischersiedlung Dusseldorp hervorgegangen. Älter und bedeutender waren die heutigen Vororte Kaiserswerth (um 700 Kloster und 1184 Kaiserpfalz) und Gerresheim (um 870 Kanonissenstift). Die Siedlung an der Mündung der Düssel erhielt jedoch wegen ihrer Verdienste in der siegreichen Schlacht bei Worringen, die Graf Adolf von Berg gegen den Erzbischof von Köln führte, 1288 die Stadtrechte. 1335 verlegten die Grafen von Berg, deren Burg an der Wupper unweit von Remscheid stand, ihre Residenz nach Düsseldorf. Die Residenzstadt konnte sich voll entfalten, als 1521 die vereinigten Grafschaften Kleve, Mark, Jülich und Ravensberg an die Herrschaft Berg fielen und Düsseldorf echter Landesmittelpunkt wurde.

Dort, wo die Parkanlagen des Hofgartens, die Düsseldorfs Ruf als Gartenstadt begründeten, neben dem Rundbau des Planetariums fast an den Rhein stoßen, dehnen sich nördlich der Abfahrt von der neuerrichteten Oberkasseler Brücke die Museums- und Ausstellungsgebäude aus. Sie erinnern an Düsseldorf als Stadt der Kunst, eine Tradition, die bereits auf die Gemäldegalerien des Kurfürsten Karl Theodor zurückgeht und sich über die Malerschule des 19. Jahrhunderts (Peter Cornelius) bis zur heutigen Kunstakademie fortsetzt. Das moderne Messegelände liegt im Stadtteil Stockum (außerhalb des Bildes).

Wo der Hofgarten in einer Verzweigung nach Nordosten ausschert, beginnt am Hochhaus der Phoenix-Rheinrohr und an dem in geschwungenen Linien moderne Architektur verratenden Schauspielhaus die Verkehrsdrehscheibe der Stadt. Die den Hofgarten durchbrechende vierspurige Kaiserstraße überspannt in einer 523 m langen dreispurigen Hochstraße den Jan-Wellem-Platz und setzt sich, mit einem anderen Hauptast zur Königsallee, in der Hauptgeschäftsstraße, der Berliner Allee fort. Diese parallel zur „Kö" laufende Nord-Süd-Schneise wurde erst nach 1945 durch die zu 85 Prozent zerstörte Innenstadt geschlagen. Nach einem leichten Knick am Ernst-Reuter-Platz gabelt sie sich; der Verkehr wird radial zum Hauptbahnhof (am rechten Bildrand) und in den Stadtteil Bilk geleitet, der sich um einen separaten Bahnhof mit zahlreichen Abstellgleisen gruppiert. Bevor dieser Bezirk im Süden in die Feldmark der Stadtrandzone übergeht, ist er geprägt von dem Areal der Lagerhallen und Gewerbebetriebe, die von dem hellen, starke Schatten werfenden Krankenhaus (Hochhaus) bis in das moderne Hafenviertel reichen.

E. E.

Rechte Seite:
Düsseldorf

Binnenhafen Duisburg-Ruhrort

Im Mittelpunkt des Senkrechtluftbildes verzweigt sich zwischen den Stadtteilen Ruhrort, Meiderich (rechte obere Bildecke) und der Innenstadt Duisburgs (rechts unten) der Zentralbereich des größten europäischen Binnenhafensystems. Seine Wasserfläche von 218,5 ha, seine 44 km Kaiufer, sein Jahresumschlag von ca. 23 Mill. t (alle Duisburger Häfen 65 Mill. t), die jährlich einlaufenden ca. 37 000 Kähne, darunter 2000 hochseetüchtige Schiffe (aus England, Skandinavien, der Sowjetunion, Portugal, Spanien) drücken in wenigen Zahlen nur entfernt das aus, was sich an Wirtschaft und Handel an dieser Nahtstelle zwischen Rhein und Ruhr abspielt. Die Anlagen, die auf dem Luftbild zu sehen sind, wurden im wesentlichen erst in den letzten 150 Jahren geschaffen.

Wir orientieren uns an der 1970 vom linksrheinischen Homberg über den Rhein gespannten 780 m langen Friedrich-Ebert-Brücke. Oberhalb ihres Verkehrsverteilers auf den Ruhrorter Uferwiesen befindet sich der 1845 entstandene Eisenbahnhafen. Die in einem Sackbahnhof endenden Gleisanlagen lassen erkennen, wie vor dem Brückenbau die Eisenbahnfährschiffe diesen Trajekthafen der Köln—Mindener Bahn nutzten. Unmittelbar unter der Brücke öffnet sich der Hafenmund, dessen oberer Wasserarm, der Vincke-Kanal sich in einem Halbkreis, vorbei an den alten sichelförmigen Ruhrorter Anlegestellen (heute Werft- und Bunkerhäfen), zu den 1860—68 gebauten großen Hafenbauten (Nord- und Südhafen) hinzieht. Die bräunlich violette Färbung läßt Erz- und Schrottlager insbesondere am Nord-Kai erkennen. Große Umschlagbrücken auf der Hafeninsel stehen mit einer Bandförderanlage am oberen Beckenrand in Verbindung, die eine direkte Erzbeschickung des zwischen Ruhrort und Meiderich ausgedehnten Hüttenwerks der Phoenix-Rheinrohr (August-Thyssen-Hütte) gewährleistet.

Am Eingang zum Vincke-Kanal teilt sich der Hafenmund und geht in den 1872 erbauten Kaiserhafen über, der heute an seinem äußersten Ende zugeschüttet ist. Früher diente er hauptsächlich als Kohlehafen, woran die umfangreichen Gleisanlagen erinnern, auf denen die Züge aus den Zechen des Ruhrgebiets rangierten. Der um die Jahrhundertwende

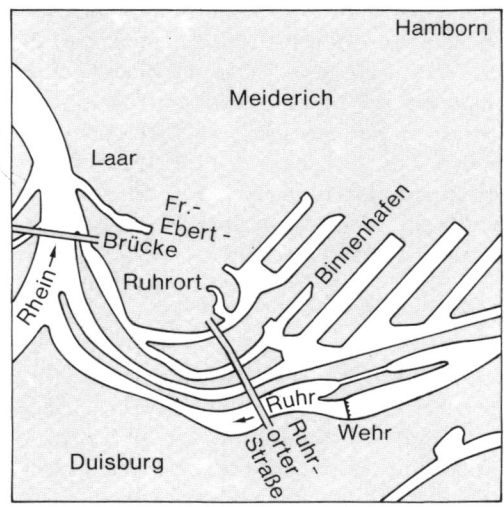

zunehmende Kohleumschlag führte zwischen 1903 und 1908 zu einer großzügigen Erweiterung der Hafeneinfahrt und zur Aushebung der drei großen Becken A, B und C (Bildmitte rechts), an deren Öffnung der mit dem gesamten norddeutschen Kanalsystem verbundene Rhein-Herne-Kanal vorbeizieht. Auf der Kaizunge zwischen Hafen A und B erinnern dunkle Bänder an Kohlenhalden und Kohlenzüge; dort hat eine Kohlemischanlage (10 000 t Tagesleistung) die alten Kipperanlagen ersetzt. Zwischen den Becken B und C ist die „Schrottinsel" zu erkennen, wo mittels großer Elektromagneten entladen und in einer 3500 atü-Presse das Material für die Stahlindustrie aufbereitet wird. Die Hafeninsel zwischen Kaiserhafen und Becken A besitzt sieben Anlegebrücken und zeigt am deutlichsten den Strukturwandel des für die Energiewirtschaft umgebauten Hafens. Sie ist fast vollständig mit Öltanks (910 000 m³ Lagerraum) besetzt und mit einem verwirrenden Leitungsnetz überzogen, das an die Pipeline nach Gelsenkirchen angeschlossen ist. Hier werden vor allem Mineralöle umgeschlagen. Die Freiflächen im zugeschütteten Kaiserhafen stehen dieser Wachstumsindustrie zur Verfügung. Am Ende der Becken A, B und C sind Werft- und Reparaturanlagen auszumachen. Auf der Helling am Ende des Hafenbeckens A liegt ein Schiff, das quer zum Hafenbecken heraufgezogen wurde. Auf den Längsinseln zwischen Hafenkanälen, Rhein-Herne-Kanal und der parallel dazu verlaufenden Ruhr, dem südlichsten Wasserarm, kann man die grauen und hellen Flächen als Lagerhallen und Schuppen identifizieren, die einem sehr verschiedenartigen Umschlag (Holz, Eisen, Stückgut) dienen.

Südlich der Ruhr dehnen sich die Tanklager der Fina-Raffinerie aus, die an einer Flußeinbuchtung westlich des Verkehrskreisels zwei Anlegebrücken besitzt. Die rechte untere Bildecke wird durch einen Wasserarm des Duisburger Stadthafens (Innenhafen) „abgeschnitten". Um das Wendebecken und an den Kais gruppieren sich große Silos und Lagerhallen. Hier befindet sich der Standort der Duisburger Nahrungsmittel- und Mühlenindustrie (17 Getreidespeicher und -silos, 4 Getreidemühlen) und der Umschlagplatz für Getreide, Futtermittel, Ölsaaten und diverse Stückgüter. Als häufigster Schiffstyp (helle Lukenabdeckung verweist auf Tanker, offene Kähne sind dunkel), ist das „Europaschiff" (80 m lang; 9,5 m breit; 2,5 m Tiefgang; 1350 t Tragkraft) auszumachen. Einige Schubleichter (Viererverband, 8000—10 000 t) liegen an den Kais verteilt.

Der Umschlag einiger repräsentativer Güter zeigt statistisch den Bedeutungswandel der Rohstoffe:

	Erz	Kohlen	Mineralöle
1936:	1 092 016 t	12 091 988 t	208 617 t
1976:	7 428 927 t	4 095 414 t	4 550 803 t

Duisburg war bis zur Erschließung des Ruhrgebiets im vorigen Jahrhundert ein wenig bedeutender Ort, obwohl er auf eine lange Geschichte zurückblicken kann (fränkischer Königshof Thusburg um 700). Er zählte um 1800 etwa 4000 Einwohner, heute umfaßt er mit den eingemeindeten Stadtbezirken Ruhrort und Meiderich etwa 600 000 Einwohner. Ruhrort wurde 1373 Zollstelle und Stapelplatz und seit 1715/16 mit Unterstützung Preußens als Hafen ausgebaut. Seit 1905 besteht die Duisburg-Ruhrorter Hafengemeinschaft, die heute als Aktiengesellschaft privatwirtschaftlich betrieben wird und an deren Grundkapital die Bundesrepublik, das Land Nordrhein-Westfalen und die Stadt Duisburg mit einem Drittel beteiligt sind. *E. E.*

Linke Seite:
Binnenhafen Duisburg-Ruhrort

Industriebereiche im Ruhrgebiet

Das Senkrechtluftbild zeigt einen Ausschnitt aus der Übergangszone zwischen dem Ruhrgebiet und dem Münsterland. Es handelt sich um den nördlichen Teil der „großen Stadt im Grünen", Marl. Vom Norden ragen am oberen Bildrand Waldteile der Haard und des Naturparks Hohe Mark sowie ein Lippebogen in den Sichtbereich. Diese naturräumlich noch zum Münsterland gehörende Zone wird in gerader Linie durch den Wesel-Datteln-Kanal abgeschnitten, der den Rhein mit dem Dortmund-Ems-Kanal verbindet. Diese parallel zur Lippe verlaufende Wasserader bietet dem unmittelbar anschließenden Prototyp moderner Wachstumsindustrie, den Chemischen Werken Hüls AG, gute Standortvorteile. Der 1938 gegründete Großbetrieb stellte bis 1945 überwiegend künstliches Gummi (Buna-Hüls) her. Erst 1958 wurde dieser Produktionszweig wieder in einem Tochterbetrieb, den Bunawerken Hüls AG, aufgenommen, die heute als größte Synthese-Kautschuk-Erzeuger Europas gelten. Im Stammbetrieb werden seit Kriegsende Lösungsmittel, Kunstharze, Vorprodukte für Textilfasern, Kunststoffe und Weichmacher erzeugt.

An das Werk schließt sich südlich eine Grünzone an, zu der allerdings nur noch wenige Waldflächen gehören. Die Sportanlagen und die Wasserflächen fügen sich gut in diesen Freizeitbereich ein. Die vierspurigen Schnellstraßen und die flächenfressenden Wohnsiedlungen haben ihren Tribut gefordert. Dennoch hat es die Marler Stadtplanung vergleichsweise erfolgreich verstanden, den Gartenstadtgedanken positiv in die Tat umzusetzen und Erholungsräume in die rasch wachsende Stadt zu integrieren. Nach einer ersten Eingemeindungsphase war Marl 1926 auf ca. 28 000 Einwohner gewachsen, wurde 1936 Stadt und erreichte 1975 nach der Angliederung weiterer Nachbarorte 93 000 Bewohner. Die Finanzierung der modernen städtischen Zentralbezirke war nur möglich durch die günstige Gewerbestruktur Marls, das neben den genannten Werken weitere Großbetriebe wie die Faserwerke Hüls, die Katalysatorenwerke Hondry-Hüls und zwei große Zechenanlagen — die Gewerkschaft Auguste Viktoria und die Bergbau-AG Lippe — beherbergt.

Ihr rasches Wachstum verdankt die Stadt, die noch im 19. Jahrhundert als kleiner Kurkölner Ort in einer dünn besiedelten Sumpflandschaft lag, dem Vordringen der Zechenanlagen, die sich vom Ruhrgebiet über die Emscherzone hinaus bis zur Lippe erstreckten. Obwohl die Kohle hier nur aus größerer Tiefe gewonnen werden kann, ist sie von ihrer Qualität und den Lagerungsbedingungen her durchaus abbauwürdig. Während in der Chemie-Industrie Marls etwa 17 500 Beschäftigte arbeiten, sind es im Bergbau und in den Kraftwerken rund 12 000 Menschen.

Das rechte obere Bild läßt uns einen Blick auf die Energiezentren in Gelsenkirchen werfen; wir sehen die VEBA-Chemie AG im Vordergrund und die Kühltürme der VEBA-Kraftwerke Ruhr AG im Hintergrund. Die Schornsteinspitzen hinter den Dampfwolken zeigen an, daß die Kühltürme an entsprechende Kraftwerkblöcke angeschlossen sind. Diese Industrien befinden sich im Norden Gelsenkirchens, das sich von Wattenscheid weit über die Emscher und über die E 3 bis zur Grenze des Lipper-Landes erstreckt. Sie liegen im Stadtteil Buer, bei dem Vorort Scholven, wo in der Nähe vorzüglicher Fernverkehrsanschlüsse weitere Flächen für expansionsorientierte Unternehmen zur Verfügung stehen. Die im VEBA-Kraftwerk gewonnene Energie wird in der Stadt und in den Industrien des Umlandes verbraucht. Mit einer Leistung von 1700 Megawatt ist es das größte Kraftwerk der Bundesrepublik Deutschland. Die Stadt Gelsenkirchen, die vom Rhein-Herne-Kanal durchzogen wird, ist in ihrer Industriestruktur vom Steinkohlebergbau bestimmt; in der Rangordnung der Beschäftigtenzahlen folgen Eisen- und Stahlindustrie und dann die Erdölchemie.

Das untere rechte Luftbild zeigt die Kraftwerke Essen-Karnap an dem Schmutzwasserkanal der Emscher und am Rhein-Herne-Kanal. Das Werk gehört zu den größten Stromlieferanten der Bundesrepublik Deutschland, der Gruppe der Rheinisch-Westfälischen Elektrizitätswerke (REW), deren Unternehmen auf den verschiedensten Energieträgern (Steinkohle, Braunkohle, Wasser) basieren. Das abgebildete Werk Karnap am Nordrand von Essen wurde 1938—1944 als Spitzenkraftwerk errichtet, das in fünf Turbosätzen 250 Megawatt erzeugte. Bis Mitte der fünfziger Jahre wurde ausschließlich Steinkohle verbrannt, aber schon bei der Bauplanung war in Verbindung mit der Emscher Genossenschaft eine spätere Verbrennung von Klärschlamm aus der Emscherfluß-Kläranlage Bottrop vorgesehen. Seit 1957 arbeitet die erste Schlammverbrennungsanlage. Die Feststoffe aus der Emscher werden über Förderbänder zum Trocknen in eine Gebläseschlägermühle verfrachtet, wo ihnen 40 Prozent Wasser entzogen werden. Täglich können 1500—2000 t Schlamm verbrannt werden. Hinzu kam 1961 die Verascung von täglich 1500 t Müll und Industrieabfällen aus den Städten Essen, Gelsenkirchen, Mülheim, Gladbeck, Kettwig und Kirchhellen. In den kohlestaubgefeuerten Durchlaufkesseln wird der erforderliche Dampf erzeugt. Die Energiegewinnung ist hier sinnvoll mit der Lösung von Umweltproblemen verbunden. Der rechte der drei Schornsteine wurde wegen der technischen Umstellung mittlerweile abgebrochen. *E. E.*

Rechte Seite
Links: Industrielandschaft bei Marl
Rechts oben: Chemie- und Kraftwerk in Gelsenkirchen
Rechts unten: Kraftwerk in Essen-Karnap

Landschaftselemente des mittelbergischen Landes

Der obere Bildausschnitt umfaßt die Stadt- und Verkehrslandschaft des Wuppertaler Vorortes Vohwinkel und das blatternarbige Kalkabbaugebiet um die Gemeinde Dornap. Diese Gegensätzlichkeit im Raum zwischen Solingen und Elberfeld kann jedoch nicht als charakteristisch für das Bergische Land im Wuppergebiet angesehen werden, es bleibt eine Besonderheit.

Der westliche Ortsteil der Großstadt Wuppertal wird geprägt durch verschiedene Verkehrssysteme, die viel landschaftlichen Raum beanspruchen. Einmal ist es die große Bahnhofsanlage, in der die Züge von Köln nach Essen sowie von der niederrheinischen Bucht nach Ostwestfalen rangieren, die in einzelnen Strängen den Durchgangsraum der Wuppertaler Senke benutzen. Die in ihrer Art einmalige Wuppertaler Schwebebahn, die zur Lösung der bereits im 19. Jahrhundert durch die industrielle Entwicklung auftretenden Verkehrsprobleme führen sollte, ist in der linken oberen Ecke des Bildes an den weißen Stationsdächern zu erkennen.

Zum andern beeinflußt die Autobahn mit ihren Zubringern in der Nähe von Wuppertal-Sonnborn das Stadtbild erheblich. In der Ortsmitte von Dornap kreuzen sich die an den Steinbrüchen entlanglaufende B 7 und die B 224, welche die rechte Bildhälfte diagonal quert.

Die stärkste Landschaftsveränderung geht jedoch von den Kalksteinbrüchen aus. Hier streichen devonische Massenkalke an der Erdoberfläche in einer Mächtigkeit von 300–400 m aus und ziehen als langes Band von Südwesten nach Nordosten am Remscheid-Altenaer Sattel entlang. Sie sind als Korallenriffe am Saum des paläozoischen Old-Red-Kontinents, der vor 350–400 Millionen Jahren das heutige Nordeuropa aufbaute, entstanden. Was die Gruben des Tagebaus von der ehemaligen Landschaft übriggelassen haben, trägt heute Dörfer und auf schmalen Dämmen Verkehrsadern. Die wassergefüllte Baggergrube an der Bahnlinie wird als Klärteich benutzt. Das abgesetzte Material wird auf die oberhalb gelegene, weiß leuchtende Kippe verfrachtet und zur Rekultivierung verwendet, wie es im anschließenden Waldstück bis zum Bildrand hin erkennbar ist. Der Kalkabbau wird von den Rheinisch-Westfälischen Kalkwerken durchgeführt, die jährlich etwa 4 Millionen t fördern und zu Splitt und Schotter für Straßenbau und Hüttenbetriebe verarbeiten oder zu Sand- und Mehlgemischen vermahlen, die im Baugewerbe — auch als Branntkalk — Verwendung finden. Am rechten Bildrand schiebt sich eine Siedlung für Belegschaftsmitglieder in die Nähe der Kalkwerke; in der Mitte des Bildes sind Sportanlagen zu erkennen.

Die unteren Bilder zeigen die beiden Hauptlandschaftselemente des mittelbergischen Landes: die Hochflächen, auf denen wir über der Müngstener Brücke die flächenbeanspruchende Stadtausdehnung von Remscheid erkennen, und die steilwandigen engen Kerbtäler. Während die Besiedlung auf den Hochflächen schon sehr früh erfolgte und sich dort Rodungsinseln an Erzschürfstellen und an alten Höhenstraßen entwickelten, blieben die schmalen Talsohlen bis zum Hochmittelalter weitgehend siedlungsleer. Erst die Technik des Wasserrad- und Mühlenbaus hat seit der Zeit der Kreuzzüge auch eine Standortverlagerung der Rennfeuerstellen der nebenbäuerlichen Waldschmiede in die Täler verursacht. Hier entstanden allmählich vollgewerbliche Hammerwerke in Ausnutzung der Wasserkraft. Erst mit der Erfindung der Dampfmaschine und der elektrischen Energie wurde eine erneute Standortverlagerung der Industrien aus den engen Tälern auf die Hochflächen möglich. Die aufgelassenen Täler — soweit sie nicht wie im Solinger Raum mit Schleifkotten durchsetzt sind — konnten sich zu bevorzugten Erholungsräumen entwickeln. Östlich von Solingen hat sich die Wupper, hier von Norden nach Süden fließend, mit vielen Windungen tief in die umliegende Hochfläche eingeschnitten. Hier wurde 1897 als Verbindung von Remscheid über Solingen zum Rhein die zweigleisige Eisenbahnstrecke eröffnet, die auf der Hochfläche verläuft und das Tal der Wupper mit der 500 m langen Müngstener Brücke (Bild links unten) in 107 m Höhe überquert. Dieser Stahlskelettbau ist die höchste Eisenbahnbrücke Deutschlands und als technische Leistung mit dem in der gleichen Zeit errichteten Eiffelturm in Paris vergleichbar. Die Gaststätten im Tal beweisen, daß das technische Meisterwerk ein gern besuchtes Ausflugsziel im mittelbergischen Land geblieben ist.

Die Hochflächen sind teilweise stark besiedelt, teilweise werden sie ackerbaulich genutzt, wie uns ein Blick auf das Satellitenbild (S. 63) beweist. Die steilen Talhänge sind dicht bewaldet. (Im Satellitenbild treten diese Waldflächen nahezu schwarzrot — zum Unterschied von den hellroten Wiesen — hervor.) Sie sind begehrte Naherholungsräume.

Die Wupper samt ihren Nebenbächen (Wipper und Esch) war die entscheidende Energieader für die alten Industrien, die vielerorts aus mittelalterlichen Hammerwerken hervorgegangen sind. Wie eine Perlenschnur reihten sie sich an den gestauten Wasserläufen. Wie das Bild unten rechts zeigt, sind noch einige dieser sogenannten Schleifkotten erhalten, aus deren Tradition die Solinger und Remscheider Klingenindustrie hervorgegangen ist. Die Spezialisierung auf „blanke Waffen" geht hier auf landesherrliche Privilegien zurück. Im benachbarten Eschbachtal waren die alten Hammerwerke auf Werkzeugherstellung ausgerichtet. Ebenso wie der Balkhauser Kotten zählt auch der im Bild erfaßte Wipperkotten am Südrand der Stadt zu den Sehenswürdigkeiten Solingens. Bei dem Gebäude handelt es sich um einen sogenannten Doppelkotten, der zur Hälfte noch als Schleiferwerkstatt genutzt wird, zum anderen Teil eine sehenswerte Sammlung alter Klingenformen enthält.

E. E.

Linke Seite
Oben: Landschaft im Großraum Wuppertal (N: oben links)
Unten links: Müngstener Eisenbahnbrücke bei Solingen
Unten rechts: Schleifkotten im Bergischen Land

Vom Rheinischen Schiefergebirge zum Weserbergland

Die großräumige Orientierung erweist sich als weniger schwierig, als es auf den ersten Blick vermutet werden könnte; dabei stören auch die kleinen Quellwolkenfelder nicht. Die vielgestaltige Raumeinheit des Satellitenbildes umfaßt einen Zentralbereich des mitteldeutschen Berglandes. Er beginnt am linken Bildrand, im Westen also, mit dem Bergischen Land und Westerwald, reicht über die hessische Senke bis zum Weserbergland im Norden und im Süden über den Vogelsberg hinaus.

Fast ein Drittel des Bildes wird im Westen von dem einförmig erscheinenden Block des Rheinischen Schiefergebirges eingenommen. Die fast ausschließliche Rotfärbung weist auf starke Bewaldung und Wiesennutzung hin. Am linken unteren Bildrand ist noch ein Teil der sanft nach der Lahn abdachenden Taunushochflächen erfaßt. Der stellenweise mit Vulkandecken überzogene Westerwald schließt an, der sich jenseits der Dillfurche in dem differenzierteren Gladenbacher und Biedenkopfer Bergland fortsetzt. Südöstlich der Wolkenfelder ist das Lahntal mit der im Zuge der hessischen Gebietsreform neugeschaffenen Doppelstadt Lahn (Gießen und Wetzlar) in der intensiven grüneren Farbkonzentration auszumachen.

Der Ballungsraum im oberen Lahntal steht in enger Beziehung zur Industrialisierung dieser Zone. Seit dem Mittelalter werden hier die oxydischen Eisenerze der Lahn-Dill-Eisenerzprovinz in vielen Bergwerken abgebaut. Die Halden der heute weitgehend stillgelegten Gruben sind begrünt und daher nicht mehr auf dem Satellitenbild auszumachen. Zusammen mit der Eisenerzförderung entstanden hier Hüttenwerke. Diese Werke bilden zusammen mit anderer spezialisierter Industrie wie den optischen Werken Leitz in Wetzlar den wirtschaftlichen Rückhalt dieses Industriegebietes.

Den größten Teil der rheinischen Scholle nehmen das Siegerland und das Rothaargebirge ein, wo Höhen bis über 850 m erreicht werden und bei hohen Niederschlägen (über 1000 mm) am Kahlen Asten, am Winterberg und im Upland ausgezeichnete Wintersportmöglichkeiten gegeben sind. Im Norden reichen die Ausläufer bis über das offene Kulturland an der Lippe und die Soester Börde zu den Beckumer Bergen hin. Das Eggegebirge bei Paderborn schließt das Lipper Land gegen die ebenfalls zu Westfalen gehörende fruchtbare Warburger Senke ab, die überwiegend durch die graublau getönten Ackerflächen auffällt.

Das hauptsächlich aus Tonschiefern, Grauwacken und Quarziten der Devon- und Karbonzeit aufgebaute Rheinische Schiefergebirge läuft östlich im Kellerwald aus, der sich südlich des schlangenförmigen Edersees deutlich als Mittelgebirgsblock darstellt. Die im Tertiär gehobenen Rumpfflächen des Rheinischen Schiefergebirges wurden insbesondere in den Eiszeiten stark zertalt, ein Vorgang, der bis heute anhält und je nach Höhenlage, Gesteinsuntergrund und Lokalklima recht unterschiedliche Landschaftsräume geschaffen hat.

Die Nordost-Südwest-Orientierung enggescharter Höhenrücken, gekennzeichnet durch hell-dunkelrote Streifung, spiegelt die intensive variskische Faltung des Rheinischen Schiefergebirges.

Der Bildausschnitt erhält seine wesentliche Gliederung durch den blau-grau gefärbten breiten Streifen, der leicht diagonal von unten nach oben die Aufnahme trennt. Es handelt sich um die Fortsetzung des Oberrheingrabens, der in Hessen ein differenziertes System von Becken und Senken aufweist, die Teilstücke einer ganz Europa durchziehenden Bruchzone sind. Die überwiegend aus fruchtbaren Lößflächen bestehende Ackerbaulandschaft ist weitgehend waldfrei.

In unserem Satellitenbild beginnt diese alte tektonisch-morphologische Schwächezone bei dem Städtepaar Friedberg und Bad Nauheim in der Wetterau, reicht über die Gießener Schwelle in das Lahnbecken, versetzt sich in der Höhe von Marburg nach Osten in das Amöneburger Becken und zieht über die Schwalm und die Waberner Senke nach Norden. Das Kasseler Becken wird heute fast ganz vom Siedlungsbereich der nordhessischen Zentralstadt eingenommen. Die hessische Senke geht nördlich von Kassel in die Diemel-Esse-Senke und nach Nordwesten in die Warburger Börde über, in nordöstlicher Richtung setzt sich die Störung jenseits von Reinhardswald und Bramwald im Leinegraben fort.

Von dem Zusammenfluß der Fulda und Werra bei Hann. Münden ab (rechte obere Bildecke) wird der Bildausschnitt in südlicher Richtung von dem osthessischen Bergland bestimmt, das weitgehend aus Triasgestein (Buntsandstein, Muschelkalk) besteht. Kaufunger Wald, Söhre, Meißner, Stolzinger Gebirge, Ringgau, Knüll und Vorderrhön lassen in den Flußniederungen und kleinen Becken um Eschwege, Hersfeld und Bebra nur wenig Raum für offene Ackerflächen.

Am auffälligsten tritt im rechten unteren Bildviertel der Vogelsberg als radial entwässerter Gebirgsstock in Erscheinung. Er ist als Grünlandbezirk deutlich abgesetzt von der ackerbaureichen Wetterau im Westen und dem Fuldaer Becken im Osten. Die deutliche Konzentration der geschlossenen Forste im Oberwald (Taufstein 773, Hoherodskopf 764 m) weist das Zentrum dieses größten europäischen Basaltmassivs aus. Die Waldberge des Landrückens deuten den Übergang im Raume Schlüchtern zur Rhön und zum stark bewaldeten Spessart an.

E. E., J. B.

Rechte Seite:
Vom Rheinischen Schiefergebirge zum Weserbergland
(Mosaik aus zwei Bildern)
Bildmaßstab 1 : 500 000
Aufnahmedatum: 10. 8. 1975

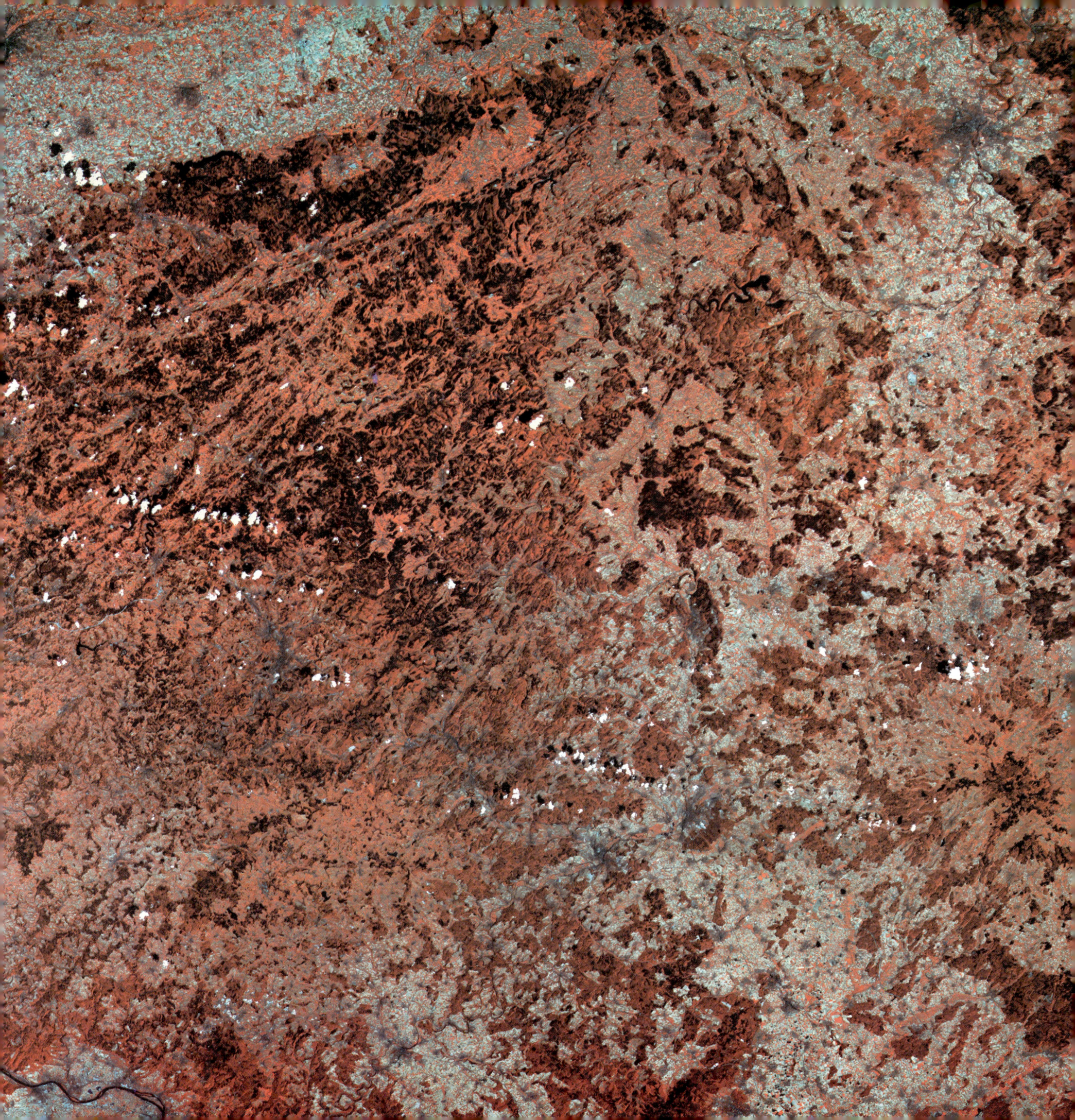

Das Festungsstädtchen Ziegenhain und das Plandorf Frohnhausen

Die beiden Bildhälften gewähren uns einen Senkrechtblick auf siedlungsgeographisch interessante Planungsbeispiele aus der hessischen und nassauischen Landschaft. Das obere Bild zeigt das Planschema der alten hessisch-landgräflichen Wasserfestung Ziegenhain, die untere Aufnahme stellt der kleinstädtischen Siedlung eine dörfliche Planform aus dem altnassauischen Raum in der Nähe von Dillenburg gegenüber.

Die Funktion Ziegenhains als Festungsstadt beruht auf den Standortbedingungen in der wasserreichen Schwalmniederung. Die strategische Bedeutung des Städtchens erwuchs aus der günstigen Lage an dem Schwalmübergang des wichtigen Fernstraßenzuges der „Langen Hessen". Schon seit dem 9. Jahrhundert wird hier eine Befestigungsanlage erwähnt. Die politisch-militärische Aufgabe wuchs, als die Ziegenhainer Grafschaft 1450 in den Besitz des Landgrafen von Hessen kam. Im Grenzbereich zu erzbischöflich Mainzer Territorien wurde die Ziegenhainer Burg zum Residenzschloß und das Städtchen durch den Bau von vier Erdbollwerken (Eckrondelle) und einem 45 m breiten und 7–8 m tiefen Wassergraben zur Festung ausgebildet. Ziegenhain war ein wichtiges strategisches Glied zwischen den hessischen Landesfestungen Kassel und Gießen. Der Paradeplatz vor dem Schloß, den Magazinen und den Kasernen wurde erst hergerichtet, als 1761 im Siebenjährigen Krieg durch Beschuß 47 Häuser in diesem Stadtbereich verlorengegangen waren. Nachdem man die inzwischen überalterten Festungswerke (die erstmals im Siebenjährigen Krieg durch Franzosen erobert wurden) 1809 geschleift hatte und die zeitweise bis zu eintausend Mann starke Garnison 1832 aufgehoben worden war, verlor Ziegenhain seine über Jahrhunderte dauernde Wehrfunktion. 1842 wurde die Festung in ein Zuchthaus verwandelt. Die seit 1832 fehlende wirtschaftliche Grundlage wurde nur teilweise durch die Erhebung zum Verwaltungssitz des neugebildeten Kreises (1821) ausgeglichen.

Das Ackerbürgerstädtchen erfuhr erst in den zwanziger Jahren dieses Jahrhunderts nach der Niederlassung einiger Industriebetriebe (Landmaschinen, Schuhe, Möbel) eine Ausweitung. Ziegenhain hatte bis in das 19. Jahrhundert innerhalb des Festungsglacis die Ausdehnung seiner Bausubstanz auf den alten ovalen Kern um die Residenz beschränkt. Wie das Bild zeigt, ging die „Wachstumsspitze" über den Schargraben (parallel zum Wassergraben) nach Osten bis über die Bundesstraße 454 hinaus. Sie erreicht heute schon die Ortsgrenze des Nachbardorfes Niedergrenzebach, einer mittelalterlichen „Vorstadt". Das nahegelegene Treysa hat durch seine Lage an der Bahnlinie Basel–Frankfurt–Hamburg dem alten Ackerbürger- und Garnisonstädtchen Ziegenhain wirtschaftlich den Rang abgelaufen.

Die nassau-oranische Plansiedlung Frohnhausen zählt nicht zu den alten Reißbrettanlagen, sie geht vielmehr auf eine Neukonzeption nach dem Großbrand von 1778 zurück. Damals fiel das eng verschachtelte größte Haufendorf im Fürstentum Nassau-Oranien den rasch um sich greifenden und reichlich Nahrung findenden Flammen zum Opfer. Die Verdichtung des westlich der erhalten gebliebenen Kirche liegenden Haufendorfes war durch die Realteilung zustandegekommen, die auch vor Haus und Hof nicht haltmachte und nahezu alle Gärten und Freiplätze baulich erfaßt hatte.

Die Siedlungsform an den drei Parallelstraßen entspricht dem rationalistischen Planungsleitbild der nassauischen Regierung in Dillenburg. An den breiten talzugorientierten Straßen wurden im gleichen Abstand giebelständig quergeteilte Eindachhäuser mit traufseitigem Eingang errichtet. Nur insofern trat im neuen Dorfbild bei aller Gleichförmigkeit eine gewisse äußere Differenzierung in Erscheinung, als die finanzstärkeren Familien in etwas größeren und schiefergedeckten Häusern an der Hauptstraße wohnten. Bei der Fachwerkgestaltung hat man auf eine einheitliche holzsparende Bauweise Wert gelegt, die später allerdings von einigen Familien verbessert wurde. Von den ursprünglich 123 neuen Höfen blieben bis 1964 etwa zwanzig völlig unverändert. Insbesondere die Scheunenteile wurden erweitert, bzw. zu Wohnungen umgebaut. Die Einkommen der Bevölkerung zur Zeit der Neuplanung im 18. Jahrhundert ergaben sich aus einer durch Erbteilung zerstückelten Landwirtschaft und aus der Arbeit in benachbarten Eisengruben und Schmelzwerken. Die Ausdehnung des Dorfes über die alten Plangrenzen hinaus ist ein Ergebnis der letzten Jahrzehnte. Die Nebenerwerbslandwirtschaft ging so stark zurück, daß heute ca. 70 Prozent der Gemarkungsfläche brachliegen. Sie wird allerdings in den letzten zwei Jahren durch extensive Viehhaltung wieder etwas mehr genutzt. Sichere Verdienstmöglichkeiten finden die Bewohner in den benachbarten Fabriken der Eisen-, Holz- und Textilindustrie. Anzeichen für die wachsende Bedeutung Frohnhausens als Wohnort im arbeitsstättenreichen mittleren Dilltal sind die ausgedehnten Neubaugebiete nordwestlich des Altdorfes. Sie greifen in flächenfressender Bauweise immer mehr in die zur Verödung neigende Flur hinaus und fallen durch die unregelmäßige Straßenführung und die freistehenden Einfamilienhäuser auf.

E. E.

Linke Seite
Oben: Ziegenhain, ein hessisches Festungsstädtchen
Unten: Plansiedlung Frohnhausen

Amöneburg und Edersee

Im oberen Bild blicken wir in die fruchtbare Landschaft der Amöneburger Senke, die teilweise auch als Kirchhainer Becken bezeichnet wird. In der Mitte dieser zum Hessischen Graben gehörenden Senke erhebt sich unvermittelt der landschaftsbestimmende doppelköpfige Basaltklotz, der das Städtchen Amöneburg trägt (362 m). Das Becken ist umgeben von Waldbergen, die im Süden aus Vogelsbergbasalten, in den anderen Himmelsrichtungen aus Buntsandstein aufgebaut sind. In den westlich gelegenen Lahnbergen wird das Becken durch eine deutliche Bruchstufe abgegrenzt. Tonige Lagen verursachen eine Abdichtung des Beckens im Westen und ließen ein großes Wasserreservoir entstehen, das für die überregionale Wasserversorgung des gesamten mittelhessischen Raums (Gießen/Wetzlar) äußerst wichtig geworden ist. Das einstmals so bedeutende Töpferhandwerk im Marburger Land bezog hier seinen Rohstoff.

Im Zuge der Basaltförderungen im Vogelsberggebiet sind auch die Säulenbasalte der Amöneburg entstanden. Sie sind an der im linken Bildvordergrund durch das Neubaugebiet kenntlich gemachten Auffahrt zur historischen Bergstadt zu erkennen. Die tektonischen Bewegungen sind offenbar nicht völlig abgeschlossen, wenn man das Zusammenströmen von Ohm, Wohra und Klein im Bildhintergrund als Zeichen des anhaltenden Absinkens interpretieren darf. Die damit verbundenen Hochwassergefährdungen sind im Senkenbereich durch Rückhaltebecken weitgehend ausgeschaltet.

Die beherrschende Lage in der Landschaft und die günstige Position zu den mittelalterlichen Fernhandelswegen hatten Amöneburg schon früh zum zentralen strategischen Punkt im mittleren Lahngebiet gemacht. Daß der Bergkegel schon in prähistorischer Zeit zivilisatorische Bedeutung erlangt hatte, beweisen die Ringwallanlagen einer Fliehburg.

Bonifatius entschied sich 721/22 durch die Gründung einer Klosterzelle für diesen Zentralpunkt der Christianisierung im mittelosthessischen Raum. Unter dem Mainzer Erzbischof entstand eine der stärksten Burganlagen, die vornehmlich gegen die hessischen Landgrafen gerichtet war. Diese hatten ihrerseits als Gegengewicht nördlich davon 1352 Kirchhain gegründet und einen Ohmübergang geschaffen.

Die Akropolislage bedeutete langfristig jedoch für Landwirtschaft und Handel Transportnachteile, wodurch das Städtchen immer mehr isoliert wurde. Das Abziehen des Verkehrs von dem alten Handelsweg der „Langen Hessen" ins Lahntal im 18. Jahrhundert (heute B 3) ließ das gesamte Amöneburger Becken in eine Randposition und die Bergstadt in eine Stagnation verfallen. Heute versucht Amöneburg, seine Chancen im Fremdenverkehr (Erholungsort) zu finden.

Der untere Bildausschnitt repräsentiert seiner ganzen Ausstattung nach eine Fremdenverkehrs- und Erholungslandschaft. In den nordöstlichen Ausläufern des Rheinischen Schiefergebirges (Kellerwald) liegt der windungsreiche, 27 km lange Edersee. Der Taltrog der Eder, in den zahlreichen bewaldeten Bergsporne und Kuppen hereinragen, wurde 1908—1914 durch den Bau einer Talsperre westlich von Fritzlar abgesperrt. Die Dörfer Berich, Bringhausen und Assel versanken im Stausee, ihre Reste sind nur noch bei Niedrigwasser im Herbst zu besuchen. Die harmonische Wald- und Seelandschaft reizt zu Wasser- und Angelsport und zum Wandern. Der Edersee wurde zum zentralen Naherholungsbereich für ganz Nordhessen und lockt sogar Dauercamper aus den rhein-mainischen und westfälischen Ballungsräumen an. Die damit verbundene Aufwertung des Ederseegebietes in den letzten fünfzig Jahren schlägt sich nieder in zahlreichen Fremdenverkehrseinrichtungen wie Hotels, Gaststätten, Strandbädern, Bootsverleih, Erholungsheimen, Camping- und Parkplätzen. Nahezu 500 000 Übernachtungen pro Jahr beweisen die Beliebtheit des Sees: Allein in dem idyllisch gelegenen Waldeck (Burganlage im linken Bildhintergrund) werden ca. 130 000 Übernachtungen jährlich gezählt.

Der ureigene Grund zur Errichtung der 47 m hohen und 36 m breiten Staumauer aus Grauwacke (Kronenlänge 400 m) lag jedoch weder in dem Erholungswert noch in der Errichtung des Kraftwerkes. Der Hauptzweck des flächengrößten Stausees der Bundesrepublik Deutschland (Stauinhalt: 200,4 Mill. m³) besteht in der Sicherstellung der geregelten Wasserzufuhr für das norddeutsche Netz der Binnenwasserstraßen, vornehmlich für die Speisung des Mittellandkanals, und zur Verbesserung der Schiffahrtsverhältnisse im Bereich der Oberweser. Die Bannung der Hochwassergefahr an der unteren Eder hat sich seit der Stauanlage bewährt, abgesehen von der vernichtenden Flutkatastrophe, die während des Zweiten Weltkrieges, am 17. 5. 1943, durch einen Bombentreffer in der Staumauer hervorgerufen wurde. (Die Flutwelle maß bei Hann. Münden noch 7 m).

E. E.

Rechte Seite
Oben: Amöneburg
Unten: Erholungslandschaft am Edersee

Hannoversch Münden

Das Luftbild wird beherrscht von den verschieden gestalteten Stadtteilen im Mündungsgebiet von Fulda und Werra. Der Weserstein an der Spitze der Hauptinsel vor der spitzwinklig angeordneten Baumreihe ist das Symbol des neuen Flusses Weser. In volksnaher Sprachformung ist auf dem Weserstein zu lesen: Wo Fulda sich und Werra küssen, sie ihren Namen büßen müssen, und treu bis hin zum Meeresstrand, werden Weser sie genannt.

Dabei beinhaltet der Name des längsten aus Osthessen und Thüringen gespeisten Flusses Werra (fränkisch) den gleichen Wortstamm wie Weser (Wesera im sächsischen Dialekt). Von Hann. Münden an durchfließt die Weser die Buntsandsteinaufwölbung von Reinhardswald und Bramwald sowie das stark gegliederte Weserbergland, um bei der Porta Westfalica in das Norddeutsche Tiefland einzutreten.

Hann. Münden verdankt seine Lage und Bedeutung den Quellflüssen der Weser. Die Stadt ist als Furt- und Brückenort zu Wohlstand gekommen. Dort, wo bei der Werrabrücke im rechten oberen Bildviertel (nördlich der Altstadt) die „Werrahohl", eine schäumende Felsbarriere, den Fluß quert, befand sich in früheren Jahrhunderten die Endstelle der Schiffahrt. Schon 1327 wird hier ein Flußübergang erwähnt, der ergänzt wurde durch eine weiter oberhalb liegende Furt (den heutigen Übergang der Bundesstraße 3, am linken oberen Bildrand). Die Schiffe wurden an dieser Felsbarre zum Umladen und Leichtern gezwungen, was den Ort als Handelsplatz begünstigte. Vor allem war es jedoch das 1274 verliehene Stapelrecht, das die Stadt reich machte. Alle Waren, die den Ort auf dem Wasser- oder Landweg passierten, mußten in der Stadt drei volle Tage lang frei zum Verkauf angeboten werden.

Letzten Endes verdankt das weserabwärts liegende hessische Städtchen Karlshafen dieser Regelung der Welfenstadt seine Entstehung. Der Landgraf von Hessen wollte einen nicht durch Zoll und Versteuerung der Waren gestörten Wasserweg zum Meer. Sein Plan, die Hugenottenstadt, eine Neugründung von 1699, durch einen Kanal über Diemel und Esse mit Kassel zu verbinden, blieb bereits in der anfänglichen Realisierung bei dem Ort Hümme stecken. Die Fuldaverbindung nach Kassel zeigt im Flußbereich unterhalb der in Festzeiten mit zahlreichen bunten Buden und Einrichtungen zur Volksbelustigung bestückten Insel Tanzwerder, wie die Stadt durch ein künstliches Wehr das Wasser an die Stadtmauer herangeführt und die Schiffe zum Anlegen „an den Schlagden" gezwungen hat.

Der durch das Stapelrecht begründete Wohlstand früherer Jahrhunderte läßt sich heute noch an der Ausstattung der von Kriegen weitgehend verschonten Gebäudesubstanz der Altstadt ablesen. In dem durch geradlinige Straßenfluchten und quadratische Häusergeviere klar gegliederten alten Zentrum, dessen Struktur durch die roten Ziegel noch unterstrichen wird, rufen reichverzierte mehrstöckige Fachwerkhäuser eine reizvolle Fassadenwirkung hervor. Die gut erhaltene Stadt aus dem 16. bis 18. Jahrhundert umschließt auch eine Reihe stattlicher Sandsteingebäude im Stil der Weserrenaissance. Hierzu zählen das Schloß am Altstadtrand unterhalb der Werrabrücke und das Rathaus als schönstes Kleinod unter den Repräsentativbauten. Zusammen mit der Kirche bildet es, umgeben von Plätzen, den optischen Mittelpunkt der Stadt.

Der Geschlossenheit des Altstadtbereichs steht die stark aufgelockerte Bauweise der zum Teil villenartig geformten Einfamilienhausgebiete kontrastreich gegenüber. Auf allen Seiten der Flüsse, selbst auf der lößbedeckten Talaue im oberen linken Bildviertel, umgeben diese Außenbezirke die eng bebaute alte Stadt. In der Talaue an der Weser war einst Altmünden, das Dorf Gimundin, von Heinrich dem Löwen zwischen 1170 und 1175 gegründet worden. Es hat der Stadt nach der Wüstlegung den Namen gegeben.

In der nachnapoleonischen Zeit wurden die Privilegien der Städte, in Hann. Münden der Stapelzwang, aufgehoben. Das Fallen der innerdeutschen Zollgrenzen und die Verlegung der Bahnlinie Frankfurt—Hamburg 1856 bedeutete ein Nachlassen des Schiffsverkehrs, obgleich man gerade hier große Anstrengungen machte. 1868 wurde die Werraschleuse gebaut und 1893 die Fuldakanalisierung mit der Anlage von sieben Wehren mit Schleusen durchgeführt. Obwohl nun größere Schiffe bis Kassel fahren konnten, blieb der Massengütertransport dennoch unbedeutend. Die neuen Regulierungspläne für die Fulda sehen anstelle der sieben veralteten Nadelwehre in Zukunft zwei große Staustufen (8 m Höhe) vor. Ob durch die dann entstehenden größeren Wasserflächen das Landschaftsbild verbessert wird, bleibt dahingestellt.

Hannoversch Münden fand schon im ausgehenden 19. Jahrhundert einen gewissen Ersatz für den Verlust als Handelsplatz in seinen Industrien (Blei-, Zink-, Schmirgelwaren, Tabak- und Holzverarbeitung, Großmühle). Die Forstfakultät der Göttinger Universität (anschließend an das Schloß) findet in der waldreichen Umgebung, vom Reinhardswald bis zum Hohen Meißner, ein vorzügliches Beobachtungsfeld. Die besondere Atmosphäre der Altstadt und die umgebenden waldreichen Mittelgebirge haben Hann. Münden zu einem vielbesuchten Fremdenverkehrsort gemacht.

E. E.

Linke Seite:
Hannoversch Münden

Rheinland-Pfalz und Saarland

Das nebenstehende Satellitenbild zeigt den größten Teil des Landes Rheinland-Pfalz und des Saarlandes. Das Zurechtfinden wird erleichtert durch den gut erkennbaren Rheinlauf mit dem Mainz-Bingener Rheinknie, die Mündungen von Main, Nahe und Saar und durch das mäandrierende Moseltal. Deutlich auszumachen sind auch die Großstädte und Ballungszentren: Mainz, Wiesbaden und die Städtereihe am Untermain, Koblenz und seine Nachbarstädte im mittelrheinischen Becken, Trier unweit der Saarmündung, Saarbrücken beim Saarkohlenwald, Kaiserslautern am Pfälzer Wald und Neustadt/Weinstraße in der Oberrheinebene.

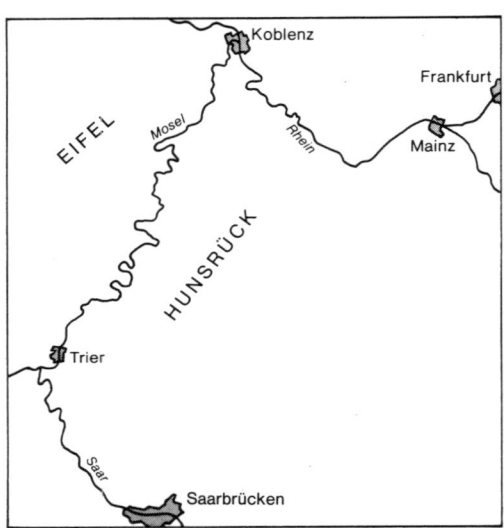

Legt man eine Handkarte etwa im Maßstab 1 : 500 000 daneben, dann lassen sich noch mehr Einzelheiten der Landesnatur und der Siedlungs- und Wirtschaftsstruktur ablesen: Autobahnschneisen, Bundesstraßen oder etwa über dem Mosel-Hunsrück der Schatten eines Kondensstreifens, den ein Flugzeug neben den weißen Wölkchen aufgezeichnet hat.

Die Flächenkonturierung und die Färbung machen vier naturräumliche Großregionen sichtbar, an denen beide Bundesländer Anteil haben: das Rheinische Schiefergebirge, das Saar-Nahe-Bergland, das Saarländisch-Pfälzische Schichtstufenland und das Oberrheinische Tiefland. In der Diagonale von Südwesten nach Nordosten nimmt das Rheinische Schiefergebirge nördlich fast das halbe Bild ein.

Die Eifel als ein zertaltes Hochflächenland ist gut zu erkennen; einige ihrer Täler, deren steile Flanken bewaldet sind, fallen durch Rotfärbung auf. Eine Reihe von Maaren, Zeugen des jungen Vulkanismus, lassen sich als mehr oder weniger große dunkle Flecken ausmachen, z. B. die drei Dauner Maare (Bild S. 92) und das fast kreisrunde Pulvermaar. Das Mittelrheinische Becken ist ein junges Einbruchgebiet und hebt sich durch andere Farbgebung wie ein schräggestelltes Rechteck ab. Die graublauen Farbtöne werden durch abgeerntete Getreidefelder bewirkt, da in dieser klimatisch günstigen Beckenlage die Vegetation weiter vorangeschritten ist als in den umgebenden Mittelgebirgen. Dunkelblaue Flecken markieren die größeren Siedlungen: Koblenz, Neuwied, Andernach, Mayen, Polch, Münstermaifeld.

Die größte Wasserfläche im Bildausschnitt ist der Laacher See, dessen Kraterrand durch das Rot der Waldbedeckung betont wird. Vor 11 400 Jahren fand hier der letzte Vulkanausbruch statt; das Mittelrheingebiet wurde mit einem Schleier von Trachyt-Tuff, auch „Bims" genannt, überzogen, und noch heute schürft man dieses als Baustoff sehr geschätzte Material flächenhaft ab. Hellblaue Flecke von unregelmäßiger Gestalt markieren die derzeitigen Abbaustellen.

Zwischen Eifel und Hunsrück schieben sich das Moseltal und die Wittlicher Senke. Deutlich sieht man die bis zu 300 m tief eingeschnittenen Windungen der Mosel. An den sonnseitigen Hängen wird seit der Römerzeit Wein angebaut. In Höhe von Detzem, Klüsserath und Leiwen fallen geschlossene hellblaue Flächen auf, Folgen einer ausgedehnten Weinbergsflurbereinigung.

Hunsrück und Taunus, welche die Bildmitte diagonal von SW nach NO durchziehen, weisen andersartige Strukturen auf. Es sind dies in variskischer Richtung streichende Härtlingszüge, die unterhalb von Bingen vom Rhein durchbrochen werden. Osburger Hochwald, Schwarzwälder Hochwald, Idarwald, Lützelsoon und Soonwald sowie rechtsrheinisch der Taunuskamm sind die hervorstechenden Teile dieses Systems, das im Satellitenbild noch betont wird.

In gleicher Richtung wie die Härtlingszüge verläuft auch die Bruchstufe zum Saar-Nahe-Graben, der gegen Ende des Erdaltertums mit den Trümmern des abgetragenen variskischen Gebirges ausgefüllt wurde. Dieses nordpfälzer Bergland heißt im Volksmund gelegentlich „Bucklige Welt".

Den westlichsten Ausläufer dieser Gegend bildet der Saarkohlenwald. Der Bergbau und seine Begleit-Industrien konnten der Region den waldigen Charakter nicht nehmen; an einigen Stellen kann man, wie Wolken, die Rauchfahnen der Industriewerke erkennen. Das Ballungsgebiet von Saarbrücken hebt sich klar von den weiter westlich gelegenen Agrarlandschaften Lothringens ab.

Im westlichen, südwestlichen und südlichen Teil des Bildausschnittes ragen die Deckgebirge der äußeren Ränder des Pariser Beckens mit dem Lothringischen Schichtstufenland, das sich nach Westen spiegelbildlich zum Schwäbisch-Fränkischen Schichtstufenland entrollt, in das Saarland und das Land Rheinland-Pfalz hinein. Gut zu finden ist die offene Agrarlandschaft des Bitburger Gutlandes, das sich größtenteils auf Muschelkalkböden ausbreitet. Auch der Saar-Mosel-Gau mit der Merziger Muschelkalkplatte hebt sich von den westlichen Ausläufern des Hunsrück ab; und die Saarländisch-Pfälzische Muschelkalkplatte ist leicht auszumachen. Sie geht im Osten über den Zweibrücker Westrich in den Pfälzer Wald, das größte Waldgebiet in Rheinland-Pfalz, über. Am rechten Bildrand heben sich das Oberrheinische Tiefland und seine Randlandschaften ab. Hauptmerkmal ist das Zurücktreten des Waldes, erkennbar an den überwiegend blauen Farbtönen.

W. S.

Rechte Seite:
Rheinland-Pfalz und Saarland
(Mosaik aus drei Bildern)
Bildmaßstab 1 : 500 000
Aufnahmedaten: 10. 8. 1975, 29. 8. 1975,
18. 4. 1976

Koblenz

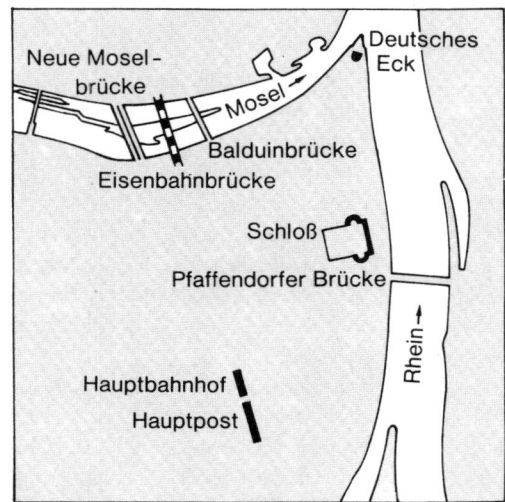

Im Achsenkreuz des Rheinischen Schiefergebirges liegt Koblenz. Hier münden die Mosel und etwas weiter südlich die Lahn in den Rhein. Hier stoßen also Taunus, Westerwald, Eifel und Hunsrück zusammen. Koblenz ist, bedingt durch diese Lage, das einzige städtische Zentrum im Mittelrheintal.

Die Stadt ist römischen Ursprungs („ad confluentes"). Koblenz war ursprünglich eine Brückenstadt, die, im Bild deutlich erkennbar, von der Moselmündung etwas nach Westen verschoben lag.

Erst später dehnte sich die Stadt nach dem Rhein hin und schließlich nach Süden und auf die umliegenden Höhen aus. Das Grundrißgefüge der Altstadt liegt am Brückenkopf der Balduinbrücke, der rechten der drei Moselbrücken. Halbkreisförmig umgürtet eine Ringstraße den ältesten Teil der Stadt, wo auch die Römersiedlung zu suchen ist. Im Jahre 1018 kam Koblenz an die Trierer Erzbischöfe und wurde damit ein nach Osten vorgeschobener wichtiger Stützpunkt ihres Territoriums, das aber noch weiter östlich über den Rhein reichte. Damit war nicht nur ein strategischer Vorteil verbunden, sondern auch der Anschluß an den Handel auf der Rheinlinie.

Damals dehnte sich die Stadt nach Osten hin, zum Deutschen Eck, aus. Diese Bezeichnung geht übrigens auf einen Besitz des Deutschen Ordens an dieser Stelle zurück, wo sich auch die aus dem 8. Jahrhundert stammende Kastorkirche befindet. Die Koblenzer Neustadt, die sich südlich davon durch ihren Schachbrettgrundriß zu erkennen gibt, stammt hingegen erst aus dem 18. Jahrhundert. Neben der Rheinbrücke liegt das Koblenzer Schloß, einer der bemerkenswertesten klassizistischen Bauten am Rhein.

Im Jahre 1768 hatte Clemens Wenzeslaus, ein Sohn Augusts III., königlicher Prinz von Polen und Herzog von Sachsen, die trierische Kurwürde erlangt. Der junge geistliche Fürst widmete sich mit aller Kraft der Verwaltung des ihm anvertrauten Landes und der Verbesserung der Ökonomie. Zunächst residierte er auf der rechten Rheinseite in der Festung Ehrenbreitstein, im Bilde gegenüber dem Deutschen Eck, die aber als Residenz bald zu eng wurde. So entstand der Plan, auf der linken Rheinseite einen neuen Palast zu errichten und gleichzeitig die Stadt über die alten Festungsanlagen hinaus auszudehnen. So entstand ein Stadtteil von ausgeprägtem unverwechselbarem Charakter, der auch heute noch, nach dem Wiederaufbau, etwas von der Atmosphäre dieser geistlichen Landeshauptstadt zu vermitteln vermag. Die ganze Stadtanlage ist auf das Schloß hin ausgerichtet, und nördlich davon wurden später die Gebäude der preußischen Bezirksregierung errichtet. Den Baulustigen wurden Steuererleichterungen und Prämien gewährt, sogar Protestanten durften sich hier niederlassen, wenn sie gute Zeugnisse und ein angemessenes Vermögen vorweisen konnten.

Die höfische Herrlichkeit währte allerdings nur kurz. Nach der Französischen Revolution wurde Koblenz ein Zentrum der französischen Emigranten, und das trierische Kurfürstentum zerbrach in den Stürmen der Zeit. Nach den Befreiungskriegen wurde Koblenz 1815 preußisch und 1822 Hauptstadt der Rheinprovinz. Als stärkste Festung Deutschlands bot es sich als preußischer Garnisonsort an. Verwaltung und Militär bestimmten im 19. Jahrhundert das gesellschaftliche Leben von Koblenz.

Von großer Bedeutung war allerdings auch die Verkehrslage. Im Luftbild erkennen wir die beiden von Norden nach Süden verlaufenden Eisenbahnlinien, die zu den am stärksten befahrenen in der Bundesrepublik Deutschland gehören. Links im Bild zweigt die Moselstrecke über Trier nach Luxemburg und Paris ab. Die Bautätigkeit im späten 19. Jahrhundert lehnte sich eng an diese Gegebenheiten an. Dann erfaßte sie auch die Rheininsel Oberwerth, von der wir im Bild gerade noch die Nordspitze erkennen, und wanderte die Hänge hinauf, wo die Befestigungsanlagen inzwischen geschleift worden sind.

Neben der Landeshauptstadt Mainz hat Koblenz immer noch eine hervorragende Bedeutung als eines der Zentren in Rheinland-Pfalz. Es ist Sitz eines Regierungspräsidenten, verschiedener Landes- und Bundesbehörden, darunter des Bundesamtes für Wehrtechnik, Standort mehrerer Fach- und Hochschulen und nicht zuletzt die größte Militärgarnison der Bundesrepublik Deutschland. Dies alles trug zum Wiederaufbau der im Krieg stark zerstörten Stadt bei. Koblenz ist zusammen mit Neuwied und Andernach im mittelrheinischen Becken Einkaufsort für einen großen Umkreis. Deshalb mußten die Verkehrsverhältnisse verbessert werden. So hat man beispielsweise die Straßenbrücke über die Mosel, wie im Bild zu erkennen, stark verbreitert und mit großzügig angelegten Auf- und Abfahrten versehen, was vorher auch schon mit der Rheinbrücke geschehen war.

Weiter südlich wurde eine zweite Rheinbrücke geplant, deren Bau durch einen Brückeneinsturz im September 1972 unrühmliches Aufsehen erregte.

Im Vergleich zum Dienstleistungssektor spielt die Industrie der Stadt keine große Rolle, und da sich die Anlagen zudem in einiger Entfernung vom Stadtkern befinden, hat Koblenz einen hohen Freizeitwert. Dies betrifft einmal das Leben in der Stadt selbst, dann aber auch die Möglichkeit, rasch in die benachbarten Bergländer des Rheinischen Schiefergebirges zu gelangen. Der Tourismus spielt im Wirtschaftsleben der Stadt eine nicht zu unterschätzende Rolle, dabei sind auch die Anlegestellen der „Weißen Flotte" am Rhein zu beachten. Alljährlich zieht die Sommerveranstaltung „Der Rhein in Flammen" Zehntausende von Menschen an. W. S.

Linke Seite:
Koblenz

Das Mittelrheintal

Das Mittelrheintal ist ein eigenständiger Natur- und Kulturraum, der im Rheinischen Schiefergebirge eine beherrschende Stellung einnimmt. Oberhalb der Talpforte von Bingen sprechen wir vom Oberrhein, unterhalb des Taltrichters von Rolandswerth vom Niederrhein. Das Mittelrheintal selbst wird in drei Talabschnitte eingeteilt: Das Obere Mittelrheintal, das Mittelrheinische Becken und das Untere Mittelrheintal.

Das Senkrechtluftbild zeigt einen Ausschnitt aus dem Oberen Mittelrheintal aus der Gegend von Lorch. Von Bingen bis Koblenz hat der Rhein ein Engtal ausgeformt, das gekennzeichnet ist durch steile Flanken sowie Felsen und Riffe im Fluß. Dies zeigt an, daß es sich um ein junges Talsystem handelt, welches durch die Hebung des Rheinischen Schiefergebirges noch weiter eingetieft wird.

Die Besonderheit des Mittelrheintals gegenüber seinen Randgebieten besteht in seinem günstigen Klima, das sich von dem umgebenden Berglandklima in ansprechender Weise unterscheidet. Bis zu zwei Wochen früher als im Gebirge zieht der Frühling ein, und im langdauernden Herbst gibt es noch viele warme und sonnige Tage, die der Reife des Weinjahrganges zugute kommen. Im Bild kommen alle Charaktereigenschaften dieser gesegneten Landschaft zum Ausdruck, die nicht zuletzt auch als Fremdenverkehrsgebiet eine über Deutschland hinausragende Bedeutung erlangt hat. Die Rheinromantik hat durch englische und niederländische Reisende bedeutende Impulse erhalten. Heinrich Heines Lied von der Loreley, ein nationalromantisches Kunstwerk, wird am Fuße des Felsens, wenn die weißen Schiffe vorbeiziehen, von Touristen vieler Länder angestimmt. Goethe hat mehrere Rheinreisen unternommen und seine Eindrücke lebhaft geschildert. Auch Alexander von Humboldt betrieb hier naturwissenschaftliche Studien und zeigte sich von der Landschaft so beeindruckt, daß er sich an die Küsten von Teneriffa versetzt fühlte. Neben den Dichtern und Reiseschriftstellern haben aber auch die Maler den Rhein früh entdeckt.

Der Rheinlauf durchzieht die Bildmitte von Süden nach Norden. Zu beiden Seiten drängen sich je eine Bundesstraße und eine Haupteisenbahnlinie auf dem schmalen Saum, welcher den Verkehr zuläßt. Oben am Bildrand entdecken wir, wie das Erdreich für eine neue Straßentrasse in den Fluß hineingeschüttet worden ist. Aber auch auf dem Strom herrscht ein lebhafter Schiffsverkehr. Frachtkähne und Fahrgastschiffe durchziehen in dichter Folge das Engtal. Um einen reibungslosen Ablauf der Schiffahrt zu gewährleisten, sind aufwendige Wasserbaumaßnahmen notwendig geworden. Zur Einengung des breiten Stroms und zur Verhinderung von Wasserspiegelabsenkungen wurden am Westufer Buhnen gebaut, zwischen denen Verlandungserscheinungen zu erkennen sind. Ein Flußleitwerk zwischen der spindelförmigen Insel in der Bildmitte und der kleineren Insel etwas weiter stromaufwärts dient ebenfalls der besseren Führung der Strömung. Diese Maßnahmen waren zwar nach vielen Fehlschlägen am Beginn dieses Jahrhunderts abgeschlossen, doch erfordert ihre laufende Unterhaltung noch immer umfangreiche Mittel. Dabei ist zu bedenken, daß immer größere Einheiten, heute weitgehend Schubschiffe, den Rhein befahren, und daß die Flußsohle jetzt den Schiffen des „Europa-Typs" entsprechen muß. An besonders gefährlichen Stellen gehen Lotsen an Bord, und an den Flußufern geben die sogenannten Wahrschau-Anlagen und Orderstationen ihre Signale.

Die Steilhänge beiderseits des Flusses sind gut zu erkennen. Die rechte Talflanke trägt hauptsächlich Rebhänge, die durch eine moderne Weinbergsflurbereinigung ihre moderne Gliederung erfahren haben. An einigen Stellen ist aber noch das Gewirr der älteren Stützmäuerchen zu erkennen. Auch in den linken Seitentälern des Erschbach-, Heimbach- und Gaulsbachtals entdecken wir die Rebflächen. Allerdings sind sie stets nur an einer Talseite angelegt und zwar da, wo die Sonneneinstrahlung die günstigsten Bedingungen schafft, während der gegenüberliegende, nach Norden exponierte Hang, Wald- und Buschwerk trägt. Die Siedlungen, bekannte Weinorte wie Niederheimbach, Rheindiebach und Lorch, haben sämtlich einen T-förmigen Grundriß: Die Hauptachse bildet die Durchgangsstraße an der Seite des Flusses, die senkrecht dazu verlaufende Seitenachse wird durch das jeweils einmündende Nebental bestimmt. Auch der V-förmige Talquerschnitt der Seitentäler wird im Senkrechtluftbild sehr anschaulich, besonders wenn man es auf den Kopf stellt, so daß der Schatten dem Beschauer entgegenfällt.

Das Engtal selbst bricht mit einer scharfen Kante ab, die besonders auf der linken Rheinseite gut zu erkennen ist und nur durch die Seitentäler unterbrochen wird. Hier breitet sich die untere Hauptterrasse aus, die dem Ackerbau vorbehalten ist. Eiszeitliche Flußschotter zeigen an, daß der Rhein damals noch in dieser Höhe sein Bett hatte und die Einschneidung erst danach erfolgt ist.

Stellvertretend für die anderen Orte betrachten wir Lorch, oben rechts im Bild, das am Ausgang des Wispertals entstanden ist. Der älteste Ortskern wird vom Marktplatz und Kirchplatz auf der Terrassenecke zwischen Rhein und Wisper, die einen kleinen Schwemmkegel aufgeschüttet hat, gebildet. Es ist sicher, daß die Siedlung, die einen galloromanischen Charakter trägt, schon zur Römerzeit bestanden hat. Die erste urkundliche Nachricht stammt aus dem Jahre 1085. Der Ausbau erfolgte im Hochmittelalter längs des Rheinufers, wo allerdings nur eine einzeilige Bebauung möglich war, und dann entlang der Wisper in die Taunusberge hinein. Das spätmittelalterliche Dorf war stark befestigt, von der Mauer sind noch einige Reste mit sieben Toren und zwei Türmen erhalten geblieben. Die gotische Martinskirche mit ihren berühmten Kunstschätzen ist ein Zeichen des früheren Reichtums. Daneben sind einige weitere prächtige Bauten überliefert. Erst 1885 wurde Lorch zur Stadt erhoben, allerdings stieg die Bevölkerungszahl nicht mehr stark an. Daß der Weinbau noch immer eine große wirtschaftliche Bedeutung hat, zeigen die Aufwendungen, die für die Weinbergsflurbereinigung unternommen worden sind. Der Bau der rechtsrheinischen Eisenbahnlinie von Wiesbaden nach Oberlahnstein im Jahre 1862 konnte der Stadt kaum weitere Impulse geben, da einfach der Raum fehlte, Industrieanlagen zu errichten. So sind heute die meisten Erwerbstätigen Auspendler und finden ihre Arbeit in Rüdesheim, Eltville und Geisenheim. *W. S.*

Rechte Seite:
Mittelrheintal mit Lorch

Die Eifel und Trier

Die Eifel, das Hohe Venn und die Ardennen bilden den nordwestlichen Block des Rheinischen Schiefergebirges. Im ganzen handelt es sich um ein zertaltes Hochflächenland in 400 bis 600 m Höhe, das vorwiegend aus gefalteten Schiefern und Grauwacken mit einzelnen Quarzitrücken und gelegentlich eingeschalteten Kalkmulden besteht. Nach den Rändern hin steigt das Gebirge stufenförmig ab und ist von zahlreichen Kerbtälern zerschnitten. Besonders im höheren Westteil ist das Klima feucht-kühl und maritim. Die einsamen, oft von Heckengebüschen umgebenen Dörfer stehen in einem starken Gegensatz zu den alten, blühenden Städten an ihren Rändern, deren Geschichte bis in keltische und römische Zeiten zurückreicht.

Zu den bekanntesten Landschaftserscheinungen der Eifel gehören die Maare. Es handelt sich um meist kreisrunde tiefe Senken, die durch gewaltige vulkanische Explosionen entstanden sind. Ist der Grundwasserspiegel angeschnitten, so sind sie mit Wasser gefüllt. Bei der Explosion wurde in der Regel ein Tuffwall aufgeworfen, allerdings gibt es auch maarähnliche Formen, reine Gasexplosionen, in deren Umgebung kein vulkanisches Material gefunden wird.

Die Dauner Maare, die in dem großen Senkrechtluftbild zu sehen sind, gehören zu den bekanntesten. Es handelt sich — von links nach rechts — um das Gemündener Maar, das Weinfelder Maar (auch Totenmaar genannt) und das Schalkenmehrener Maar. Ihre Wasserspiegel liegen nicht in gleicher Höhe: 407 m beim linken, 484 m beim mittleren und 420 m beim rechten. Das Schalkenmehrener Maar ist übrigens ein Doppelmaar, und am rechten oberen Bildrand deutet sich die nächste Eintiefung, ein Trockenmaar, an.

Die vulkanischen Explosionskatastrophen ereigneten sich, geologisch gesehen, vor nicht allzulanger Zeit. C 14-Datierungen mit Hilfe radioaktiver Kohlenstoffisotope haben ergeben, daß die Maare erst vor 11 000 bis 13 900 Jahren aus dem devonischen Grundgebirge herausgesprengt worden sind. Deutlich sind hier die aufgeworfenen Tuffwälle zu erkennen, noch plastischer, wenn man das Bild so dreht, daß die Schatten auf den Beschauer zufallen. Das Totenmaar ist das tiefste dieser drei Maare: 525 m lang, 375 m breit und 51 m tief. Von der Straße, welche das Bild durchzieht, hat man einen eindrucksvollen Blick auf diese seltene Naturerscheinung.

Wie man dem Campingplatz (rechts unten am Schalkenmehrener Maar), dem Schwimmbad am Gemündener Maar und den vielen Trampelpfaden entnehmen kann, handelt es sich hier um ein vielbesuchtes Fremdenverkehrsgebiet. Der Eifelverein hat dieses einst so stille Gebirge, das früher fast nur den Geologen bekannt war, für den Tourismus erschlossen.

Die Abgeschiedenheit des Hohen Venn wird durch die Grenzlage noch betont. Dieses Gebirge am Nordrand des Hochardennen-Eifelblocks erstreckt sich mit seinem Hauptteil bereits in Belgien. Der Name Venn (wie Fehn) wird von (indogermanisch) „Sumpf" abgeleitet. Er gibt einen Hinweis auf das feuchte Klima, die wasserreichen Bäche und die stellenweise weit verbreiteten Moore. Die Vegetation auf dem Vennplateau (Bild unten links) hat einen starken Anteil an atlantischen und nordischen, zum Teil subarktischen Arten. Auf den gerodeten Flächen überwiegt die Grünlandnutzung; die Parzellen sind oft durch Heckenstreifen voneinander getrennt.

In den Vordergrund des Bildausschnittes schiebt sich eine Höckerreihe des ehemaligen Westwalls im nördlichen Teil des Landkreises Prüm, der hier nahe der Grenze verläuft. Gegenüber liegen die belgischen Kreise (Kantone) Eupen und Malmedy, die nach dem Ersten Weltkrieg vom Deutschen Reich abgetrennt wurden. Eine Sprachgrenze ist hier nicht entstanden, denn auch drüben lebt eine deutschsprechende Bevölkerung. Diese Verteidigungsanlagen, die an die Blutopfer zweier Völker erinnern, werden allmählich zu einem attraktiven Ausflugsziel vermarktet.

Das Dorf Hünningen, das auf unserem Bild zu sehen ist, liegt im Vorland des Hohen Venn, auf dem Territorium des heutigen Königreichs Belgien. Es handelt sich um eine sehr locker gebaute Dorfanlage, deren Ursprung, wie der Name sagt und auch die Kirche andeutet, wohl schon in eine ältere Rodungsperiode zurückreichen muß. Die Flur ist blockartig eingeteilt, und manche Parzellengrenzen sind von Hecken gesäumt, einem sehr typischen Element der Kulturlandschaft maritim beeinflußter Gebirge. Durch den Wald im Hintergrund, welcher den Namen Buchholz trägt, verläuft seit 1919 die Landesgrenze. Der Name des Waldes bringt zum Ausdruck, daß hier ein nordisch-atlantischer Buchenwald vorherrscht, der in günstigeren Lagen von Eichen-Hainbuchen-Waldgesellschaften abgelöst wird.

Trier, die älteste Stadt Deutschlands, kann auf eine sehr lange Geschichte zurückblicken. „Ante Roman Treveris stetit annis mille trecentis": Diese alte Inschrift an der Steipe, einem bemerkenswerten Bau am Hauptmarkt, besagt, daß Trier 1300 Jahre vor Rom, und damit mehr als 2000 Jahre v. Chr., schon bestanden hat. Allerdings liegen für eine solche Annahme keine schlüssigen Beweise vor. Sicher aber ist, daß Trier gegen Ende der Römerzeit eine sehr große Bedeutung erlangt hatte. Zunächst nur eine unbedeutende Etappenstadt, wurde es später zur Hauptstadt des weströmischen Reiches erhoben. Von Anfang an war die Augusta Treverorum schachbrettartig angelegt, wenn auch dieser Grundriß durch spätere Zerstörung verwischt worden ist. 70 000 Einwohner sollen hier auf einem Areal von 285 ha gelebt haben.

An der Nordflucht der Stadtmauer erhob sich die Porta Nigra (Bild rechts unten), die heute mitten im städtischen Getriebe liegt. Sie wurde um 315 errichtet und ist das gewaltigste und am besten erhaltene Stadttor, das wir kennen und deshalb mit Recht ein Wahrzeichen der Stadt Trier. Die schweren ohne Mörtel zusammengefügten Quader waren ursprünglich durch Eisenklammern miteinander verbunden, die mit Bleiguß in die Quadersteine eingelassen waren. Allerdings haben Metallräuber in späteren Jahrhunderten Eisen und Blei aus den Steinen herausgebrochen. Die schwarze Patina der Steine hat dem Tor seinen Namen gegeben: Das schwarze Tor. Im Mittelalter diente die Porta Nigra auch als Kirche. Die Apsis auf der Nordseite ist romanisch. W. S.

Linke Seite
Oben: Dauner Maare (Eifel)
Unten links: Das Dorf Hünningen in Vorland des Hohen Venn
Unten rechts: Trier, Porta Nigra

Rheinhessen und die Vorderpfalz

Rheinhessen und die Vorderpfalz gehören zum System des Oberrheinischen Grabens, einem Grabenbruch im Herzen Europas. Hier haben sich Landschaften herausgebildet, die sich vor allem durch ihre Klimagunst wie auch durch gute Bodenqualitäten auszeichnen. Im Rahmen des Bundeslandes Rheinland-Pfalz gehören Rheinhessen und das Tiefland der Vorderpfalz zu den wirtschaftlichen Aktivräumen.

Das Vorderpfälzer Tiefland breitet sich unmittelbar in der Rheinebene zwischen dem Rheinstrom im Osten und dem Vorland der Haardt, die dem Pfälzer Wald vorgelagert ist, aus. Hier ist die Reliefenergie am geringsten; die Platten der Niederterrasse mit ihren fruchtbaren Lößlehmböden sind unterbrochen durch wiesenbedeckte, etwas tiefer gelegene Niederungen, durch die eine Reihe von Bächen in annähernd paralleler Anordnung dem Rhein zueilt.

Anders das rheinhessische Tafel- und Hügelland, das geologisch zum Mainzer Becken gehört und die nördliche Fortsetzung des Vorhügellandes vor der Haardt bildet. Die Hauptverwerfung zum Rheingraben verläuft weiter östlich, so daß hier verschiedene tertiäre Schichten anstehen, die im Eiszeitalter teilweise durch mächtige Lößschichten überkleidet sind. Die Anordnung der Plateaus, Stufen und welligen Hügelländer entspricht diesem geologischen Bauplan, wobei die formenschaffenden Kräfte teilweise sehr jung sind.

Das oberrheinische Tiefland mit seinen Randgebieten gehört zu den mitteleuropäischen Altsiedellandschaften. Seit der Jüngeren Steinzeit trifft man vorgeschichtliche Siedlungsspuren an. Der Wald, der schon im Urzustand teilweise in eine parkartige Offenlandschaft überging, wurde früh gerodet.

In den nebenstehenden Luftbildern treten uns zwei Ortsformen entgegen, das Haufendorf und das Straßendorf. In Rheinhessen überwiegen die Haufendörfer, und Eppelsheim (Bild unten links) ist ein sehr gutes Beispiel dafür. Eppelsheim wird zuerst in einer Urkunde des Jahres 782 erwähnt. Sofort fällt uns der geschlossene Baumkranz auf, der das Zentrum des Dorfes umgibt. Er besteht aus Ulmen, die man hier in Rheinhessen als Effen bezeichnet. Die Ulme ist der heilige Baum Rheinhessens.

Zunächst haben wir den Eindruck einer Wallanlage, einer Art Dorfbefestigung, denn in einem Durchzugsland wie hier liegt es nahe, sogleich an die Verteidigung der Siedlung zu denken. Auch die fünf Ausgänge sind deutlich zu erkennen. Solche Umgürtungen finden wir in vielen rheinhessischen Dörfern, Flecken und Städten. Oft bestehen sie aus Wall und Graben, und nicht selten ist ein „Gebück" vorgelagert: Hainbuchenhecken wurden „gebückt", das heißt umgebrochen, so daß ein undurchdringliches Dickicht entstand.

Die Hauptbedeutung dieser Umgürtung war allerdings mehr rechtlicher Natur. Sie trennte den inneren von dem äußeren Dorfbezirk. In Oberdeutschland sind solche Einfriedungen unter der Bezeichnung Etter bekannt. Im speziellen Sinne versteht man unter Etter einen geflochtenen Zaun, der hier in Rheinhessen da und dort auch Bannzaun („bahnzaun") genannt wird. „Zwing und Bann" sind wichtige Begriffe der mittelalterlichen Verfassungsgeschichte, und in der Bezeichnung Etterfrieden drückt sich dieses sinnfällig aus. Daneben hatte die Umgürtung des Dorfes eine ökonomische Bedeutung: Die Abgrenzung der Felder der mittelalterlichen Dreifelderwirtschaft von den Hofreiten und Gärten. Der Etterzwang bewirkte, daß neue Häuser nur im inneren Dorfbereich angelegt werden durften.

Ein für die Vorderpfalz charakteristisches Siedlungselement ist das Straßendorf (oberes Bild), das aus einem oder mehreren Straßenzügen besteht. Bei Gommersheim, dem südlichen der beiden abgebildeten Dörfer, bildet die Durchgangsstraße die Hauptsache. An beiden Seiten reihen sich die größeren Bauernhöfe aneinander. Der auf -heim endende Ortsname weist auf eine frühe Gründung hin. Damals wird die Siedlung allerdings nur aus wenigen Höfen bestanden haben. Ob diese Planform schon vorgegeben war oder ob sie erst im Hochmittelalter organisiert wurde, muß offen bleiben. Sicher aber ist, daß die ursprünglichen Höfe weiter auseinander gestanden haben, und daß die Lücken erst durch spätere Hofteilungen aufgefüllt worden sind. In der frühen Neuzeit kamen dann noch Kleinbauernstellen hinzu, und eine weitere Ausdehnung erfolgte mit der starken Bevölkerungszunahme im 18. und 19. Jahrhundert. Das nördlich gelegene Geinsheim ist ein Mehrstraßendorf, die älteste Straßenanlage liegt in der Mitte der Siedlung.

Die Fluren in diesem Altsiedelgebiet waren ursprünglich nach dem Prinzip der Gewannflur angelegt. Das regelmäßige Wegenetz bei Gommersheim zeigt, daß hier eine Flurbereinigung stattgefunden hat. Im Luftbild aber erkennen wir noch die Strukturen der früheren, mittelalterlichen Flur. Unregelmäßiger dagegen ist die Flur von Geinsheim. Hier sind beispielsweise noch Gewanne zu erkennen, deren Parzellen keinen Anschluß an das Wegenetz haben.

Neben dem Ackerbau spielt in der Vorderpfalz und in Rheinhessen auch der Weinbau eine hervorragende Rolle. Entlang der Vorhügelzone der Haardt hat sich ein geschlossenes Weinbaugebiet herausgebildet: die „Deutsche Weinstraße". Dort bildet der Löß den Untergrund, und die Rebhänge sind durch die Bodenerosion in hohem Maße gefährdet, zumal häufig starke Regenfälle auftreten. Auf dem unteren rechten Bild erkennen wir zwei Folgeerscheinungen: Stufenraine an den Feldgrenzen und tiefeingeschnittene Hohlwege. Die Hochraine, die man in Rheinhessen als „Rech" bezeichnet, erreichen nicht selten eine Höhe von mehreren Metern und geben eine Vorstellung von der flächenhaften Abtragung. Noch auffälliger sind aber die Hohlwege, die „Löß hohlen", die zum Teil 6 bis 10 m tief in den Hang eingegraben sind. Die Flanken bilden fast senkrechte Wände und sind mit Buschwerk bestanden. In vielen dieser Schluchten verläuft auch heute noch ein Weg, andere sind unpassierbar geworden. Umfangreiche kulturtechnische Maßnahmen sind notwendig, um eine weitere Eintiefung zu verhindern, denn bei jedem heftigen Regen verwandeln sich kleine Rinnsale in reißende Bäche, welche weiteres Lößmaterial abtransportieren.

W. S.

Rechte Seite
Oben: Die Straßendörfer Gommersheim und Geinsheim in der Vorderpfalz
Unten links: Eppelsheim/Rheinhessen, ein Haufendorf mit geschlossenem Baumkranz
Unten rechts: Weinbaulandschaft bei Alsheim/Rheinhessen mit typischen Hohlwegen

Das Saarland

Das Saarland ist das jüngste aller deutschen Bundesländer; erst 1955 wurde es nach einem Referendum politisch, bis 1959 wirtschaftlich in den Verband der Bundesrepublik Deutschland eingegliedert. Es ist übrigens nicht identisch mit dem früheren „Saargebiet", jenen Teilen der preußischen Rheinprovinz und der bayerischen Pfalz, die von 1919 bis 1935 einer internationalen Verwaltung unterstellt waren. Sein Gebietsstand wurde 1946 und 1947 noch einmal kräftig ausgedehnt, so daß das Saarland heute eine Fläche von 2569 km² einnimmt. Somit ist es, abgesehen von den Stadtstaaten, das kleinste Flächenland der Bundesrepublik.

Das Saarland hat hauptsächlich Anteil an zwei naturräumlichen Einheiten: dem Saar-Nahe-Bergland, dessen Untereinheit Saarkohlenwald wertvolle Bodenschätze birgt, und dem lothringisch-pfälzischen Stufenland mit seinen günstigen Voraussetzungen für die Landwirtschaft. An der Nordgrenze ragt am Rande der Hunsrück als Teil des Rheinischen Schiefergebirges hinein.

Die Grenzen des Saarlandes sind weder naturräumlich noch geschichtlich vorgezeichnet. Dies drückt sich auch in der Kulturlandschaft aus, die einerseits im Strahlungsfeld des Rheinlandes und der Pfalz liegt, andererseits aber auch schon zu Lothringen und Luxemburg überleitet.

Die nebenstehenden Schrägluftbilder sind so ausgewählt worden, daß sie den Charakter des Saarlandes als Grenzland, als Industriegebiet und auch als Verkehrsland zum Ausdruck bringen.

Vor den Toren der Landeshauptstadt Saarbrücken, die zugleich eine der wenigen deutschen Großstädte westlich der Rheinlinie ist, liegen die Höhen von Spichern, wo sich im Sommer 1870 schwere Kämpfe abspielten. Nahe der Gedenkstätte befindet sich der Grenzübergang Goldene Bremm, der 1969 in dieser Form eröffnet wurde (Bild oben links). Es handelt sich um die Autobahnverbindung von Saarbrücken nach Metz, inzwischen weitergeführt durch die Autobahntrasse nach Paris.

Das Bild darunter mit der Moselstaustufe bei Apach und Perl führt uns an ein Dreiländereck: das linke Moselufer gehört zum Großherzogtum Luxemburg, rechts im Hintergrund blicken wir nach Deutschland, und rechts unten bis zur Schleusenausfahrt ist französisches Territorium. Es handelt sich um eine der Moselstaustufen, die im Zuge der Moselkanalisierung angelegt worden ist.

Von den 270 km der ausgebauten Talstrecke entfallen 206 km auf deutsches, 36 km auf luxemburgisches und 28 km auf französisches Gebiet. Heute können Schiffe bis zu 1500 t auf der Mosel verkehren. Jetzt ist es möglich, auf dem Wasserweg deutsche Kohle aus dem Ruhrgebiet nach Lothringen und lothringisches Erz nach Deutschland zu bringen. Daneben ist aber immer noch die Eisenbahn ein wichtiger Verkehrsträger, wie dies die seit 1974 durchgehend elektrifizierte Bahnlinie Koblenz–Trier–Thionville–Metz zeigt.

Der Fluß, welcher dem Saarland den Namen gegeben hat, ist die Saar. Ihr Name geht schon auf keltische Zeiten zurück. Sie entspringt in den nördlichen Vogesen und erreicht nach 246 km südlich vor Trier, bei Konz, die Mosel. Dabei durchfließt sie ganz unterschiedliche Landschaften, so daß ihr Tal ein sehr abwechslungsreiches Bild aufweist. Talengen und Talweiten lösen einander ab. Sehr bekannt ist der Blick auf die Saarschleife bei Mettlach (Bild oben rechts). Der Fluß hat das Merziger Becken, das am oberen rechten Bildrand noch andeutungsweise zu erkennen ist, verlassen und tritt hier, am Rande des Rheinischen Schiefergebirges, in die harten Taunusquarzite ein. Der eindrucksvolle Sporn hat eine Länge von ungefähr 4 km und steigt vom Niveau des Flusses über 150 m an. An einigen Stellen ist der Hang so steil, daß sich bizarre Felsformen und Geröllhalden, die hier in der Mundart „Rösseln" genannt werden, angesammelt haben.

Heute liegt die Mettlacher Saarschleife in einem verkehrsabgelegenen Waldgebiet, das zum Landschaftsschutzgebiet erklärt worden ist. Auf dem Sporn selbst findet man die Reste einer vorgeschichtlichen Befestigung und unweit davon die Ruinen mittelalterlicher Burgen.

Entscheidend für die jüngere Geschichte des Saarlandes waren indessen die Folgen der Industriellen Revolution. Im Saarkohlenwald, wo sich das auf dem unteren rechten Bild dargestellte Neunkirchener Eisenwerk befindet, streichen die Kohlenschichten auf einer Breite von 10 bis 12 km aus. Zwischen den teilweise noch erhaltenen Wäldern reihen sich Bergwerke, Industriebetriebe und Siedlungen aneinander. Standortbildend wirkten aber auch die Eisenerzvorkommen im Sinnertal, deren Abbau schon seit dem frühen 15. Jahrhundert zu belegen ist. Heute haben sie längst keine Bedeutung mehr.

Das Industriezeitalter kündigte sich schon im 18. Jahrhundert an. Früher als im Ruhrgebiet wurde hier die Steinkohle für die Eisenverhüttung nutzbar gemacht. Die Übernahme des kleinen Eisenwerkes bei Neunkirchen, das man sich damals eher noch als Bauerndorf vorzustellen hat, durch die Gebrüder Stumm im Jahre 1806 brachte die entscheidende Wende für die Siedlung. Die Hütte nahm einen ungeahnten Aufschwung. Die Belegschaft, die 1820 aus 220 Mitarbeitern bestand, wuchs bis 1912 auf 6000 Personen. Als Neunkirchen 1922 die Stadtrechte erhielt, war es das größte Dorf Preußens. Heute hat die Hüttenstadt, die auch Sitz einer Kreisverwaltung ist, rund 57 000 Einwohner.

Das Neunkirchener Eisenwerk, das während des Zweiten Weltkrieges von größeren Zerstörungen weitgehend verschont geblieben ist, stellte bis vor kurzem etwa $1/5$ der Stahlproduktion des Saarlandes her. Dies erforderte eine durchgreifende Modernisierung, denn gerade die älteren Anlagen sind nicht sehr umweltfreundlich. Die Belastung der Landschaft mit Halden und Deponien und die Verschmutzung der Gewässer und der Luft haben, wie dies auch im Bild sichtbar wird, ein unerträgliches Ausmaß angenommen. Das abgebildete Unternehmen mußte jüngst eine größere Zahl von Arbeitnehmern entlassen, was auf die weiterhin umstrittene Lage der Industrie an der Saar hinweist.

W. S.

Linke Seite
Oben links: Autobahn-Grenzübergang Goldene Bremm bei Saarbrücken
Oben rechts: Saarschleife bei Mettlach
Unten links: Moselstaustufe bei Apach und Perl
Unten rechts: Eisenwerk Neunkirchen

Vom Oberrhein bis Mainfranken

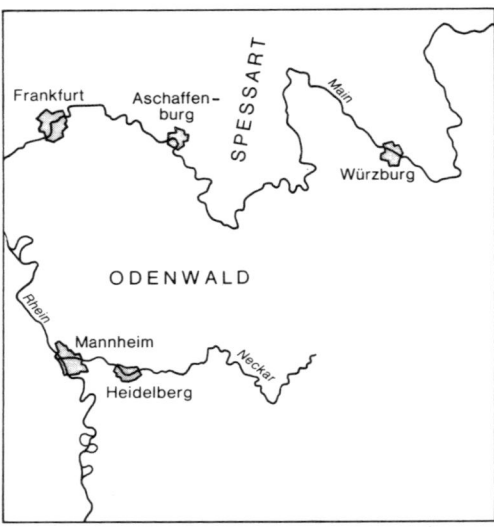

Das Satellitenbild umfaßt den Zentralraum der Bundesrepublik, der auch als Drehscheibe unseres Landes bezeichnet wird. Die großen Verkehrsadern Rhein und Main sind gut zu erkennen. In dem Winkel, den sie bilden, tritt auch der Frankfurter Flughafen mit seinem überdimensionalen Terminal und dem Landebahnsystem deutlich hervor, streckenweise ist sogar die Autobahn am Frankfurter Kreuz auszumachen. In der linken oberen Bildecke, von Westen also, ragt in diagonaler Anlage ein Teil des Rheinischen Schiefergebirges in den Bildbereich. Es handelt sich um den Taunus, dessen gitterförmige Grundstruktur aus der Satellitenhöhe von 950 km recht deutlich wird. Die schwarzroten Farben verweisen auf die Fichtenkulturen des Taunuskammes, der als Quarzithärtling deutlich seine Umgebung überragt. Das kleinräumige, durch geringen Waldanteil auffallende Usinger Becken in der NO-Ecke dieses Bergwinkels ist geomorphologisch mit der östlich anschließenden Ackerbaulandschaft der Wetterau (blaugraue Flächen) in Verbindung zu bringen.

Das oberrheinische Grabensystem, das sich als offene Kulturlandschaft ausweist und erst am Taunuskamm sein Widerlager findet, dokumentiert eines der bekanntesten großen Bruchsysteme unserer Erde, das von der Rhône bis über den Oslofjord zum Mjösasee reicht. Auf den unfruchtbaren diluvialen Sand- und Schotterböden im Untermaingebiet befinden sich im Übergang vom Oberrheingraben zur Wetterau ausgedehnte Wälder (alter Königsforst, Dreieich). Hier zeichnet sich in den dunkel- bis grünblauen Flächen aber auch die Verstädterungszone des rhein-mainischen Ballungsraumes ab. Von Mainz-Wiesbaden, entlang der Siedlungs- und Industriegasse des Untermains über die Metropole Frankfurt-Offenbach hinaus reicht das Verdichtungsgebiet über Hanau bis nach Aschaffenburg.

Ein ähnliches, allerdings ungleich schmaleres und überwiegend durch Einzelhausbebauung gekennzeichnetes Siedlungsband verläuft von Darmstadt entlang der Bergstraße und weitet sich ab Weinheim über Viernheim nach Mannheim und Ludwigshafen einerseits und nach Heidelberg andererseits aus. In der Oberrheinlandschaft ist die alte, von Flußverwilderungen gekennzeichnete Struktur klar zu erkennen. Die dunkelblauen Flußschlingen sind bestehende Altwässer, die roten Mäander trockengelegte Altarme des Rheins, die heute intensiv als Wiesen genutzt werden.

In die untere linke Bildecke ragt der Pfälzer Wald mit seiner ausgedehnten Nadelwaldbedeckung. Der Haardt um Neustadt vorgelagert, weisen olivgrüne Flächen auf einen ausgedehnten Weinbau hin, der sich talwärts allmählich in der Ebene verliert und nach Norden das Band der Deutschen Weinstraße nach Rheinhessen markiert. Jenseits des Oberrheingrabens setzen sich die überwiegend mit Fichten bedeckten Buntsandsteinplatten im Odenwald und Spessart fort, eine Mittelgebirgseinheit, die von der vulkanreichen Rhön und dem Büdinger Wald wie ein großer Keil die gesamte Bildmitte bestimmt. Deutlich fallen an ihrem Westrand diejenigen Gebirgsteile auf, bei denen das mesozoische Deckgebirge abgetragen ist. Hier treten die ganz dunklen Farben zurück. Es handelt sich um die kuppigen Granitbereiche des Grundgebirgsodenwaldes und des kristallinen Vorspessarts, wo der Laubwald dominiert. Zwischen diesen beiden Gebirgsteilen heben sich die Reinheimer Bucht, die tief in den nördlichen Odenwald vorstößt, und die Seligenstadter Senke als weitgehend offene Landwirtschaftszonen heraus (rotblaues Mosaik in der Bildmitte).

Das gesamte rechte Bilddrittel steht in einem krassen Gegensatz zum Odenwald-Spessart-Gebiet. Der Landschaftscharakter des mainfränkischen Raums von Würzburg über die Kocher-Jagstplatten bis zum Kraichgau herunter ist der eines welligen Flach- und Hügellandes, wobei in die offene Kulturlandschaft sehr abwechslungsreich kleine Waldflächen hineingestreut sind. Es handelt sich um Buntsandstein und Muschelkalkflächen, die zum Teil mit fruchtbarem Lößboden überzogen sind oder aus Lehmen bestehen, die sich für den Ackerbau eignen und dort das sogenannte Strohgäu bilden. Im Gegensatz dazu stehen die Hecken- und Schlehengäubereiche, die dort auftauchen, wo der sterile und trockene Muschelkalk nackt zu Tage tritt und mit Wald oder Wacholderheide bedeckt ist. Das Land um Main, Tauber, Kocher, Jagst und Neckar ist im Gegensatz zu den benachbarten Waldlandschaften klimabegünstigt. Der Ackerbauanteil beträgt stets über 75 Prozent der landwirtschaftlichen Nutzfläche. Die Gäuflächen mit ihren ausgedehnten Braugerste- und Weizenfeldern zählen zu den Kornkammern Süddeutschlands und sind als Altsiedellandschaft Ausgangsort für die relativ späten Rodungen in den Bergländern. Südöstlich von Würzburg erstreckt sich über Kitzingen hinaus der „Garten Bayerns", das Zentrum der mainfränkischen Sonderkulturen, bei denen die wirtschaftliche Bedeutung des Gemüsebaus vor dem Weinbau an erster Stelle steht. Östlich vom Heilbronner Industrie- und Stadtbereich steigen die bewaldeten Löwensteiner Berge an, ein Teil der hier weit nach Westen vorspringenden Keuperstufe.

E. E.

Rechte Seite:
Vom Oberrhein bis Mainfranken
(Mosaik aus zwei Bildern)
Bildmaßstab 1 : 500 000
Aufnahmedatum: 9. 8. 1975

Der Interkontinentalflughafen Frankfurt/Main

Die Senkrechtaufnahme erfaßt jenen kleinen Landschaftsausschnitt, der den Rhein-Main-Raum verkehrsgeographisch zur Drehscheibe der Bundesrepublik macht und zugleich die Wirtschaft im Frankfurter Raum entscheidend beeinflußt. Der Standort zahlreicher Neuaussiedlungen von Wachstumsindustrien modernen Zuschnitts wurde von dem zweitgrößten europäischen Flughafen her bestimmt. In der rechten oberen Bildecke wird das Frankfurter Kreuz angeschnitten, das die Autobahnen Hamburg—Basel und Köln—Würzburg—München miteinander koppelt. Die wie ein Irrgarten anmutenden verschlungenen Auf- und Abfahrten regeln einen reibungslosen Anschluß des Individualverkehrs an den Flughafen. Riesige Parkflächen für den ruhenden Verkehr werden durch eine 6000 Fahrzeuge fassende Tiefgarage vor dem neuen Terminal ergänzt.

Der zentrale Baukörper des Terminals besteht aus einer langgestreckten (470 m) Empfangs- und Schalteranlage, von der aus sich lange Warte- und Abfertigungshallen in das Flugfeld vorschieben. An den „Fingerflugsteigen" können insgesamt 36 Flugzeuge gleichzeitig be- und entladen werden. Über ausfahrbare Fluggastbrücken gelangt der Passagier an oder von Bord. Lange Rollwege verbinden die Flugsteige mit der Schalterhalle und den Ständen der zahlreichen Fluggesellschaften. Vor dem Empfangsgebäude entstand ein Tiefbahnhof mit drei Bahnsteigen von je 400 m Länge. Dadurch wird der internationale D-Zug-Anschluß sichergestellt, die Fahrtzeit zum Frankfurter Hauptbahnhof beträgt 9 Minuten. An die Empfangsanlage schließt sich nach rechts ein Gebäudekomplex an, der die Luftfracht- und Luftposteinrichtungen beherbergt. Die alten Empfangsgebäude am nordöstlichen Ende des Flughafens sind dem innerdeutschen Flugbetrieb vorbehalten. Nach der linken Seite schließen sich Verwaltungs- und Versorgungsgebäude an. Die große „Schmetterlingshalle" (Wartungshalle III) ist zur Überprüfung von Mittel- und Kurzstreckenflugzeugen errichtet worden. Sie wird in ihren Dimensionen übertroffen von der anschließend (außerhalb des Bildbereichs) erstellten größten Wartungshalle der Welt, dem Hangar V (270 × 100 m Bodenfläche). Hier können gleichzeitig sechs Jumbo-Jets oder 14 vierstrahlige Langstreckenmaschinen gewartet werden. Die Hallen sind zum großen Teil an die deutsche Lufthansa und ihre Tochtergesellschaft Condor verpachtet. Am unteren rechten Bildbereich ragt ein Teil des großen Stützpunktes der US-Militärluftfahrt in den Ausschnitt herein. Er ist durch die beiden je 4 km langen Start- und Landebahnen mit ihren verzweigten Anrollpisten vom Zivilflughafen getrennt.

Die Größe der Flughafenbauten hängt mit dem Umfang des heutigen Flugverkehrs zusammen. Der Bau des alten Rhein-Main-Flughafens wurde auf den ebenen Sand- und Kiesflächen des alten Reichsforstes Dreieich 1936 mit umfangreichen Rodungen begonnen. Er sollte vor allem dem Luftschiffverkehr dienen, dessen beide Großhallen durch die Flugzeugentwicklung schon im Zweiten Weltkrieg überflüssig wurden. Schon vor dem Krieg hatte die Lufthansa das Flugfeld auf dem stadtnahen Rebstockgelände aufgelassen und den neuen geräumigeren Flughafen für Verkehrsmaschinen benutzt. Die außergewöhnliche Erweiterung und bauliche Entwicklung vollzog sich gemäß den ökonomischen Erfordernissen erst nach 1950. Heute werden an jedem Tag durchschnittlich fast 40 000 Fluggäste bedient. 65 Prozent des Luftfrachtumschlags der Bundesrepublik entfallen auf den Frankfurter Flughafen. Die Flugzeugbewegungen stiegen von 13 076 im Jahre 1950 auf ca. 212 000 im Jahre 1976, trotz des Trends zum Großraumflugzeug. Das Fluggastaufkommen beziffert sich heute auf ca. 14 Millionen gegenüber 195 330 Personen im Jahr 1950. Das ungeheure Anwachsen der Luftfracht von 3652 t 1950 auf heute 552 702 t und das Ansteigen der Luftposttonnage von 1616 t auf 80 000 t im gleichen Zeitraum, weist auf die gesamtwirtschaftliche Bedeutung des Flugverkehrs hin. 50 Luftverkehrsgesellschaften unterhalten einen regelmäßigen Liniendienst. Außerdem sind 160 Chartergesellschaften vertreten. Sie bedienen ca. 170 Städte in aller Welt, davon ca. 70 in Europa. Wöchentlich bietet der Linienverkehr fast 5000 Direktverbindungen von und nach Frankfurt.

Der Frankfurter Flughafen nimmt in Europa eine Spitzenstellung ein. Im Fluggastverkehr steht er an zweiter Stelle hinter London-Heathrow, im Luftfracht- und Luftpostverkehr an erster Stelle.

Die wirtschaftliche Bedeutung des Flughafens für das Rhein-Main-Gebiet besteht neben der günstigen Auswirkung auf das Arbeitsstättenangebot in der flugverkehrsabhängigen Industrie auch darin, daß er selbst ein bedeutendes Wirtschaftsunternehmen darstellt, das in ca. 350 Firmen auf dem Flughafen heute 28 000 Personen direkt beschäftigt. Zur Erhöhung der Sicherheit im Frankfurter Luftraum ist ein zur Zeit durch Einsprüche aufgehaltenes Planfeststellungsverfahren für eine Nord-Süd-Landebahn im Gespräch. Das wachsende Umweltbewußtsein steht hier mit wirtschaftlichen Interessen im Konflikt. Viele Autoreisende unterbrechen ihre Fahrt am Frankfurter Kreuz, um für kurze Zeit die international geprägte Flughafenatmosphäre zu erleben.

E. E.

Linke Seite:
Flughafen Frankfurt/Main

Zwischen Odenwald und Steigerwald

Das obere Bild umfaßt als Senkrechtaufnahme naturgemäß nur einen kleinen Raumausschnitt, doch hält er im exemplarischen Sinne die Wesensmerkmale einer mainfränkischen Flußlandschaft fest. Während die Gäuflächen Mainfrankens im allgemeinen als dünn besiedeltes Bauernland ohne nennenswerte städtische Zentren in Erscheinung treten, haben sich die größeren Flußtäler als Lebensadern herausgebildet. Sie werden beherrscht von zahlreichen Klein- und Mittelstädten, sind sozialgeographisch vielgestaltig entwickelt, beherbergen Industrien und Gewerbe und sind vielerorts geprägt von den Sonderkulturen des Gemüse-, Wein- und Obstbaues.

Unser Bild zeigt einen Teilbereich der inneren Mainschleife bei Volkach. Sie zählt zu den kulturräumlich interessantesten Landschaften Süddeutschlands. Am rechten oberen Bildrand ragen die Ausläufer der reichen ackerbaulich geprägten Gäuflächen in den Sichtbereich. Diagonal gegenüber nehmen Rebflächen den exponierten Rücken und Südhang des Umlaufberges in Anspruch, der unmittelbar außerhalb des linken Bildbereichs in der Vogelsburg gipfelt. Die geordnete Parzelleneinteilung und die geradlinige Wegeführung lassen auf junge Flurbereinigungsverfahren schließen. Landschaftsbeherrschend ist jedoch der Obstbau, dessen kleinbäuerliche Struktur (3—5 ha) schon im Parzellenbild zu erkennen ist. Es sind überwiegend Frühzwetschenbestände, die den Volkacher Raum beherrschen und sowohl in den tiefen spätfrostgefährdeten Tallagen als auch an den Talflanken und Uferhängen wachsen. Allein das kleine Dörfchen Astheim zählt im inneren Mainbogen ca. 20 000 Obstbäume. In der Gemarkung Volkach sind von den ca. 50 000 Obstbäumen allein fast 40 000 Zwetschen. Der Volkacher Großmarkt erfaßt das zweitgrößte Frühzwetschengebiet der Bundesrepublik. Meist verbinden die Landwirte mit ihrem Obstbau den gartenbauartig betriebenen Buschbohnenanbau; dies hat sich auch arbeitstechnisch als eine günstige Kombination erwiesen. Das Städtchen Volkach (ca. 3500 Einwohner) repräsentiert den Typus der mainfränkischen Stadtbilder. Die weit ausgreifenden modernen Ortserweiterungen lassen den gewachsenen spätmittelalterlichen Stadtkern, der oft noch von intakten Stadtmauern umgeben ist, um so deutlicher heraustreten. Das ehemalige Amtsstädtchen war von altersher ein Straßenknoten, was heute noch in der Wegetrassierung zu erkennen ist. Auch die beachtenswerten Bürgerhäuser im engen Stadtkern und bedeutende Kunstwerke (unter anderm die Rosenkranzmadonna von Tilman Riemenschneider) zeugen von einst handels- und verkehrspolitisch besseren Zeiten. Die Sport- und Freizeitanlagen nördlich der Stadt weisen darauf hin, daß sich der Fremdenverkehr hier am Fuße des Steigerwaldes einen Ausgangs- und Zielpunkt geschaffen hat.

Das Bild links unten führt uns nach Würzburg, der einzigen Großstadt zwischen Odenwald und Steigerwald. Die Schrägaufnahme zeigt die hoch über Würzburg gelegene Feste Marienberg. Zum Schutz einer wichtigen Mainfurt gegen die nach Süden drängenden Germanen bauten hier bereits im letzten vorchristlichen Jahrhundert die Kelten einen Ringwall. Anfang des 6. Jahrhunderts besetzten die Franken die Fliehburg. Die heutige Burg geht zurück auf Bischof Querfurt (1201). Sie wurde im 15. Jahrhundert weiter ausgebaut.

Von 1253 bis 1720 war die Feste durchgehend Sitz der Fürstbischöfe von Würzburg. Der große Konflikt des Mittelalters, das Ringen zwischen geistlicher und weltlicher Macht um die Beherrschung des Abendlandes, zwang sie, als Residenz einen befestigten Ort zu wählen. Auch mehrere Reichstage wurden in Würzburg abgehalten; die Stadt vertrat die Sache des Kaisers.

Marienberg wurde mehrfach erfolglos belagert, unter anderm 1525 während des Bauernkrieges von den Bundschuh-Heeren unter ihren Anführern Götz von Berlichingen und Florian Geyer, denen Würzburg seine Tore geöffnet hatte. Nach dem Sieg der verbündeten Fürsten wurde grausames Gericht gehalten. Auch Tilman Riemenschneider, der dem Oberen Rat der Stadt angehörte, wurde in die Kerker der Feste geworfen. Im Zeitalter der Aufklärung wurde die Burg schließlich zugunsten des von Balthasar Neumann gestalteten Barockschlosses als fürstbischöfliche Residenz aufgegeben. Wir erkennen im Bild von links nach rechts: Mittlerer Burghof mit Renaissancegebäuden; steinerne Brücke und Scherenbergtor (1428), daneben der Kiliansturm (1580); im dritten Burghof der Bergfried aus dem 13. Jahrhundert und die Kuppel der Marienkirche; rechts der Fürstenbau mit Randersackerer und Marienturm, davor die geometrische Anlage des Fürstengartens. Unterhalb der Bastioner im Vordergrund die berühmte Weinbergslage „Leisten", auf der anderen Mainseite hinter dem Schornstein des Heizkraftwerkes die nicht minder berühmte Lage „Stein".

Das Bild rechts unten ist vom nördlichen Odenwaldrand her aufgenommen und läßt den Blick über die Feste Otzberg in die fruchtbare Reinheimer Bucht schweifen, wo im Hintergrund Groß-Umstadt zu erkennen ist. Im Gefolge der Hebungs- und Senkungsvorgänge am Rande des Reinheimer Lößhügellandes sind an einigen Punkten der Verwerfungslinien vulkanische Massen aufgedrungen. Eine der Vulkanruinen, deren Schlotfüllungen aus Säulenbasalt bestehen, ist gekrönt von der durch doppelte Ringmauern geschützten Burg. Sie ist 1231 als fuldische Gründung erwähnt. 1390 wurde die Feste samt der Burgmannensiedlung Hering (Höhring) an die Pfalzgrafen verkauft. Als Eckpfeiler des pfälzischen Territoriums spielte sie jahrhundertelang eine wichtige strategische Rolle in den Auseinandersetzungen mit den hessischen Landesherrn (Hanauer, Katzenelnbogener).

Erst 1803 fiel sie endgültig an Hessen-Darmstadt, obwohl ihre Wehrfunktion bedeutungslos geworden war. Ein Teil der Gebäude verfiel, andere wurden zeitweise als Staatsgefängnis benutzt. Heute dient das aus der Mauer herausragende Haus als Jugendherberge, das dahinter nicht erkennbare Gebäude wird als Burgschänke häufig von Feriengästen des Odenwaldes besucht. Beide überragt der weiße tonnenförmige Bergfried, von dessen Plattform sich ein lohnender Fernblick bietet.

E. E.

Rechte Seite
Oben: Mainschleife bei Volkach
Links unten: Feste Marienberg bei Würzburg
Rechts unten: Feste Otzberg bei Groß-Umstadt

Vom Rhein bis zur Tauber

Nur die Senkrechtaufnahme wird den Wesensmerkmalen von Mannheim (oben) gerecht. Das Siedlungsgefüge in dem halbkreisförmigen Stadtkern, der vom Neckar im Osten und vom Rhein im Westen eingeschnürt ist, verrät in seiner geometrischen Strenge eine junge Stadtgründung. Die Schotterinsel der hochwassersicheren Mündungsspitze trug schon 766 ein Dorf Mannheim, das über das Mittelalter hinaus eine kleine Fischersiedlung blieb. Die strategisch günstige Lage bewog den Pfälzer Kurfürst Friedrich IV. zum Bau einer Festung. Deren Wälle wurden 1799 geschleift. Ihre Konturen sind erkennbar im Verkehrsring, der bis heute die zentrale Stadt umschließt.

Die rechtwinklig kreuzenden Straßengeraden und die rechteckig geschlossenen Baugeviert bilden das für Mannheim charakteristische Schachbrettmuster. Diese nach Buchstaben und Zahlen gezeichneten Planquadrate sind Ausdruck rationalistischen Geistes. Die so gestaltete Neugründung Mannheims erfolgte 1699, zehn Jahre nach der völligen Zerstörung in den pfälzischen Erbfolgekriegen. An der großen Brückenauffahrt, wo sich zahlreiche Straßen verschlungen zum Übergang nach Ludwigshafen bündeln, erstreckt sich eine der größten barocken Schloßanlagen in Europa.

Die Verlegung der Residenz nach München 1788 und die Teilung der Pfalz 1803 führten zur wirtschaftlichen Stagnation. Erst seit der Rheinregulierung und dem Bau eines der größten Binnenhäfen nach der Mitte des 19. Jahrhunderts änderte sich die Wirtschaftsstruktur. Für Mannheim bedeuteten diese verkehrstechnischen Neuerungen eine vielseitige gewerbliche und industrielle Entfaltung.

Südöstlich an die Kernstadt schließt an der alten Heidelberger Landstraße die um 1880 begonnene Schwetzinger Vorstadt an. Sie geht nach Osten in eine vornehme Gartenstadt (Luisen-Oststadt) über. Haupttrennungslinie ist die Doppelallee der Augusta-Anlage, die in einem U-förmigen Bogen um den als Kreis erscheinenden Wasserturm auf den Innenstadtring stößt. Im Nordwesten dringt in zwei spitz zulaufenden Wasserarmen der Hafen bis an den Innenstadtbereich heran. Bis um 1890 war Mannheim Endpunkt der „Bergfahrt" für die Rheinschiffe und erreichte als Verteilerpunkt für kleinere Neckarschiffe und die Bahn eine verkehrsgeographisch hohe Bedeutung. Mannheim wurde der zweitgrößte Binnenhafen am Rhein, der heute mehr als 30 km Kailänge und über 150 km Hafengeleise aufweist und als Heimathafen für ca. 500 Schiffe gilt. Der Mannheimer Hafen wird sogar von Küstenmotorschiffen aus Portugal, England und Skandinavien angelaufen.

Durch eine mächtige Straßen- und Bahnbrücke und neuerdings durch eine zweite vielspurige, sogar den Hafen überspannende Brücke ist Mannheim mit der Industriestadt Ludwigshafen verbunden. Aus dem 1794 von französischen Truppen geschleiften Vorwerk, das bis 1820/22 nur eine kleine Handelsniederlassung von Kaufleuten aus Speyer war, wurde zunächst ein bayrischer Staatshafen (1843). Als Verbindungspol zum Saargebiet und als Industriestandort erlebte die nach dem bayrischen König benannte Stadt ein außerordentlich rasches Wachstum. Ludwigshafen wird heute in erster Linie von der Badischen Anilin- und Sodafabrik (BASF) bestimmt.

Das linke untere Bild führt uns in den Raum der Bergstraße. Der vom oberen Rand in das Foto hineinreichende Wald (Staatsforst Bensheim) läßt eine größere Ausdehnung vermuten, als er in Wirklichkeit aufweist. Er gehört zu den gering gewordenen Restbeständen der ehemaligen weitverzweigten Hardtwälder, die heute meist aus Kiefern- und Fichtenkulturen bestehen.

Der Bildausschnitt zeigt im Vorder- und Mittelgrund, wie sehr in den Gemarkungen Schwanheim und Fehlheim (Bensheim) die stark meliorisierten landwirtschaftlichen Nutzflächen vorgerückt sind. Der zwischen Bensheim und Worms intensiv bewirtschaftete Ackerbauanteil liegt bei 86 Prozent. Lediglich zwischen den Dörfchen Schwanheim (im linken Bildvordergrund) und Fehlheim zieht sich ein ca. 150—200 m breites Wiesenband, das parallel zum oberen Bildrand verläuft. Der grundwassernahe, gleichmäßig durch eine Uferkante abgegrenzte Wiesen-Mäander liegt 1—2 m tiefer als seine Umgebung. Es handelt sich um den Lauf des Urneckars, der hier noch vor 8000 Jahren floß. Dieser sogenannte Bergstraßenneckar war von den vom Rheinstrom abgelagerten Schottern in seinem Lauf immer wieder verdrängt worden, und kam erst in der Höhe von Groß-Gerau zur Mündung. In den Dörfern heben sich im Siedlungsbild die alten bäuerlich geprägten und stärker verdichteten Ortskerne deutlich von den Erweiterungen der Nachkriegszeit ab.

Das rechte untere Bild führt ins nördliche Hessische Ried. Im Gegensatz zu den anderen Bildausschnitten erkennt man unschwer eine überaus intensiv bewirtschaftete Gartenbaulandschaft. Das 1965 zur Stadt erhobene ehemalige Großdorf Griesheim vor den Toren Darmstadts ist seit Jahrhunderten als Standort von Sonderkulturen bekannt. Auf warmen Sand- und Lößböden, zum Teil durchsetzt mit dränagierten alten Moor- und Auelehmböden, breitet sich eine kleinparzellierte, mittlerweile flurbereinigte bunte Wirtschaftsfläche aus. In der beginnenden Neuzeit betrieb man in der Gemarkung vorwiegend Weinbau, doch bereits vor 200 Jahren entwickelte sich ein Übergang zum Zwiebel- und Knoblauchanbau. Heute beherrschen die blaugrauen Gemüsekohlfelder die Flur, in welche die grünen Salat-, Kartoffel-, Mais-, Spargel- und Gurkenfelder scheinbar beliebig eingestreut sind. Die braungrauen Ackerparzellen erinnern daran, daß in diesem günstigen Klima mehrere Ernten erzielt werden können. Der Gemüseanbau in dem industriearmen verstädterten Griesheim wird in starkem Maße von Feierabendbauern und Nebenerwerbslandwirten betrieben.
E. E.

Linke Seite
Oben: Mannheim
Unten links: Fehlheim an der Bergstraße
Unten rechts: Gartenbaulandschaft bei Griesheim

Oberfranken

Das hier beschriebene Satellitenbild ist nach Nord-Nord-Ost orientiert und zeigt in der Mitte das Ballungszentrum Nürnberg-Fürth (kräftig blau gefärbt). Rechts unten ist ein kurzer Abschnitt der Donau, rechts oben sind Teile des Oberpfälzer Waldes und des Fichtelgebirges, im linken Bildteil Haßberge, Steigerwald und Frankenhöhe, sowie das Keupergebiet westlich Nürnbergs zu sehen.

Beherrscht wird das Bild von der Fränkischen Alb. Als Fortsetzung und Ende einer geologischen Formation, die noch den französischen und Schweizer Jura und die Schwäbische Alb umfaßt, ist diese Kalkplatte wie ein weiter, sichelartiger Bogen ausgebildet.

Die nordbayerische Landschaft, das sogenannte Schichtstufenland, reicht heute im Westen vom Odenwald (außerhalb des Bildes) bis zur Böhmischen Masse im Nordosten, bzw. bis zur Donau im Süden. Um ihre Entwicklung zu verstehen, müssen wir in der Erdgeschichte bis zur Trias, also ca. 230 Jahrmillionen zurückgehen. In dieser Periode werden auf dem kristallinen Untergrund in einem Gebiet, das wechselnde klimatische Verhältnisse zeigt, nacheinander der Buntsandstein (300 m), der Muschelkalk (250 m) und der Keuper (450 m) abgelagert. Vor ca. 190 Millionen Jahren überflutet dann das Meer weite Gebiete, und die Kalke des schwarzen (Lias), des braunen (Dogger) und des weißen Jura (Malm) entstehen. Das so gebildete Schichtpaket wird zu Beginn der Kreidezeit (vor ca. 140 Millionen Jahren) herausgewölbt, und infolge der unterschiedlichen Härte der Gesteine formt die Erosion eine erste Karst- und Schichtstufenlandschaft. Während der Oberkreide sinkt ein großer Teil Frankens für kurze Zeit wieder unter den Meeresspiegel, und es werden vor allem in Erosionsrinnen neue Sedimente abgelagert. Wichtig sind hier vor allem die Spateisenerze von Amberg/Sulzbach-Rosenberg. Ab dem Tertiär (65 Millionen Jahre) bleibt Nordbayern dann Festland. Vulkanismus (Parkstein usw.) und tektonische Vorgänge formen den Ostteil. Die Sedimentserien sind seit dieser Zeit intensiver Verwitterung ausgesetzt. Die Gesteinsschichten werden weiter von Westen her abgetragen, es entstehen dabei ebene Flächen und steile Klippen, die insgesamt eine Art Treppe mit nach Osten geneigten Stufen bilden.

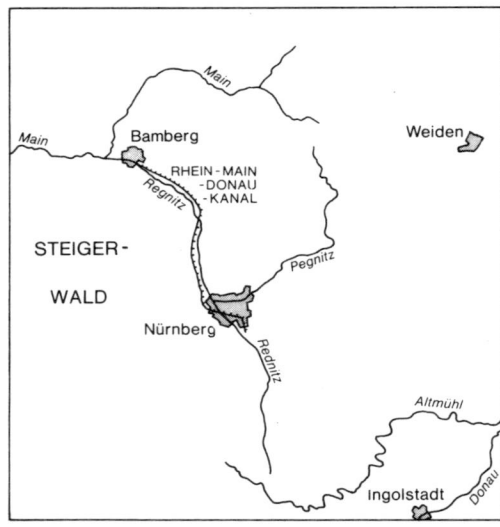

Diese Zusammenhänge lassen sich leicht im Satellitenbild ablesen. Unten links ragt noch eine Ecke der Muschelkalkplatte ins Bild. Vorwiegend landwirtschaftlich genutzt, zeigt sie überwiegend Rottöne. Im Anschluß daran zieht eine kräftig rote, vielfach ausgefranste Zone von Nord nach Süd. Die hier auf tonreichem Boden und infolge der häufigen Stauregen üppig gedeihenden Buchenwälder markieren den bis 250 m hohen Steilaufschwung der Keuperstufe (Haßberge, Steigerwald, Frankenhöhe). Die Keuper-Oberfläche dagegen besteht aus kargen, sandigen Böden, die hauptsächlich Kiefernwälder tragen. Das schwache Gefälle der nach Osten entwässernden Flüsse macht zum Teil die Anlage von Karpfenweihern (Ebrach-Aisch-Platten) möglich. Diagonal durch das Bild und im Bogen nach unten links verlaufend, betont durch die Anordnung der dunkelbraun erscheinenden Nadelwälder östlich und südlich Nürnbergs, erhebt sich über der Keuperfläche die Tafel der Juraserien. Der bis 400 m hohe Abbruch gliedert sich dabei in mehrere Stufen. Die oberste und mit ca. 200 m mächtigste Schicht wird vom Weißjura (Malm) gebildet. Dieses aus Kalken, Dolomiten und Mergeln bestehende Gestein bildet typische Verwitterungsformen, den Karst. Das Oberflächenwasser dringt an Schwächezonen in das Gestein ein und spült unterirdische Fluß- und Höhlensysteme aus (Teufelshöhle bei Pottenstein, Schulerloch). Die Folgen sind das sofortige Versickern jeglichen Oberflächenwassers in Dolinen und der Einsturz von instabilen Höhlendecken. Die Albhochfläche ist daher ein nur zur Schafzucht geeignetes, dünn besiedeltes, aber mit herbem Reiz ausgestattetes Land. Die wenigen, tiefeingeschnittenen Flüsse liegen auf Grundwasserstauern und sind sehr wasserreich, da ihnen über Quelltöpfe und Hangquellen alle Karstwässer direkt zufließen.

Als Folge der geologischen Verhältnisse stellen sich die Flußsysteme dar, die im Laufe der Geschichte bedeutenden Veränderungen unterworfen waren. Es zeichnen sich im Bild deutlich zwei Hauptsysteme ab. Von Süden nach Norden und durch Nürnberg fließt die Regnitz, die sich in Bamberg mit dem in der oberen Bildmitte durch die Kalktafel schneidenden Main vereinigt, und die somit zum Rhein entwässert. Ihr fließen die meisten Bäche der Keuper- und der nördlichen Albtafel zu. Im Süden erkennt man das tief eingeschnittene und mäandrierende Tal der Altmühl mit ihren Nebenbächen. Sie entwässert im gerade außerhalb des Bildes liegenden Kehlheim in die Donau, deren breite Tallandschaft sich durch ihren intensiven Ackerbau heraushebt.

Vor Jahrmillionen allerdings war die Situation völlig anders. Der Urmain floß im Tal der heutigen Regnitz nach Süden in die Altmühl, deren Unterlauf wiederum das damalige Tal der Donau bildete. Erst als das Stufenland leicht gehoben und verkippt wurde, erfolgten eine Flußumkehr und der Durchbruch des Mains nach Westen. Eine Verbindung der Systeme Rhein und Donau wurde schon von Karl dem Großen an der Wasserscheide zwischen Altmühl und Regnitz versucht. Erst unserer modernen Technik wird es wohl gelingen, Nordsee und Schwarzes Meer zu verbinden. Der Rhein-Main-Donau-Kanal führt bereits deutlich sichtbar im Regnitztal bis zum neuen Nürnberger Hafen.

K. H.

Rechte Seite:
Oberfranken
(Mosaik aus vier Bildern)
Bildmaßstab 1 : 500 000
Aufnahmedaten: 7. 8. 1975, 26. 6. 1976,
27. 6. 1976

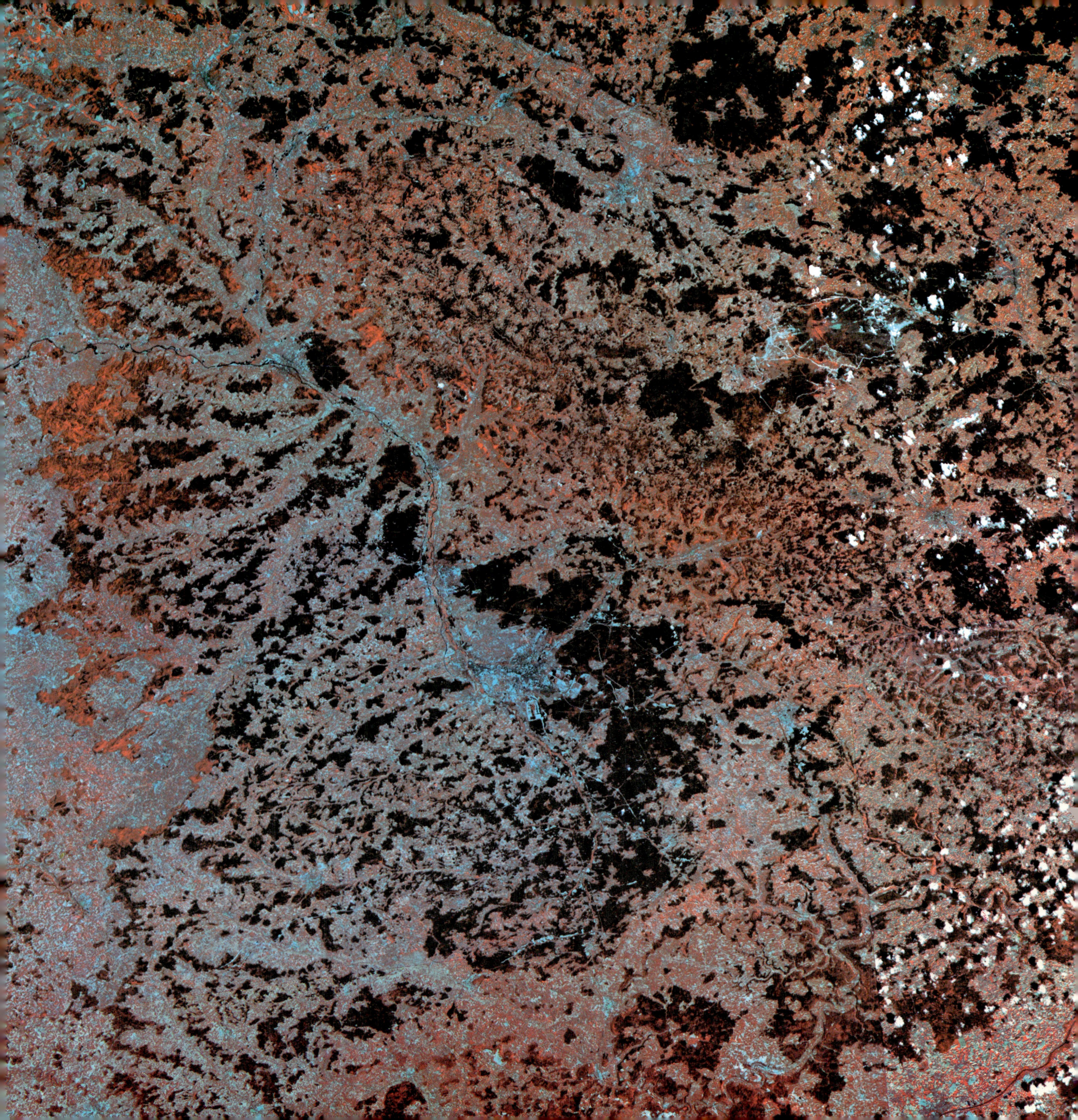

Teichlandschaft bei Höchstadt

Der Bildausschnitt zeigt die natur- und kulturgeographischen Elemente der östlichen Steigerwaldabdachung in ihrer räumlichen Verteilung. Das Areal umfaßt ca. 16 km². Es wurde im Herbst aufgenommen, wie man an den abgeernteten Feldern und der Schattenlänge der Baumgruppen erkennt.

Dieser östliche Teil der Steigerwaldabdachung gehört landschaftlich nicht mehr zu dem geschlossenen Teil des Steigerwaldes. Hier im Ebrach-Aisch-Grund verzahnt sich die aufgelöste Keuperlandschaft mit der in das Steigerwaldgebiet hineinreichenden Gäulandschaft. Die Hochflächen- und Riedellandschaft löst sich allmählich auf und geht in eine flachwellige Ebene über, in einen Wechsel von relativ schmalen Riedeln und weiten Talmulden.

Das vorherrschende Landschaftselement sind die flachen Talungen, die sogenannten Gründe, mit feuchten und versumpften Wiesen. Die Aisch, die am oberen Bildrand schmal und von Galeriebäumen gesäumt von Westen nach Osten fließt, bildete ein weites Tal im Gipskeuper aus, in dem sie mit schwachem Gefälle — wie die vielen Mäander zeigen — hin und her pendelt, und das sie bei Schneeschmelze und starken Regenfällen in eine weite Überschwemmungslandschaft verwandelt.

Diese Talsohle liegt ca. 265 m über NN. Die höher gelegenen breiten Talungen sind ackerbaulich genutzt; hier befinden sich auch die Siedlungen.

Die Rücken, Platten und Riedel zwischen den flachen Talungen werden aus Sandsteinen des mittleren Keupers — hier Burgsandstein — gebildet, die durch Abtragung ein abwechslungsreiches, aber nur flachgeböschtes Relief entstehen ließen. Die Kuppen, Riedel und zerlappten Platten überragen die Talmulden nur um 50 bis 100 m.

Am nordöstlichen Bildrand liegt die Kreisstadt Höchstadt mit einem Vorort am Südufer der Aisch, weiter östlich am Südufer Greimsdorf, beide auf der hochwasserfreien Terrasse der Aisch. Südlich von Greimsdorf, ungefähr in Bildmitte, erkennen wir Krausenbechhofen, am unteren Bildrand Poppenwind und am linken Bildrand unten Kleinneuses.

Maßgebend für die Anlage größerer Siedlungen war die Nähe des fließenden Wassers; die Orte liegen in auffallender Regelmäßigkeit unmittelbar über den versumpften Talböden. Auf den Keuperplatten liegen kleine Weiler und Höfegruppen als Zeichen einer späteren Landnahme. Diese besiedelten Talzüge heben sich wie breite Rodungsgassen von den bewaldeten Riedeln und Platten ab.

Die Nutzung der Ebrach-Aisch-Platten ist deutlich an die Morphologie gebunden. Die breiten Talauen der Aisch, die im Frühjahr häufig überschwemmt sind, werden als Mähwiesen genutzt, während auf den anschließenden, höhergelegenen Gebieten Felder angelegt sind. Nördlich der Aisch sind die Areale in schmale Streifenfluren aufgeteilt, südlich davon in Blockfluren. Die Böden sind karg im Keuperbergland; es gibt lettige Einlagerungen im Burgsandstein, aber keine durchgehenden Horizonte, so daß die dritte im Bild erkennbare Bodennutzung, die Teichwirtschaft, für die umliegenden bäuerlichen Klein- und Mittelbetriebe wirtschaftlich von Bedeutung ist. Die Teichwirtschaft ist besonders charakteristisch für die Ebrach-Aisch-Platten. Hier werden Karpfen gezüchtet. Vor allem die Anlage großer Weiherketten fällt auf. In den Niederungen werden Bäche zu Fischweihern aufgestaut. Die künstlich angelegten Weiher befinden sich aber nicht mehr nur in den flachen Mulden, sondern dringen weit in die höher gelegenen Waldareale vor. Die unterschiedliche Farbe der Wasseroberflächen hängt von der Reflexion des Sonnenlichtes ab, vor allem aber auch von der unterschiedlichen Wassertiefe.

Die waldbestandenen Keuperplatten werden forstwirtschaftlich genutzt. Auf den nährstoffarmen Sandböden gedeiht nur Nadelwald, vielfach nur die Kiefer. Auf den schweren Böden der Lettenlinsen wachsen auch Laub- und Mischwaldbestände, die aber auf diesem Bild nicht eindeutig zu identifizieren sind. Am Ostrand des großen Waldgebietes und südwestlich von Krausenbechhofen sind Steinbrüche erkennbar. Diese Steinbrüche sind größten Teils bereits aufgelassen. Man findet sie vornehmlich im mittleren Burgsandstein, dessen bis zu drei Metern mächtige „Werksandsteinbänke" früher das Baumaterial für Kirchen, Schlösser und größere Bauernhöfe der umliegenden Dörfer lieferten.

Die Verkehrserschließung war lange Zeit mangelhaft. Bis 1950 gab es keine Straßen mit staubfreiem Belag. Vor dem Ersten Weltkrieg wurde von der Hauptstrecke Nürnberg—Bamberg eine kleine Stichstrecke am südlichen Aischufer parallel zur Straße nach Höchstadt angelegt, die heute ihre Bedeutung verloren hat, weil sich die Verkehrssituation durch den Bau der Autobahn 1962 bis 1964 entscheidend veränderte.

Die Ebrach-Aisch-Platte ist eine siedlungsfreundliche Durchgangslandschaft. Sie trägt die Hauptleitlinie des West-Ost-Verkehrs, die Straßen- und Bahnverbindung Würzburg—Nürnberg, in der rechten oberen Bildecke mit der Anschlußstelle erkennbar. Der Bau der Autobahn und der Zubringerstraßen brachte dem Landkreis wirtschaftlich starke Impulse, vor allem auch der Kreisstadt Höchstadt. Sie ist seit dem Mittelalter Verwaltungsmittelpunkt ihres weiteren Umlands und blieb bis in das 20. Jahrhundert hinein eine typische Ackerbürgerstadt. Die Besiedlung und Landnahme dieses Gebietes erfolgte von Osten aus, wobei die Täler die von Natur vorgegebenen Leitlinien bildeten.

C. F.

Linke Seite:
Teichlandschaft bei Höchstadt

Von Bamberg bis Bayreuth

Gut geschützt gegen rauhe Winde schmiegt sich das Städtchen Pottenstein (oberes Bild) in eines der vielen zerklüfteten Täler der Fränkischen Schweiz. Die stetige Kraft des Wassers hat in den 130 Millionen Jahren seit der Jurazeit die ehemals endlose Kalktafel zerschnitten und sie in ein Gewirr von engen, verwinkelten Tälern und steil aufragenden Hochflächen zerlegt. Aber diese Erosionsprozesse sind nicht nur an der Oberfläche wirksam. Auch im Untergrund lösen kohlensäurereiche Wässer, natürlichen Schwächezonen folgend, die Kalk- und Dolomitgesteine. Auf diese Weise entstehen ausgedehnte Höhlensysteme, oftmals mit weitverzweigten Flußläufen. Die Teufelshöhle mit ihren reichen Sinterformen, in der Nähe von Pottenstein gelegen, ist ein gutes Beispiel für eine solche Karsthöhle.

Pottenstein selbst ist bekannt vor allem durch seine Burg, die, auf einer weit vorspringenden Felsnase erbaut, am rechten Bildrand sichtbar ist. Sie wird bereits 1102 anläßlich ihres Verkaufs an das Bistum Bamberg urkundlich erwähnt und wurde in ihrer langen Geschichte mehrmals erobert und zerstört. 1227 lebte hier für einige Monate die Landgräfin Elisabeth von Thüringen, die heilige Elisabeth. Nach ihrer Vertreibung von der Wartburg fand sie auf dem Weg nach Marburg Zuflucht auf Pottenstein.

Das Städtchen zählt heute etwa 2000 Einwohner und hat sich mit seinen zahlreichen renovierten Fachwerkhäusern und der gotischen Pfarrkirche ein mittelalterliches Stadtbild erhalten.

Einen der berühmtesten Musentempel der Welt zeigt die Aufnahme links unten. Auf einer Burgsandsteinterrasse, dem Grünen Hügel, entstand 1872—1876 nach den Plänen von Otto Rückwald das Bayreuther Festspielhaus.

Rechts im Bild sieht man das Eingangsportal, dahinter den Hauptbau, der den amphitheatralischen Zuschauerraum für 1800 Besucher enthält. Der herausragende Teil des Bauwerks birgt die Bühne. Dieser hohe Raum war notwendig, um die riesigen Bühnenbilder auswechseln und um spezielle technische Effekte erzielen zu können.

Bemerkenswerterweise ist das Festspielhaus in Holzbauweise ausgeführt. Wagner, der das Gebäude ein „Provisorium" nannte, schob Kostengründe vor, die ihm dazu dienten, einen Steinbau zu verhindern. Seine Überlegungen waren richtig, das Haus wirkt als riesiger Schallkörper und ergibt eine weltweit einzigartige Akustik. Gegenüber damaligen Theatern wurde eine Steigerung des Hörerlebnisses auch durch die Verlegung des Orchesters in einen, Bühne- und Zuschauerraum trennenden, tiefen Orchestergraben erreicht.

Richard Wagner eröffnete das Haus am 13. August 1876 mit einer Aufführung der Oper „Rheingold". Diese ersten Bayreuther Festspiele schlossen allerdings mit einem Defizit von 150 000 Mark. König Ludwig II. von Bayern gewährte schließlich nach längerem Zögern ein Darlehen, das aus den Tantiemen für Aufführungen Wagnerscher Werke zurückgezahlt werden sollte. Mit „Parsifal" gelang 1882, ein Jahr vor Wagners Tod in Venedig, der Durchbruch. Die Tantiemen aus seinen Werken beliefen sich bis zum Ablauf der 50jährigen Schutzfrist auf über 6 Millionen Mark.

Neben seiner Funktion als Aufführungsort Wagnerscher Musik, spielte das Bayreuther Festspielhaus aber auch immer eine bedeutende Rolle im geistigen Leben unseres Landes. Seine Errichtung fällt in eine Zeit nationalistischer Euphorie. Der alte Erbfeind Frankreich war gerade besiegt worden und der bayerische König hatte dem Preußenkönig die Kaiserkrone überreicht. Mit Bedacht als vermittelnder Ort zwischen Bayern und Preußen ausgewählt, wurde Bayreuth für viele zum Symbol nationaler Erweckung und Einheit. In logischer Folge entwickelte es sich dann während des Dritten Reiches unter Winifred Wagner, der Frau des Wagner-Sohnes Siegfried, zu einem Symbol nationalsozialistischen Gedankenguts.

Eine Neuorientierung zur Musik hin gelang erst unter den Wagner-Enkeln Wieland und Wolfgang, die Ende der fünfziger Jahre durch abstrakte Bühnenbilder und die Verwendung von Lichteffekten den Stil der heutigen Festspiele prägten.

Das Bild rechts unten zeigt einen der schönsten Winkel Bambergs. Auf einer kleinen künstlichen Insel im linken Regnitzarm erhebt sich eines der Wahrzeichen der Stadt, das alte Rathaus. Der heutige Bau entstand in der Mitte des 18. Jahrhunderts und besteht aus dem Hauptflügel, dem mächtigen Torturm und dem Fachwerkbau des Rottmeisterhäusleins im Vordergrund. Die einzigartige Lage hat eine tiefere Bedeutung, verdeutlicht sie doch das besondere Spannungsfeld, das diese Stadt seit dem frühen Mittelalter prägt: links der Regnitz, auf den letzten Ausläufern des Steigerwaldes, die geistliche Stadt mit ihren Kirchen, Klöstern und der fürstbischöflichen Residenz, rechts auf der großen Insel zwischen linkem und rechtem Regnitzarm die weltliche Bürgerstadt, auf neutralem Boden dazwischen und durch zwei Brücken diese Antipoden verbindend, das alte Rathaus. Im Bild rechts vorn Schloß Geyerswörth; der Fünfflügelbau, der einen Innenhof mit mittelalterlichem Turm umschließt, wurde als fürstbischöfliches Schloß bis 1587 erbaut.

Die Häuserzeile direkt oberhalb des Rathauses am rechten Regnitzufer gehört zum Stadtviertel der Flußfischer und wird wegen der vielen Stege und verwinkelten Bauweise „Klein-Venedig" genannt.

Das wohl schönste Bauwerk der Stadt ist der Bamberger Dom. In der Zeit zwischen 1003 und 1237 erbaut, birgt diese Kirche berühmte Beispiele romanischer Bildhauerkunst wie die Gnadenpforte, die Skulpturen Synagoge und Ecclesia, das Grabmal des Kaiserpaares Heinrich II. und Kunigunde (von Tilman Riemenschneider) und nicht zuletzt das klassische Standbild des Bamberger Reiters.

Bamberg ist heute nicht mehr nur eine gut erhaltene mittelalterliche Kunststadt. Neben ihrer Rolle als Bischofsstadt ist sie zum Zentrum für eine vielseitige und leistungsfähige Industrie geworden. Vor allem elektrotechnische Betriebe und die Textilindustrie haben sich hier angesiedelt.

Günstige Verkehrsverbindungen und vor allem der Ausbau des Hafens, der, am Rhein-Main-Donau-Kanal gelegen, eine wichtige Funktion als Umschlagplatz besitzt, bilden die Grundlagen für die Bedeutung der Stadt Bamberg als wirtschaftliches Zentrum Oberfrankens und der nördlichen Oberpfalz. *K. H.*

Rechte Seite
Oben: Pottenstein in der Fränkischen Schweiz
Unten links: Richard-Wagner-Festspielhaus in Bayreuth
Unten rechts: Die Innenstadt von Bamberg

Der Nordosten Bayerns

Das Bild links unten zeigt eine Großindustrieanlage in der Oberpfalz, die Maximilianshütte in Sulzbach-Rosenberg. Zusammen mit dem in der Nähe liegenden Amberg wurde dieser Ort bereits 1341 erstmals erwähnt und bildet seit dieser Zeit den Schwerpunkt für Abbau und Verhüttung von Eisenerzen im süddeutschen Raum. Es handelt sich dabei um Spateisenerze mit einem Eisengehalt bis zu 40 Prozent. Als das Meer während der Kreidezeit nordwärts vordrang, wurden im Brandungsbereich Juragesteine (hier Lias) aufgearbeitet und ihr Anteil an Toneisenstein zerkleinert und vom leichteren Sand und Ton getrennt. Infolge des hohen spezifischen Gewichts lagerte sich dieses Erz bevorzugt an den tiefsten Stellen, also zum Beispiel in alten Erosionsrinnen ab. Diese „Trümmerlagerstätten" weisen Erzflöze von 1—4 m Mächtigkeit auf, die vielfach dicht an der Erdoberfläche liegen und leicht abgebaut werden können.

Bereits in vorgeschichtlicher Zeit gab es hier Bergbau, aber erst im Hochmittelalter gelangte die Erzverarbeitung dank der im Überfluß vorhandenen Holzbestände und der Wasserkraft zu großer Blüte. Ein erster Niedergang erfolgte im 18. Jahrhundert, der aber Mitte des 19. Jahrhunderts mit dem Beginn der industriellen Revolution abgefangen werden konnte. Der Bau der Maximilianshütte (um 1863) fällt in diese Zeit.

Heute produziert diese Hütte mehr als eine Million Tonnen Rohstahl, der in sechs Hochöfen (an ihren Kreuzgerüsten neben der langen Rauchfahne erkennbar) erschmolzen wird. Das Eisen gelangt von hier direkt über das Stahlwerk zum Walzwerk, das in der großen gerippten Halle untergebracht ist. Eine Weiterverarbeitung erfolgt seit 1954 auch in einem im Bild nicht sichtbaren Röhrenwerk. Die Schlämmteiche und Abraumhalden im Südwesten gehören zu einer Schachtanlage am Eichelberg.

Das Fichtelgebirge ist ein typisches Beispiel für die sanften Erosionsformen eines alten Rumpfgebirges. Die beherrschenden Bergketten, die in herzynischer (NW—SO) und erzgebirgischer (SW—NO) Richtung verlaufen, bilden ein nach Nordosten offenes Viereck und umschließen so das Hochland der Wunsiedeler Bucht. Die höchsten Erhebungen sind der Schneeberg mit 1051 m und der hier abgebildete Ochsenkopf (unten rechts) mit 1024 m. Das Fichtelgebirge ist im wesentlichen aus vier verschiedenen, während des Varistikums gebildeten Granitvarietäten aufgebaut. Der im Ochsenkopf-Massiv und in der Fichtelberger Gegend auftretende grobkörnige Fichtelgebirgskerngranit ist um die 300 Millionen Jahre alt und enthält ebenso wie der mittelkörnige Zinngranit in Spalten, die sich bei der Abkühlung gebildet haben, viele seltene Mineralien. Die leichtflüchtigen Bestandteile des Magmas führten bei der Abkühlung zur Ausscheidung von Topas, Turmalin, Flußspat, Zinnspat und Wolframit in Klüften und Nestern. Am Waldstein und am Epprechtstein sind berühmte Fundstellen solcher Mineraldrusen. Bei der Abkühlung rissen auch breite Spalten auf, in die vulkanisches Material eingedrungen ist. Der Verlauf eines solchen Ganges (Plagioklas, Hornblende, Biotit und Erz) ist im Bild durch die in einer Linie liegenden Seen und Waldlichtungen markiert. Die leichte Schmelzbarkeit dieser Gesteine und der einfache Abbau in offenen Steinbrüchen bildeten die Voraussetzung für die Ansiedlung einer leistungsfähigen Glasindustrie in Bischofsgrün. Einen wichtigen Anteil daran hatten auch die fast unerschöpflichen Holzbestände in der Umgebung.

Das rauhe Klima und die kargen Verwitterungsböden machen das Fichtelgebirge zu einem Waldland. In jüngerer Zeit versucht man, die monotonen Fichtenkulturen, ein Ergebnis spätmittelalterlicher Aufforstungen schnellwachsender Monokulturen, wieder in die ursprünglichen lichten Mischwälder umzuwandeln. Auch der zunehmende Fremdenverkehr beginnt seine Spuren zu hinterlassen. Der Asenturm auf dem Ochsenkopf und Kahlschläge für Skipisten und Lifte an seinen Flanken sind beredte Zeichen für das Aufblühen eines neuen Erwerbszweiges.

Aus der Ebene nordwestlich von Weiden in der Oberpfalz hebt sich unvermutet eine kleine steilflankige Bergkuppe heraus. Obwohl nur 50 m hoch, genießt man von der Kapelle auf ihrem Gipfel einen weiten Blick über die flache Umgebung (oberes Bild).

Vor ca. 10 Millionen Jahren, während der Zeit des Obermiozän, drangen in Nordbayern mehrere Vulkane durch die Erdkruste nach oben. Einen solchen ehemaligen Vulkanschlot stellt neben dem Rauhen Kulm bei Neustadt und anderen auch der Parkstein dar. Sein Gestein, ein dunkelblaugrauer Feldspatbasalt, erwies sich als sehr widerstandsfähig. Die ihn ehemals umhüllenden Kreidesedimente wurden abgetragen, der Basaltpfropf ist als Härtling stehengeblieben. Aus extrem zähem Material war er vor allem für Straßenschotter und Splitt geeignet und wurde im Steinbruch im Vordergrund abgebaut. Dort sind auch die für Basalt typischen fünf- und sechseckigen Säulen zu beobachten. Sie entstehen durch Spannungen im sich abkühlenden Gestein.

K. H.

Linke Seite
Oben: Parkstein in der Oberpfalz
Unten links: Sulzbach-Rosenberg
Unten rechts: Der Ochsenkopf im Fichtelgebirge

Niederbayern und Bayerischer Wald

Das schwarze windungsreiche Band der Donau bildet in diesem Bild die Scheidelinie für zwei klar definierte Landschaftstypen: im Süden das durch minimales Relief und intensiven Ackerbau geprägte tertiäre Hügelland und im Nordosten die Rumpfgebirge des Bayerischen und Böhmerwaldes mit ihren zum Teil immer noch endlosen dunkelbraun bis schwarz erscheinenden Waldflächen.

Bei der Beschreibung wollen wir dem Fluß zunächst auf der rechten (südlichen) Seite von Kelheim bis Passau folgen.

In der Nähe des linken Bildrandes schneidet sich die Donau noch mühsam in engem Bett durch die Kalktafel der Fränkischen Alb und erreicht bald den nördlichsten Punkt ihres Laufes. Der hier sich spinnenartig ausbreitende graue Fleck ist Regensburg (siehe Bild Seite 116) mit seiner schiefergrau erscheinenden Altstadt und den helleren Neubauvierteln. Deutlich sind auch die Stromverzweigungen und, als schwarze Striche, die Hafenbecken zu erkennen. In ihrem weiteren Lauf schwingt die Donau nun in weiten Schlingen behäbig durch die Tiefebene. Der Fluß ist streckenweise begradigt und eingedeicht, die alten Mäander aber sind im Satellitenfoto immer noch zu erkennen. Als Altwasser oder auch nur infolge ihrer höheren Feuchtigkeit zeichnen sie sich klar gegenüber dem umgebenden Gelände als dünne, dunkelblaue Schlingen ab, deren Verbindung zum Fluß durch Dämme abgeschnitten ist. Die feuchten Uferwiesen heben sich als hellrote Flächen heraus.

Das bunte Mosaik der den Fluß begleitenden Felder verbreitert sich nun in einer weiten Bucht nach Süden. Das Herzland des Dungau (siehe auch Bild Seite 119) liegt vor uns. Die großräumige Felderteilung und das Fehlen jeglicher Bewaldung läßt den Reichtum des niederbayerischen Gäubodens ahnen. Die vorwiegend hellblauen Farben der Felder erklären sich daraus, daß der Zeitpunkt der Aufnahme noch vor dem Aufgang der Saat liegt. Das Zentrum dieser Kornkammer bildet Straubing, im Bild zusammengeschrumpft zu einem dunklen Fleck an einer durch einen künstlichen Kanal abgeschnittenen Flußschleife. Deutlich hebt sich von den Dungau-Niederungen das tertiäre Hügelland im Süden ab.

Wie Vogelkrallen gliedern die Bachläufe, meist nur erkennbar am Hellrot ihrer Wiesengründe, diese Landschaft. Der Boden besteht aus den Konglomeraten und Sanden der oberen Süßwassermolasse. Bereits während ihrer Heraushebung hat sich der Verwitterungsschutt des Böhmerwaldes und der Alpen in diesem sich langsam senkenden Trog abgelagert. Während der Eiszeit wehten die Winde dann feinen Staub aus den riesigen Frostschuttmassen, Moränen und Schottern des periglazialen (Dauerfrost-)Bereiches nach Norden und setzten ihn im Hügelland vorwiegend an den dem Wind abgekehrten Hängen als ockergelben Löß ab. Die Bodenverteilung läßt sich im Bild direkt an der Nutzungsart ablesen: die sumpfigen Bachwiesen (hellrot) im Talgrund, das bunte Mosaik der verhältnismäßig kleinen Felder an den Talhängen auf fruchtbaren Löß- und Schwemmböden, auf den unfruchtbaren Konglomeraten der Hügelkuppen dann die schwarzen Farben der an ihrer typischen Geometrie erkennbaren Bauernwälder.

Die beiden von Süden kommenden Flüsse sind die Unterläufe der Isar und des Inn, der hier die Grenze nach Österreich bildet. Als typische Gebirgsflüsse haben sie einen von der Jahreszeit stark abhängigen Wasserstand, und die in ihrem Bereich liegenden Ortschaften sind während der Schneeschmelze und bei starken Regenfällen hochwassergefährdet. Staubecken, die gleichzeitig die Wasserkraft zur Stromerzeugung nutzen, sollen diese Gefahr bannen.

Im Fall von Landshut (direkt oberhalb der drei Isarstaubecken, linker, unterer Bildrand) wurde eine weitere Maßnahme ergriffen. Als dünne hellrote Linie erkennbar, nimmt eine künstliche Flutmulde die Hochwasserspitzen auf und schützt so das Stadtgebiet.

In Passau, wo Inn und Ilz in die Donau münden (siehe Bild Seite 120) wollen wir zur nördlichen Flußseite übersetzen.

In einem schroffen Steilaufschwung hebt sich hier das Bergland des Bayerischen Waldes aus der Tiefebene. Langgestreckte nordwest-südost verlaufende Bruchzonen, im Bild deutlich als lineare Strukturen erkennbar, gliedern diesen Bereich. Der berühmte „Pfahl", ein 140 km langer Gang, dessen Quarzfüllung den Kräften der Verwitterung besser standgehalten hat als das umgebende Gestein, markiert eine solche Struktur. Der erste Höhenzug zwischen Donau und Schwarzem Regen, der eigentliche Bayerische Wald, erhebt sich bis 1100 m, der nördliche Teil, der Böhmerwald, bis 1450 m. Aus einer Vielfalt kristalliner Gesteine bestehend, wurde dieses Gebirge während der variskischen Gebirgsbildung vor ca. 320 Millionen Jahren aufgefaltet und seit dieser Zeit zu den sanften Formen eines Rumpfgebirges abgetragen.

Das ursprüngliche Pflanzenkleid ist nur noch im Böhmerwald erhalten. Urwüchsige, nur von wenigen Rodungsinseln (Schachten) aufgelockerte Wälder (Nadelwald braunschwarz, Laubwald etwas heller) bedecken die Höhen. Seit dem Mittelalter aber sind riesige Waldgebiete als Holzkohle in die Öfen der Glasindustrie gewandert oder als Pottasche direkt bei der Glasherstellung benötigt worden. Der Bayerische Wald zeigt daher lichte Waldbedeckung und auf unfruchtbaren Böden dürftigen Ackerbau.

Die Donau hat somit gleichzeitig die Funktion einer Kulturscheide: Im Süden eine schon von den Römern kultivierte reiche Kornkammer, im Norden Einödhöfe, deren Bewohner sich auch heute noch als Fernpendler in den Großstädten verdingen müssen.   K. H.

Rechte Seite:
Niederbayern und Bayerischer Wald
Bildmaßstab 1 : 500 000
Aufnahmedatum: 2. 5. 1976

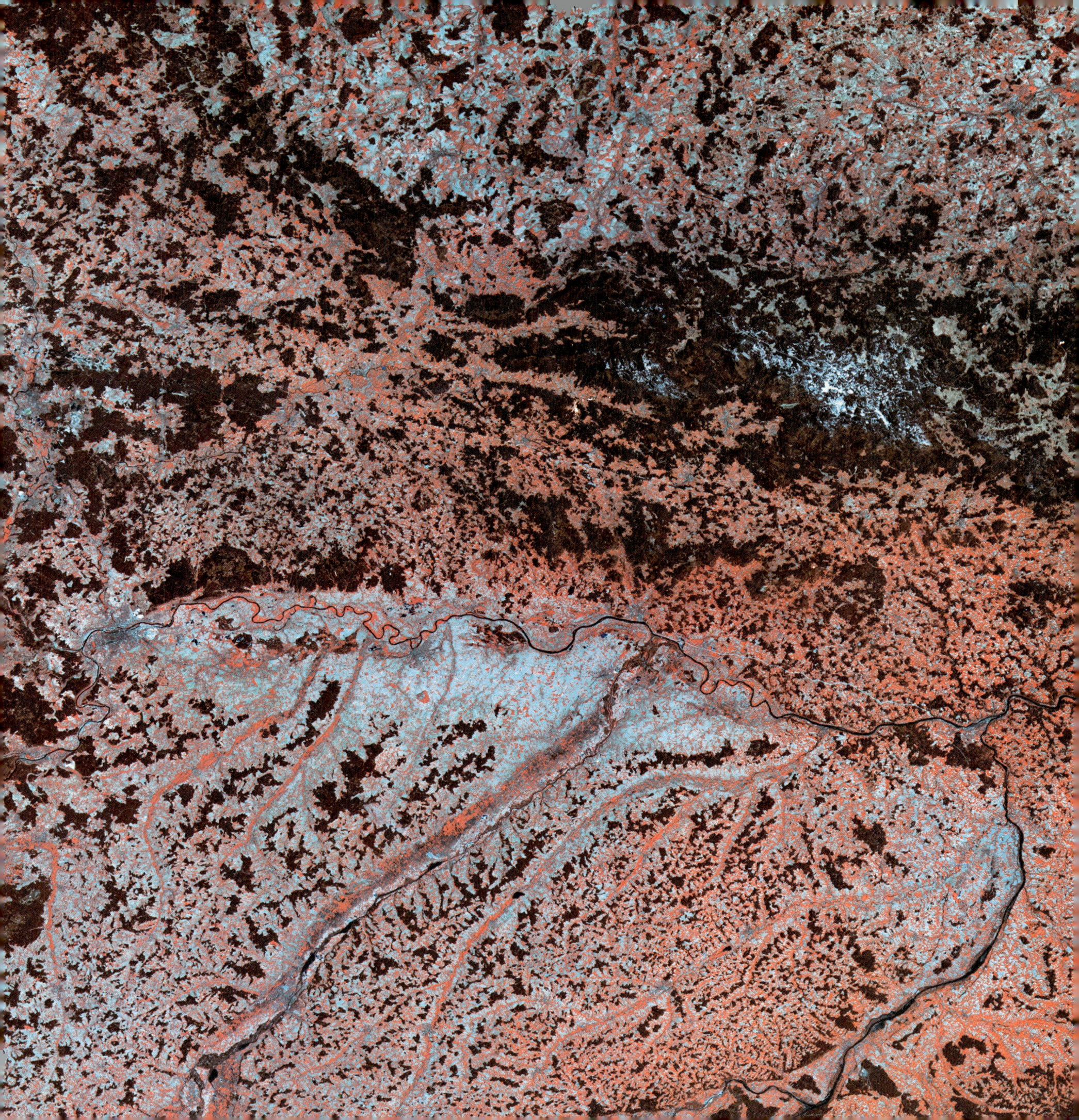

Regensburg an der Donau

Dort, wo die Donau ihren nördlichsten Punkt erreicht und ihr der Regen seine Wasser aus dem Bayerischen Wald zuführt, wurde Regensburg als typische Brückenstadt erbaut. Noch heute leitet die mit 125 000 Einwohnern viertgrößte Stadt Bayerns ihre Bedeutung ab aus ihrer Lage am Knotenpunkt verschiedener Landverkehrswege (München–Berlin, Frankfurt–Wien) und als westlicher Endpunkt der Donauschiffahrt. Die Geschichte dieser Stadt läßt sich denn auch weit zurückverfolgen und ist dokumentiert durch drei Namen: Rathaspona (keltisch) – Castra Regina (römisch) – Reganespurc (bajuwarisch). Heute noch ist in der rechteckigen Anlage der Altstadt und in einigen Mauerresten das im Jahr 179 von Marc Aurel erbaute Römerkastell (450 x 530 m) erhalten.

Eine Mauererweiterung um die Vorstädte im Westen und Osten legte dann die Stadtgrenzen von 1300 bis in das 19. Jahrhundert fest. Den Höhepunkt ihrer wirtschaftlichen Entwicklung erlebte die freie Reichsstadt (seit 1245) vom 11. bis in das 13. Jahrhundert, und zahlreiche glanzvolle Bauten zeugen für ihren Reichtum in dieser Zeit. Als technische Pioniertat galt die 1134–1146 von dem Welfenherzog Heinrich X. erbaute 330 m lange Steinerne Brücke, deren sechzehn Bögen die Donau überspannen. Acht Jahrhunderte lang gab es in diesem Bereich keinen anderen Flußübergang. Nach dem Vorbild der Kathedralen Frankreichs erstand der Dom zwischen dem 13. und dem 16. Jahrhundert, heute gilt er als das Hauptwerk der gotischen Baukunst in Bayern. Im Westen liegt, an den Dombezirk anschließend, die Patrizierstadt. Nach venezianischem Vorbild haben hier die reichen Kaufmannsfamilien vom 13. bis zum 15. Jahrhundert 60 Stadtburgen mit ihren typischen hochaufragenden Patriziertürmen errichtet. Zwanzig davon beherrschen das Stadtbild noch heute.

Im Süden heben sich inmitten von Parkanlagen die weitläufigen Bauten des ehemaligen St. Emmerams-Klosters heraus. Die frühesten Teile dieses Komplexes gehen bis in das 8. Jahrhundert zurück, seit 1812 ist das säkularisierte Benediktinerkloster im Besitz der Fürsten von Thurn und Taxis.

Die Neuorientierung des Welthandels nach Westen und die wachsende Konkurrenz der

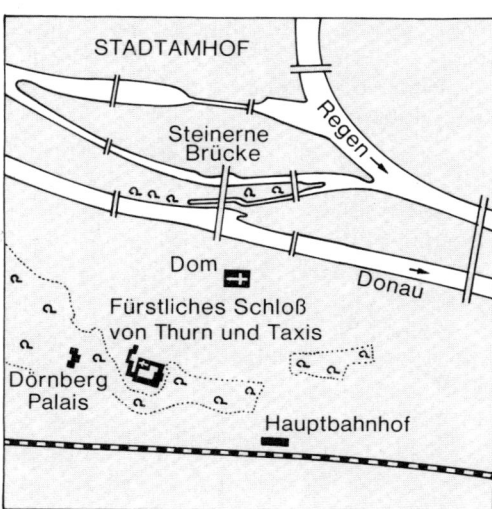

Handelsstädte Augsburg und Nürnberg führte im 16. Jahrhundert zum wirtschaftlichen Niedergang der Stadt. Als Sitz des Immerwährenden Reichstages, der hier von 1663 bis zum Reichsdeputationshauptschluß von 1803 in Permanenz tagte, errang sie nochmals eine gewisse politische Bedeutung.

Unverändert in seiner mittelalterlichen Bausubstanz ging Regensburg aus dem Zeitalter der Industriellen Revolution hervor, auch im Zweiten Weltkrieg wurde es nicht zerstört. Mit seinem noch intakten Gefüge bildet es daher ein Musterbeispiel für den Versuch einer modernen Altstadtsanierung. Ob es freilich möglich sein wird, diesen urbanen Kern zu restaurieren und gleichzeitig mit neuem Leben zu erfüllen, ohne daraus ein Freilichtmuseum zu machen, wird wesentlich davon abhängen, wieweit es gelingt, ihm zeitgemäße Funktionen zuzuweisen. Eine entscheidende Rolle kommt dabei der Verkehrsführung zu. Im Bild gut sichtbar, wird die Stadt eingeschnürt durch die Donau im Norden und den Gleiskörper der Bundesbahn im Süden. Eine Entlastung vom Durchgangsverkehr wurde durch den Bau von Umgehungsstraßen erreicht, wobei der Altstadtkern andererseits als Einkaufszentrum auf möglichst bequeme Erreichbarkeit angewiesen ist.

Einen weiteren wirtschaftlichen Aufschwung als Güterumschlagsplatz für die Region kann Regensburg auch von dem Bau des Rhein-Main-Donau-Kanals erwarten, der bis 1980 fertiggestellt sein soll. Dazu werden gegenwärtig die bestehenden Hafenanlagen im Ostteil der Stadt (im Bild nicht sichtbar) modernisiert und zwei neue 750 m lange Hafenbecken gebaut.

Dem weiteren Ausbau der Donau zur Großschiffahrtsstraße stellte sich ein besonderes Hindernis entgegen. Beim Bau der Steinernen Brücke mit ihren engen und niedrigen Bögen war vor 850 Jahren natürlich nicht an eine solche Entwicklung des Verkehrs gedacht worden, und nun blockierte sie beide Arme der Donau im Stadtgebiet. Anstatt die Brücke abzureißen, wurde eine großzügige Lösung gefunden. Ein neuer Durchstich mit einer Schleusenanlage leitet nun als dritter und nördlichster Donauarm direkt in den Regen. Zum Zeitpunkt der Aufnahme war das Gelände allerdings noch nicht begrünt.
K. H.

Linke Seite:
Regensburg

Ingolstadt und Dungau bei Regensburg

Noch heute zeigt Ingolstadt (Bild rechts oben) die Züge der Festungsstadt des 19. Jahrhunderts und bietet mit seinem Grüngürtel auch auf dem Satellitenbild (Seite 107) ein unverkennbares Objekt.

Die Altstadt von Ingolstadt bildete sich aus zwei Kernen, dem karolingischen Königshof am Münzberg, unmittelbar nördlich der Donaubrücke, und der im 13. Jahrhundert ummauerten gotischen Stadt mit ihrem markanten Straßenkreuz, von dem die zur Donau weisende Achse noch heute den Durchgangsverkehr trägt, während der rechtwinklig kreuzende Straßenzug schon im Hochmittelalter seine Verkehrsfunktion weitgehend verlor und Marktplatz wurde.

1392–1448 war Ingolstadt kurzfristig Residenz eines bayerischen Teilherzogtums. In dieser Zeit entstanden das Schloß in der Südostecke der Altstadt, die Stadtpfarrkirche in der Nähe des Straßenkreuzes und das unvollendete Münster „Unsere Liebe Frau" am Westausgang der Stadt, die ihrerseits nun mit einem viel weiteren Mauerring umgeben wurde. Diese Mauer ist an den Dächern der sie begleitenden Häuserzeile deutlich zu verfolgen. Der Lauf der Donau wurde eingeengt, der Strom selbst an die Stadtterrasse herangeführt, wo auf einem Gelände, welches heute Parkplätze und der moderne Theaterbau einnehmen, die Schiffsländen lagen. Die Blütezeit als Handels- und Residenzstadt war aber nur kurz. Als Ersatz für die fehlende Hofhaltung erhielt Ingolstadt 1472 die Landesuniversität.

Im 16. Jahrhundert wurde Ingolstadt erstmals zur Festung ausgebaut, und dieses enge Korsett von Wällen und Bollwerken wurde mehrfach erneuert. Der letzte Ausbau wurde 1827–1848 durchgeführt und ging bis gegen Ende des 19. Jahrhunderts weiter. Den Wällen wurden zunächst Erdwälle und Gräben vorgelagert, und nach 1872 erhielt die gesamte Anlage einen doppelten Ring von Forts und Vorwerken. Die Altstadt von Ingolstadt wurde dabei mehr und mehr von Militärbauten, Stallungen, Kasernen, Zeughäusern und Lagerschuppen eingenommen, Handel und Gewerbe dagegen zurückgedrängt. Um 1800 hatte die Stadt lediglich noch 4800 Bürger. Die langgestreckten Militärbauten sind deutlich zu erkennen. Sie nahmen etwa ein Drittel der Fläche der Altstadt innerhalb des mittelalterlichen Mauerrings ein. Heute dienen sie verschiedenen Zwecken, sie beherbergen Schulen, Ämter und die Jugendherberge.

Von den Terrassen des fremdartigen Baus der Walhalla (Bild rechts unten) aus schweift der Blick des Besuchers weit über die fruchtbaren Niederungen des Dungau. Die tertiäre Hügellandschaft der bayerischen Tiefebene stößt hier gegen die schroff aufragenden Ränder des Bayerischen Waldes. An dieser tektonischen Grenze entlang schwingt die Donau in weiten Mäandern. Die zum Besitz der Fürsten Thurn und Taxis gehörenden Vorberge tragen ein dichtes Mischwaldkleid. Auf der Kuppe des Breubergs, ca. 100 m über dem Tal, hat im letzten Jahrhundert Kronprinz Ludwig von Bayern die Walhalla erbauen lassen. Im dorischen Stil nach dem Vorbild des Parthenon auf der Akropolis in Athen von Klenze 1840 in weißem Marmor ausgeführt, erinnert sie an die Befreiungskriege gegen Napoleon und legt gleichzeitig Zeugnis ab für den nach Griechenland orientierten Kunstsinn jener Zeit. Als Ruhmeshalle birgt sie in ihrem Inneren die 117 Büsten der „rühmlich ausgezeichneten Teutschen".

Die Schlingen und Altwässer der Donau werden begleitet von Auwäldern und einem 2–3 km breiten Streifen kräftig grüner Marschwiesen. Winterhochwasser und Eisstöße haben immer wieder zu Flußbettverlagerungen und zur Überschwemmung der in diesem Bereich gelegenen Dörfer geführt. So ist in der ersten Donauschleife im Bildhintergrund das Dorf Demling zu erkennen. Es wird als eine der ersten Ortschaften überhaupt bereits 821 urkundlich erwähnt und liegt auf einer flachen Terrasse nur einen Meter über dem Strom. Erst in neuerer Zeit (ab 1836) wurde der Fluß im Rahmen des Ausbaus zur Dampfschiffahrtsstraße aufwendig und wirksam reguliert. Den Stromstrich lenkende Buhnen und bis zu 5 m hohe Deiche schützen nun die gefährdeten Ortschaften. Gleichzeitig konnten durch diese Maßnahmen weite Riedflächen zu fruchtbarem Ackerland gemacht werden. Allerdings ist dadurch auch die reizvolle Auenlandschaft mit ihrem reichen Vogelbestand verlorengegangen.

Bis zum Horizont erstreckt sich der Dungau, von den niederbayerischen Bauern auch Gäuboden genannt. Er begleitet die Donau über 80 km von Regensburg bis Pleinting. Im Satellitenbild (Seite 115) hebt er sich durch die Größe der einzelnen Felder und das Fehlen von Waldflächen gegenüber dem Umland ab. Für die Landwirtschaft bilden mittelschwere, sandig-lehmige Böden günstige Voraussetzungen für intensive Ackernutzung (linkes Bild). Deutlich vorherrschend im Dungau ist Getreidebau, insbesondere Winterweizen und Sommergerste, aber auch Kartoffeln, Zuckerrüben und zunehmend Maisanbau bilden die Grundlage für den Wohlstand der vielen kleinen Bauerndörfer.

Das linke Bild zeigt die im Dungau gelegenen Haufendörfer Pönning im Süden und Oberharthausen im Norden mit ihren großräumigen Fluren. Am Bildrand oben ist gerade noch der Grollhof, ein Vierkanthof, erfaßt. Er demonstriert die für Niederbayern typische Anordnung der Wohn- und Wirtschaftsgebäude: sie sind um einen quadratischen Hof gruppiert.

In früheren Zeiten, als die Landwirtschaft noch nicht mechanisiert war, wurden vor allem während der Erntezeit viele zusätzliche Arbeitskräfte benötigt. Jährlich einmal kamen die Leute aus den armen Gegenden des Bayerischen Waldes herunter in den Dungau, um sich auf dem „Sklavenmarkt" in Straubing bei den reichen Gäubauern zu verdingen. *K. H.*

Rechte Seite
Links: Der Dungau südöstlich von Regensburg
Rechts oben: Ingolstadt (N: oben links)
Rechts unten: Die Walhalla bei Regensburg

Passau — die Dreiflüssestadt

Drei Flüsse prägen das Bild der an ihrem Zusammenfluß gelegenen Stadt Passau und der umgebenden Landschaft. Von Süden durchbricht der Inn den Grundgebirgsriegel des Neuburger Waldes, von Norden her hat sich die Ilz tief und windungsreich in verwitterte Gneise und Granite eingeschnitten. Auch die Donau selbst hat sich von Westen kommend ein Durchbruchstal durch die Ausläufer des Bayerischen Waldes gegraben.

Die verschiedenartige Herkunft der drei Flüsse läßt sich sehr schön im Bild ablesen: Als typischer, direkt von Schneeschmelze und Regenfällen abhängiger Hochgebirgsfluß führt der Inn große Trübstoffmengen, so daß sein kalkreiches Wasser meist milchig-grün erscheint. Die Schwebstoffbelastung der Donau, die als ein Wiesenfluß gilt, ist wesentlich geringer, sie zeigt daher einen bräunlichen Grünton. Dunkelbraun sind dagegen die Wasser der Ilz, die aus dem Bayerischen Wald kommt und über moorige Böden fließt.

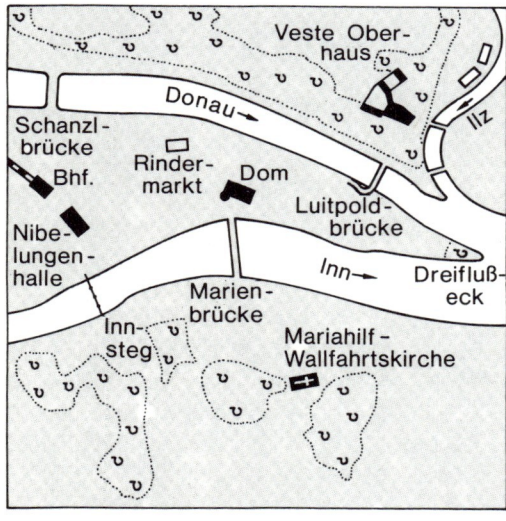

Die Bedeutung der Stadt Passau, aber auch ihre baulichen Entwicklungsmöglichkeiten, sind eng mit ihrer einzigartigen Flußmündungslage verknüpft. Schon in vorgeschichtlicher Zeit gründen die Kelten auf der hochwassersicheren Halbinsel zwischen Inn und Donau das Oppidum Boiodurum. Die Römer schaffen später mit einem Kastell und einer Zollstation die Grundlage für die Entwicklung der Siedlung Batavis, der die Stadt ihren Namen verdankt. Bereits im 8. Jahrhundert war Passau Bischofssitz und entfaltete eine rege Missionstätigkeit donauabwärts bis nach Ungarn und Mähren. Die mittelalterliche Stadt, deren ovaler Grundriß noch deutlich sichtbar ist, untergliedert sich in die Bischofsstadt mit dem Stephansdom und den barocken Palästen der Domherren, in die Klostersiedlung um die im Osten gelegene Abtei Niedernburg und in die dazwischen eingekeilte Bürgerstadt mit ihren kleinen Häusern und engen Gassen. Die erste Stadterweiterung erfolgte nach Westen und wurde im 13. Jahrhundert durch eine neue Stadtmauer geschützt.

Als weitere Siedlungsmöglichkeit bot sich die Flußterrasse am südlichen Innufer an. Lederer, Rotgerber und Klingenschmiede nutzten die Bäche, die hier dem Inn zufließen. Als ältestes Bauwerk steht hier aus dem 9. Jahrhundert die Severinskirche mit ihrem karolingischen Langhaus. Auf der Hochfläche über dem Inn erkennt man die Wallfahrtskirche Mariahilf (1627).

Obwohl äußerst hochwassergefährdet, gewinnt mit dem Aufblühen des Osthandels die Ilzstadt an Bedeutung. Sie war Ausgangspunkt des Goldenen Steiges, eines wichtigen Salzhandelsweges zum böhmischen Prachatitz.

Dieser schmale Weg durchquerte mit 70 km Länge schnurgerade die endlosen Urwälder des Böhmerwaldes. Salz war im Mittelalter ein kostbares Gut, das man für vielerlei lebensnotwendige Dinge benötigte. Böhmen war zu dieser Zeit zwar ein reiches Land, aber total auf die Einfuhr von Salz angewiesen. Der Transport des „weißen Goldes" war daher für die Salzsäumer, die mit ihren zwei Pferden den Weg bis zu dreimal in der Woche machten, ein einträgliches Geschäft. Die Ilzstadt wurde so zum Umschlagplatz für das Salz, das von den bischöflichen Salzstadeln auf Schiffen herantransportiert und hier auf die Pferde verladen wurde. Als Folge davon siedelten sich vor allem Gastwirte, Salzsäumer, Flößer und Fischer an. Zum Schutz der Stadt und als Ausdruck fürstbischöflichen Machtanspruchs erhebt sich seit dem 13. Jahrhundert auf dem Sporn zwischen Donau und Ilz die Zwingburg Oberhaus. Als Reaktion auf einen mißglückten Aufstand der Bürger (1298) wurde sie im 14. Jahrhundert erweitert. Den neuen Gebäudeteil nannte man Niederhaus. Die Zeit der Gegenreformation wird durch die Jesuitenkirche (1612) im Ostteil der Stadt belegt. Heute sind 87 Prozent der etwa 30 000 Einwohner katholisch. Bereits im 16. Jahrhundert bahnte sich mit dem Verfall des Handels der wirtschaftliche Niedergang Passaus an, und besonders in neuerer Zeit stand die Stadt vor großen Problemen.

Der Mangel an Erweiterungsflächen lenkte neue Industriebetriebe in Randgemeinden und verstärkte den Trend zur Verwaltungs- und Schulstadt (Bischofssitz, Universität). Hinzu kommt der Zwang zur Hochwasserfreilegung gefährdeter Gebiete, zur Altstadtsanierung und zum Ausbau der Verkehrswege. Es sind kostenintensive Projekte, die aber dazu beitragen werden, die Bausubstanz und die Lebensfähigkeit dieser mittelalterlichen Stadt zu erhalten, die schon Alexander von Humboldt zu den fünf schönsten Städten der Welt zählte. *K. H.*

Linke Seite:
Passau

Südwestdeutsches Schichtstufenland

Das Bild umfaßt die Stufenfolge im Raume Würzburg bis zum Albsüdrand, an der Donau. Im Südosten ist ein ausgedehnter Abschnitt des unterbayerischen Tertiärhügellandes eingeschlossen.

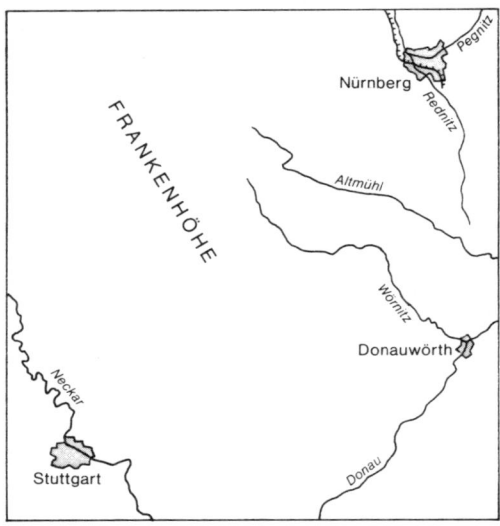

Allerdings treten die auf jeder Atlaskarte so deutlich herausgehobenen Stufen im Satellitenbild gegenüber dem Mosaik der Felder und Wälder zurück. Am besten läßt sich die Stufe des Sandsteinkeupers in Steigerwald, Frankenhöhe und in den schwäbisch-fränkischen Waldbergen verfolgen; dort sind die Höhen mit Wald bedeckt. Die im Relief viel stärker ausgeprägte Stufe des Weißen Jura (Malm) tritt wenig hervor. Ihre steilen Hänge bilden nur schmale Waldstreifen.

Die Schichtstufen werden nicht durch Relief und Morphologie, sondern durch unterschiedliche Landnutzung und Vegetation markiert. So dominieren auf den Kalken der Schwäbischen Alb und der Muschelkalkstufe, insbesondere im Bereich der Steilabfälle, Laubwälder (hellrot) und auf den Sandsteinen der Keuperstufe dunkle, schwarzrote Nadelwälder.

In diesem Frühjahrsbild sind die Laubwälder durch kräftige Rotfärbung bereits deutlich von den Nadelgehölzen abgehoben. Der Vegetationsstand ist keineswegs einheitlich. Durch diese Unterschiede läßt sich das Feinrelief der Kuppenalb im Nordosten des Ausschnittes viel besser identifizieren als im Südwesten.

Von den Gewässern werden Main, Donau, Lech, Neckar und Regnitz ohne Mühe erkennbar und können Orientierungshilfe geben. Immerhin kann man auch Tauber, Jagst und Kocher mit ihren in die Muschelkalkfläche der Hohenloher Ebene eingesenkten Tälern deutlich ausmachen, schwieriger ist es bei Altmühl, Brenz, dem Wellheimer Trockental und anderen Tälern in der Alb. Die rot leuchtenden Wiesenstreifen entlang der Flüsse im mittelfränkischen Becken an der östlichen Albabdachung machen ein Auffinden leicht.

Von den geographischen Besonderheiten wirkt das große Reichswaldgebiet bei Nürnberg, Kiefernforste über Sandböden, am auffälligsten. Der Meteorkrater des Nördlinger Ries kann in der Bildmitte kaum übersehen werden, ebensowenig das Donaumoos, das als dunkler Fleck erscheint, infolge des Feuchtigkeitsgehalts der Böden und des Vegetationsrückstandes gegenüber dem Umland.

Die Unterscheidung von Ackernutzung und Wiesen- bzw. Futterkulturen fällt leicht. Obgleich der Wachstumsstand der Vegetation nicht einheitlich ist, wird doch der höhere Grünlandanteil im Tertiärhügelland südlich der Donau, in der niederen Alb, und im Ries deutlich. Nördlich der Albstufe bilden die tonigen Schichten der Lias einen Streifen höheren Wiesenanteils und ähnlich ist es im Bereich der Haller Ebene vor der Keuperstufe (markiert durch dunkle Nadelwälder). Demgegenüber dominiert das Ackerland, über den trockenen sandigen Böden des mittelfränkischen Beckens und auf der fruchtbaren Hohenloher Ebene. Sonderkulturen wie Obst, Gemüse oder die Weinhänge im Main- und Taubertal sind nur dort zu sehen, wo die Flurbereinigung z. B. großflächige Weinbaugebiete geschaffen hat (Main). Die Städte treten am deutlichsten hervor. Nürnberg, Augsburg und Würzburg lassen durch ihre bläuliche Tönung die Ballungsgebiete sichtbar werden, wo die bebauten Flächen, die Dächer und Straßen stärker vertreten sind als Gärten und Parks. Hat man den Blick etwas geschult, so werden auch die kleineren Städte und Marktflecken bis zu einer Einwohnerzahl von wenigen tausend Menschen mühelos erkennbar. Kleinere Siedlungen lassen sich allerdings nur unter günstigen Umständen finden.

Einzelerscheinungen liegen oft unter dem Auflösungsvermögen des Satellitenaufnahmegerätes. Flugplätze und Betriebe der Industrie sieht man nur selten klar genug. Besser gelingt dies bei größeren Baustellen und Steinbrüchen. So werden die Erdarbeiten im Brombachtal östlich von Gunzenhausen, wo Wasser aus der Altmühl in einen Speichersee im Einzugsbereich der Rednitz geleitet werden soll, klar ersichtlich, ebenso die Steinbrüche im Kalk bei Solnhofen.

Schmale Verkehrswege zeigen sich, sofern nicht hell herausgehoben wie die Baustellen des Autobahnteilstücks nördlich von Ulm, nur bei entsprechenden Hell-Dunkel-Kontrastschwellen, so im flachen Kiefernwaldgebiet bei Nürnberg, wo man Straßen, Bahnen und sogar die Schneisen von Starkstromleitungen verfolgen kann. Aufmerksame Beobachter werden den schiffbaren Neckar bis Plochingen und den Rhein-Main-Donau-Kanal über den Staatshafen Nürnberg hinaus als Baustelle bis Leerstetten erkennen können. W. R.

Rechte Seite:
Südwestdeutsches Schichtstufenland
(Mosaik aus zwei Bildern)
Bildmaßstab 1 : 500 000
Aufnahmedatum: 27. 6. 1976

Stuttgart und der Killesberg

Stuttgart, die „Großstadt zwischen Wald und Reben", entstand vor gut 1000 Jahren an einem Nebenbach des Neckar, dem Nesenbach. Namengebend war der von Herzog Ludolf von Schwaben, einem Sohn Ottos des Großen, gegründete „Stutengarten". Als Hauptstadt der Grafen, Herzöge und zuletzt Könige von Württemberg blieb die Stadt mit dem Geschlecht der Wirtenberger verbunden. Heute ist sie Sitz der Regierung des Bundeslandes Baden-Württemberg.

Die Stadt wurde an — aus städteplanerischer Sicht gesehen — ungünstiger Stelle erbaut. Ursprünglich auf der Talsohle eines engen Kessels gelegen, erheben sich die umgebenden Hügel bis zu 450 m Höhe. Aus Raumnot wurden deshalb im 19. Jahrhundert die Talhänge zur Besiedelung erschlossen. Sie zeigen einen Schnitt durch die süddeutsche Keuperformation und sind folgendermaßen aufgebaut:

Steil erheben sich aus dem Talgrund die Hänge des Gipskeupers, darüber liegt, infolge seiner leichten Erodierbarkeit als weite Verebnungsfläche ausgebildet, der Schilfsandstein. Darauf folgen bunte Mergel und der Stubensandstein mit seinen vielen Höhlen. Im Süden stehen noch Knollenmergel und Rätsandstein sowie Lias an. Die Sandsteinstufen sind dabei die bevorzugten Siedlungsplätze, während Knollen- und Bunte Mergel hauptsächlich Wald, Obstgärten und einige wenige Weinberge tragen.

Die Innenstadt Stuttgarts wurde in den Bombennächten des Zweiten Weltkrieges fast völlig zerstört. Heute bilden die renovierten Gebäude des Alten und Neuen Schlosses, die Stiftskirche und das Staatstheater inmitten großzüger Parkanlagen den Mittelpunkt einer nach modernen Gesichtspunkten konzipierten Innenstadt.

Vom Höhenpark Killesberg am Nordrand der Stadt Stuttgart, der 1961 für eine Gartenbauausstellung angelegt wurde, geht der Blick gegen Norden über den Rand des Stuttgarter Ballungsraumes. Die Industrievororte Feuerbach und Zuffenhausen, durch den bewaldeten Lemberg voneinander getrennt, sind eingemeindete Stadtteile, ebenso dahinter am Osthang des Kallenbergs der Wohnvorort Stammheim. Kornwestheim mit seinem großen Rangierbahnhof und Ludwigsburg sind nur noch undeutlich zu erkennen.

Killesberg wie auch Lemberg werden aus Schilfsandstein und Gipskeuper aufgebaut. Sie erreichen etwas über 400 m Seehöhe und gehören einer stark zertalten Schichtstufenfläche als Ausläufer an. Früher befanden sich auf dem Gelände des Killesbergparks die Abbaustellen von Baustoffen. Im Hintergrund wird unweit von Ludwigsburg der Hohenasperg, ein Zeugenberg der gleichen geologischen Struktur, erkennbar. Den Abschluß des Bildes formt ein anderer Teil dieser Stufe, der Rücken des Stromberges mit seinem Ausläufer, dem Heuchelberg. Die Ackerflächen des Strohgäus liegen etwa 60 m tiefer und sind Teile der Muschelkalkfläche, überdeckt freilich noch von Lettenkeuper und Löß, welchem der Boden seine Fruchtbarkeit verdankt. Als unterste Stufe sind die Flüsse Neckar und Glems fast auf 200 m NN in den Muschelkalk eingesenkt (im Bilde nicht sichtbar).

Ein kleines Zeugnis von der Klimagunst dieses Raumes geben die verlassenen und verwachsenen ehemaligen Weingärten am Südhang des Lembergs. Die hohen Schornsteine der Industriebetriebe sollen bei Inversionswetterlagen die Smogbildung im Becken vermeiden helfen.

Der verfügbare Siedlungsraum in der Feuerbacher Mulde ist fast restlos ausgenutzt. Schon im 19. Jahrhundert wurden diese Orte aus kleinen Dörfern zu Industriestädten, wohin die wachsenden Stuttgarter Unternehmen ihre Betriebe verlagerten. Manche Firma ist dort auch bodenständig aus kleinen Anfängen emporgewachsen. Man erkennt das Robert-Bosch-Gelände links von der Bahnlinie, Werner & Pfleiderer dahinter in der Bahnschleife, östlich der Bahn das Verkaufshaus von Bosch, Vulkan-Junkers, Südkühler und eine Reihe anderer Firmen. Verschachtelte Werksanlagen, mehrstöckige Fabrikhäuser im Stile des 19. Jahrhunderts, vermischt mit modernen Flachbauten, zeigen mit aller Deutlichkeit die Enge der Standortlage an. Freilich genießen die Firmen hier den Vorteil, daß sie von den inzwischen längst in den äußeren Vororten wohnenden Facharbeitern gut erreicht werden können. Die älteren Wohnbauten inmitten der Fabriken werden dagegen heute vornehmlich von Gastarbeitern bewohnt.

Auch der Verlauf der Bahnlinie spiegelt frühtechnische Bedingungen. Die topographische Anlage der Trasse weicht dem zum Neckar abfallenden steilen Tälchen durch Benutzung einer Schichtterrasse aus. Die Bahn wurde 1846 eröffnet, bald darauf war das Gelände auf beiden Seiten verbaut. Damals hat man nicht geahnt, daß aus dem Bähnle eine wichtige Hauptbahnlinie würde, sonst hätte man wohl das Gelände aufgeschüttet. So bleibt der Zugang zum Bahnhof Stuttgart ein Flaschenhals.

W. R., J. B.

Linke Seite:
Stuttgart und der Killesberg

Zwischen Regnitz und Donau

Was in dem nahen Nürnberg die Bomben besorgten, muß in Fürth die Spitzhacke tun (Bild rechts oben). In der frühen Neuzeit nahm die kleine Ackerbürgerstadt alle jene auf, Glaubensflüchtlinge und Juden vor allem, mit denen man in der benachbarten Reichsstadt nichts zu tun haben wollte. Im 19. Jahrhundert erwuchs aus den Gewerben, die sie mitbrachten, eine vielseitige mittelständische Industrie. Im Gänsbergviertel, dem ältesten Kern der Stadt, mischten sich einstige landwirtschaftliche Bauten in fränkischem Stil mit schieferverkleideten Handwerkerhäuschen in winkeliger Verbauung. Sie müssen heute einer Altstadtsanierung weichen, welche für dieses Areal die neue Stadthalle vorsieht. In einigen Exemplaren sind noch die Miethäuser des 19. Jahrhunderts, erbaut aus hellem Rhätsandstein, zu sehen, die dem Rest der Stadt das Gepräge geben und Fürth zu einem seltenen städtischen Ensemble machen. Im Bildhintergrund führt die Maxbrücke über die Rednitz, am jenseitigen Ufer liegen der Hochbau der Frankenmühle und der Schlachthof. Der Fluß soll bald ein neues Bett jenseits dieser Bauten erhalten.

An der Landschaft der Kuppenalb (Bild links unten) haben verschiedenartige Kräfte mitgewirkt. Das Relief der Hochfläche mit den sie überragenden 50—80 m hohen Kuppen, entstammt noch einer tropisch warmen Klimaphase vor den Eiszeiten. Schwerer verwitternde Schwammkalke und Dolomite bilden die Kuppen, deren magere Böden heute Wald tragen. In den flachen Mulden haben sich die Verwitterungsrückstände und auch Reste der einstigen Albüberdeckung zu tieferen ackerfähigen Böden angesammelt. Die Entwässerung erfolgt unterirdisch durch Karsthohlräume. Als letztere während der Eiszeiten verschlossen waren, gab es oberflächliche Gerinne, deren Spuren in Trockentälern wie dem Grafental (vom linken Bildrand auf die Ortschaft Mägerkingen zulaufend) erkennbar sind. Die Wasserarmut zwang die Dörfer der Alb, bei der Wahl ihres Standortes das Vorhandensein von Quellen zu berücksichtigen.

Das abwechslungsreiche Landschaftsbild unserer Tage ist nur ein Moment in einem seit etwa 100 Jahren ablaufenden Wandlungsprozeß. Einst waren die Kuppen magere, wacholderbestandene Schafweiden. Aufforstungen auf seichteren Böden gehen auch heute weiter. Das einstige Ackerland wird zu Grünland, und trotz guter agrartechnischer Ausstattung wird wohl hier noch viel Land aufgegeben werden. Im Bildhintergrund liegen die beiden Orte Trochtelfingen und Mägerkingen in einem wasserführenden Seitental der Lauchert, an einer Nebenbahnlinie von Sigmaringen nach Reutlingen.

An linealgeraden Straßen angelegte Siedlungszeilen nehmen sich im süddeutschen Raum recht ungewöhnlich aus: Es ist die niederländische Methode der Moorkultivierung, die vor fast 200 Jahren hier im Donaumoos verwirklicht wurde (Bild rechts unten).

Dieses große Niederungsmoor bildete sich südlich der Donau durch die langsame Erhöhung des Flußbettes im Bereich der zurückgestauten Gewässer aus dem südlich gelegenen Hügelland. Die Torfschicht weist eine Mächtigkeit von 0,2 bis 7 m auf. Die Moorflächen liegen in einer Ausdehnung von 170 km² im Mittelwasserniveau der Donau. 1795 wurden im Moose die ersten Bauernstellen entlang von Entwässerungskanälen und ins Moor geschütteten Chausseen angelegt. Es entstanden die sechs Moosgemeinden, darunter Grasheim.

Wirtschaftlich wurden die Kolonisten von mancherlei Mängeln geplagt. Anders als im ozeanischen Nordwesteuropa wirkt sich in Süddeutschland die ökologische Kälte des Moorbodens in Wachstumsrückstand und Spätfrösten bis in die Sommermonate aus. Bodenverwehung, geringe Fruchtbarkeit sowie Bodenschrumpfung bei Ackernutzung mit folgender Wiederversumpfung behinderten die landwirtschaftliche Nutzung. Erst um die Jahrhundertwende fand man eine gesunde Grundlage durch den Anbau von Saatkartoffeln und Saatroggen; heute werden auch Zuckerrüben geerntet. Die ursprünglich vergebenen Stellen, die eine Größe von 30 ha (Vollbauern), 5 ha (Halbbauern) und 3 ar (Handwerker) hatten, lassen sich heute noch in etwa im Luftbild erahnen. Am linken Bildrand zeigen zwei Gehöfte die ursprüngliche offene Rechtecksanlage mit den niedrigen Wirtschaftsgebäuden.

Auf der Hochfläche des Hummelbergs, 170 m über dem Altmühltal steht das Portlandzementwerk Solnhofen (Bild links oben). Bis zu 500 000 t Zement können hier alljährlich erzeugt werden. Als Rohstoff dient immer noch der Abfall der Steinbruchbetriebe, deren mächtige Halden im Umkreis des Werkes schon abgeräumt sind. Die braune Fahrspur zeigt den Transportweg des Lehms, der bei der Zementherstellung als Zuschlag dient.

Die Solnhofener Plattenkalke werden seit dem frühen Mittelalter als Bildhauersteine, für Grabsteine und Fußböden verwendet. Nur hier fand man jenen feinkörnigen Kalk, durch welchen es mittels der von Alois Senefelder erfundenen Lithographie erstmals möglich wurde, farbige Bilder und Landkarten zu drucken.

Weit berühmter noch ist Solnhofen als Fundstätte von Fossilien. Die Kalke, die in warmen Lagunen des Erdmittelalters als feine Kriställchen aus dem Wasser ausfällten, haben als wertvollsten Fund die Reste des Urvogels Archäopteryx hergegeben. *W. R.*

Rechte Seite
Links oben: Solnhofen
Rechts oben: Fürth, Altstadt
Links unten: Kuppenalb im Schwäbischen Jura
Rechts unten: Grasheim im Donaumoos

Nürnberg

Auch in Vertikalsicht bietet Nürnbergs Altstadt ein harmonisches Bild, denn die Anlage und historische Straßenführung blieben beim Wiederaufbau nach dem Zweiten Weltkrieg weitgehend erhalten. Auf die Enge und Winkeligkeit der alten Stadt hat man in den neuen Blocks nicht ungern verzichtet und große, ruhige Innenhöfe geschaffen.

Die Entwicklung der einstigen Reichsstadt (1350 bis 1806) läßt sich im Luftbild deutlich verfolgen. In der Nordwestecke des Rhombus der Maueranlage steht auf einem felsigen Rücken die einstige Kaiserburg. Zu ihren Füßen liegt die älteste Stadtanlage, die den Abhang des Burgbergs einnahm. An ihrem Südrand steht die Sebalduskirche. Schon um 1250 hatte sich die Stadt kräftig nach Osten ausgeweitet und südlich des Flusses war um die Lorenzkirche die südliche Altstadt entstanden. Beide Städte wurden durch den Ausbau im Hochwasserbereich der Pegnitz im 14. Jahrhundert zu einem Gemeinwesen verbunden, bei welcher Gelegenheit der in der Bildmitte erkennbare Hauptmarkt als neuer Mittelpunkt der Stadt geschaffen wurde. Diese ältere Doppelstadt mit ihrem Mauerring läßt sich durch den Verlauf der Straßen und Häuserzeilen verfolgen.

Der allen Besuchern viel besser bekannte äußere Mauerring mit seinen wiederhergestellten Wehrgängen, Toren und Bastionen, tritt durch den ihn begleitenden Straßenring weit klarer hervor. Seine vier mächtigen Rundtürme sind die eigentlichen Wahrzeichen der Stadt. Bei dieser Stadterweiterung im 15. Jahrhundert wurden Gärten, Klosterbezirke und auch Kleine-Leute-Siedlungen einbezogen. Die planmäßige Bebauung mit Kaufmanns- und Handwerkerhäusern konnte diese Flächen nicht mehr völlig auffüllen.

Nürnberg-Freunde werden mit Hilfe des Stadtplans keine Mühe haben, auch die anderen Wahrzeichen der Stadt zu finden. Am Schattenwurf sieht man östlich der Burg den Lug-ins-Land und das hohe Giebeldach der Kaiserstallung, heute Jugendherberge. Im Zuge der älteren Stadtgräben sind der Lauferschlagturm, die Mauthalle und der Weinstadel mit dem zweiteiligen schmalen Henkersteg über die Pegnitz ebenso zu sehen wie in der Stadtmitte die Anlage des Heilig-Geist-Spitals. Weniger deutlich wird der Restbestand an schönen Fachwerkhäusern in der nordwestlichen Altstadt, darunter das wiederhergestellte Dürer-Haus, die heute vom Altstadt-Verein liebevoll restauriert werden.

Die Entwicklung im letzten Jahrzehnt setzte häufig radikalen Neubau neben die überlieferte Architektur. Im Herzen der Lorenzer Altstadt sticht das helle Flachdach des Kaufhof-Gebäudes heraus. Ein ähnlicher Komplex wird nördlich davon über der jetzigen U-Bahn-Baustelle entstehen. Neuere Büro- und Geschäftshäuser machen diesen Teil der Stadt zur City, wenn auch einen ganzen Block die Anlage des Germanischen Museums einnimmt.

Neubauten dieser Art fehlen auch in der eher als Wohngebiet dienenden Sebalder Altstadt nicht. Hier sind es Parkhäuser, das graue Geviert der Hypo-Bank und die zwei helleren von Schulbauten. Die Nordostecke der Altstadt beherrscht seit kurzem der etwas umstrittene Neubau der Wirtschaftsfakultät der Nürnberg-Erlanger Universität.

Außerhalb der Altstadt sind im 19. Jahrhundert im Süden und Osten nahe dem Bahnhof repräsentative Geschäfts-, Hotel- und Wohnbauten entstanden, jenseits der Bahn, wie üblich, Arbeiter- und Gewerbeviertel. Den Norden und Nordosten nehmen dagegen gartenreiche Wohngebiete ein, die sich erst allmählich mit Bauten füllen.

Der „Ring" ist heute eine bequeme Umfahrung der Innenstadt, in welche im Südwesten die Straßenspinne am „Plärrer" die Verkehrsströme aus Fürth und den anderen Städten des Ballungsraumes einspeist. Große Parkplätze sind in der Altstadt offengehalten worden, besonders die östlich an das Heilig-Geist-Spital anschließende Insel Schütt. Sie erlauben es der Stadt Nürnberg, mit ihren Festen und dem berühmten Christkindlmarkt auf dem Hauptmarkt immer noch eine Unzahl von Besuchern und Touristen anzulocken.

Die Pegnitz durchzieht das Stadtgebiet von Osten nach Nordwesten. Seit dem frühen Mittelalter ist der Fluß aufgestaut, so daß die Wasserfläche samt den Wehren, Inseln und Brücken der Stadt einen besonderen Reiz verleihen. Wo heute hier ruhige Promenadenwege die Ufer begleiten, drängte sich vor der Zerstörung das Gewerbe, dessen Betriebe im Zuge des Wiederaufbaus in die Außenbezirke zogen.

Die lange Zeit hochwassergefährdete Aue an der Pegnitz ist nur innerhalb der Stadtmauern verbaut, außerhalb wurden die einstigen bewässerten Wiesenflächen längst in Erholungsgelände umgewandelt. Die im Sommer verdorrte Grasnarbe steht im Gegensatz zu dem saftigen Grün einiger weniger privater Rasenflächen. Ihr Gelbbraun weist den Betrachter auf den mageren Sandboden hin, über welchem Nürnberg entstand. W. R.

Linke Seite:
Nürnberg, Innenstadt

Schwarzwald und Oberrheintal

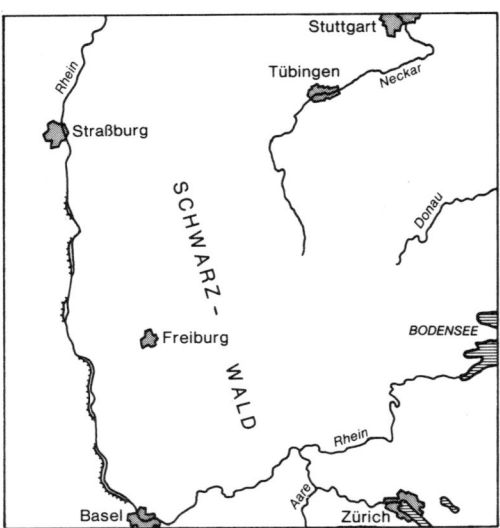

Der Schwarzwald mit schwarzroten Nadelwaldflächen, durchsetzt von dem hellroten Filigran der tief eingeschnittenen Wiesentäler, und das Oberrheintal mit dem vorherrschenden blaugrauen, scheckigen Muster einer intensiven landwirtschaftlichen Nutzung sind die beherrschenden Elemente des Bildes. Der gewundene Lauf des Rheins von Schaffhausen bis nahe Karlsruhe und der zwischen Basel und Straßburg parallel zum Rhein verlaufende, schiffbare Rhein-Rhône-Kanal erleichtern als tiefblaue Bänder die Orientierung. Die östliche Abdachung des Schwarzwaldes, durchzogen von dem hellen Band der neuen Autobahntrasse Stuttgart–Singen geht über in das Schwäbische Schichtstufenland.

Die einzelnen Steilstufen und Hochflächen sind markiert durch typische Vegetationsformen, dunkle Waldstreifen an den Steilstufen, das grün-rote Muster der Ackerbaugebiete der Hochflächen und Ebenen, und das leuchtende Rot der Wiesenflächen auf der Hochfläche der Rauhen Alb.

Westlich des Rheines flankieren die Vogesen des französischen Elsaß die Oberrheinische Tiefebene.

Neben der verzweigten blaugrauen Fläche der Ballungszentren Straßburg und Basel sind Rastatt, Baden-Baden und Offenbach am Rande des Schwarzwaldes erkennbar.

In der Einbuchtung am Westrand des Schwarzwaldes liegt Freiburg und nahe der linken unteren Bildecke die französische Industriestadt Mülhausen. Westlich des Rheins ist der Rhein-Rhône-Kanal durch seinen gradlinigen Verlauf vor allem zwischen Mülhausen und Straßburg gut auszumachen. Als einheitlich blaue Fläche von 3 mm Durchmesser erkennt man südlich von Offenbach den auf Seite 132 abgebildeten Großparkplatz.

Die Differenzierung in Vegetation und Landnutzung dieser Spätsommeraufnahme nach längerer Trockenheit unterstreicht die naturräumliche Gliederung. Über dem stark industrialisierten Raum Straßburg–Offenbach liegt eine Dunstglocke.

Zwischen Schwarzwald und Vogesen bricht entlang der gradlinigen Randbrüche der fast 50 km breite Graben des Rheintales ein. Der Rheintalgraben, der durch das Vorherrschen hellgrauer Farbtöne im Bild deutlich hervortritt, gehört zu den großen Bruchstrukturen der Erdkruste. Im Laufe der jüngsten Erdgeschichte – während des Tertiär – ist hier durch seitliche Dehnung die Sohle des Grabens über 1000 m tief abgesunken, während das Grundgebirge des Schwarzwaldes und der Vogesen Höhen bis zu 1500 m erreicht. Der Einbruchsgraben füllte sich während des langsamen Absinkens mit tonigsandigen Ablagerungen eines Meeres, welches während des Tertiär im Norden der emporsteigenden Alpen lag und deren Verwitterungsschutt (Molasse) aufnahm. Aus diesem Molassemeer stammen auch die Salzvorkommen, die beispielsweise in Buggingen (im unteren Drittel des Grabens) abgebaut werden.

Daneben verdanken auch die vielen Bäder, die sich über das ganze Rheintal verteilen, ihr Dasein dem Grabenbruch und den salzführenden Molasseschichten.

Die Absenkung des Rheintalgrabens ging nicht ohne vulkanische Aktivitäten vor sich: Das bekannteste Zeugnis dafür ist der nicht zuletzt seiner Weine wegen berühmte Kaiserstuhl, eine vulkanische Erhebung von 350 m Höhe und rund 10 km Durchmesser und von äußerst kompliziertem geologischem Aufbau, die etwas nordwestlich von Freiburg durch ihr ausgeprägtes Relief innerhalb der flachen Rheinebene zu erkennen ist. Dabei liefert nicht nur der vulkanische Boden günstige Voraussetzungen für den Weinanbau, sondern auch die durch die beiden Randgebirge geschützte Lage des Grabens trägt zu einem wesentlich wärmeren Klima als im übrigen Südwestdeutschland bei. Von diesem günstigen Klima profitieren auch andere landwirtschaftliche Sonderkulturen, vor allem der Obstanbau. Der weißgraue Stern, östlich des Kaiserstuhls, repräsentiert das flurbereinigte Weinbaugebiet (vgl. S. 132).

Der zentrale Schwarzwald selbst besteht – ebenso wie die gegenüberliegenden Vogesen – aus metamorphen Gesteinen präkambrischen Alters, in die während der sogenannten variskischen Gebirgsbildung im Karbon große Granitmassen eingedrungen sind.

Auffällig im Satellitenbild sind die Bruchstrukturen, die durch Täler – wie das Elz-Tal nordöstlich von Freiburg oder das nördlich davon liegende Kinzig-Tal – nachgezeichnet werden. Südlich von Freiburg ist auch der staffelförmige Abbruch des Schwarzwaldes gegen das Rheintal hin gut auszumachen.

Die leuchtend roten Wiesentäler im Kontrast zu den dunkelroten Flächen der Nadelwälder, charakteristisch für den Schwarzwald, folgen streng einem geometrischen Muster, das das Bruchgitter des Schwarzwaldes spiegelt.

Während der Schwarzwald an seinem Westrand steil zum Rheintalgraben abbricht, taucht er ostwärts ganz allmählich unter das mesozoische Schichtstufenland ab. Triassische Sandsteine bedecken hier große Flächen, die sich durch die dunkle Nadelwaldbedeckung im Osten und Norden zu erkennen geben.

Die nach Osten folgenden jüngeren Ablagerungen der Trias, nämlich Kalke des Muschelkalk und Mergel des Keuper, zeichnen sich durch ein sehr viel ruhigeres Relief aus. In dieser großen Senke fließt der Neckar, im Bild gut sichtbar, nach Nordosten. In der rechten oberen Bildecke ist eben noch das am Neckar gelegene Tübingen zu erkennen.

Der rechte Bildrand zeigt die deutlich ausgeprägte, etwas aufgelöste Schichtstufe des Jura, die etwa in der Mitte des rechten Bildrandes von der jungen Donau durchbrochen wird.

J. B.

Rechte Seite:
Schwarzwald und Oberrheintal
(Mosaik aus zwei Bildern)
Bildmaßstab 1 : 500 000
Aufnahmedatum: 9. 8. 1975

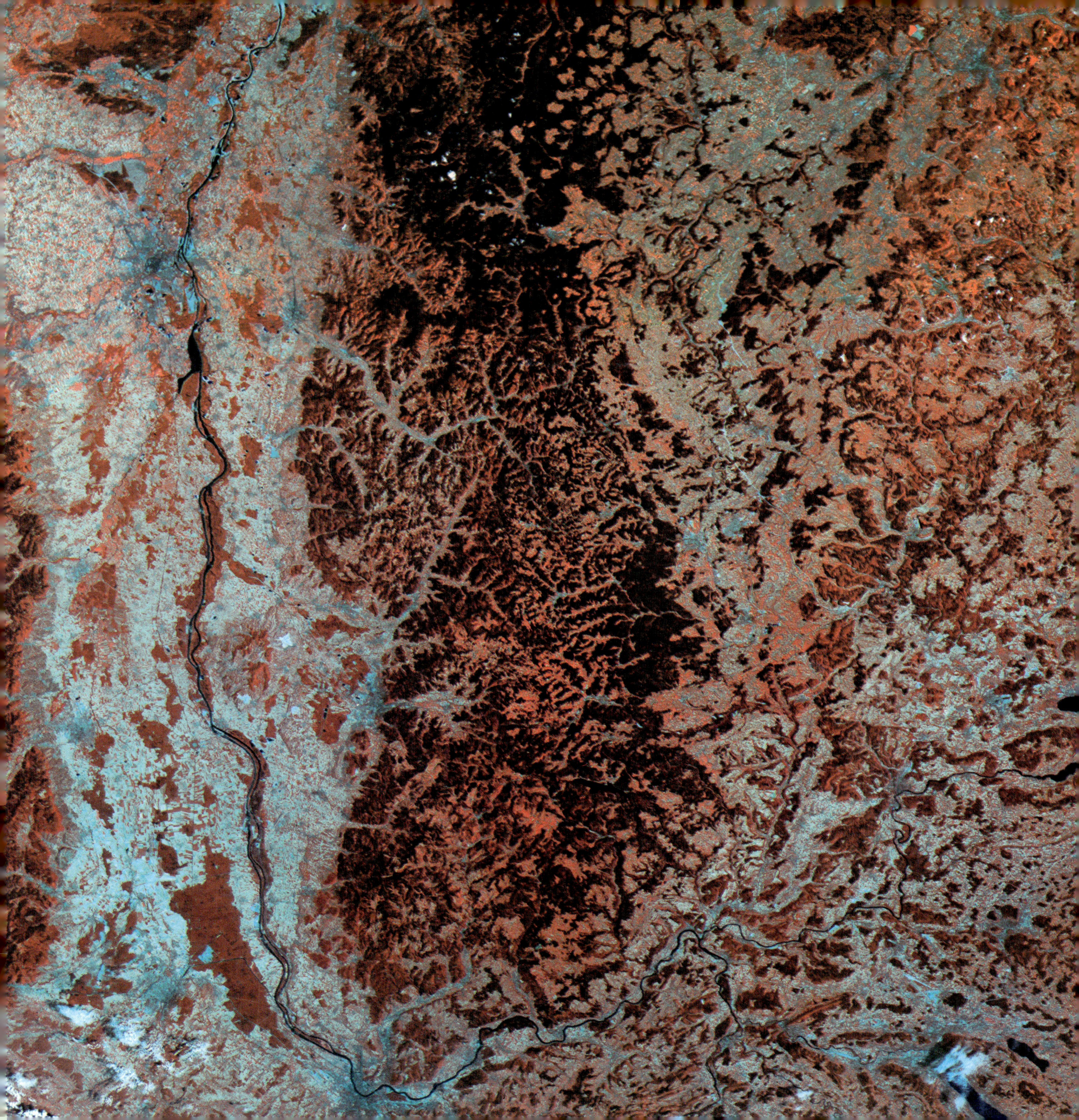

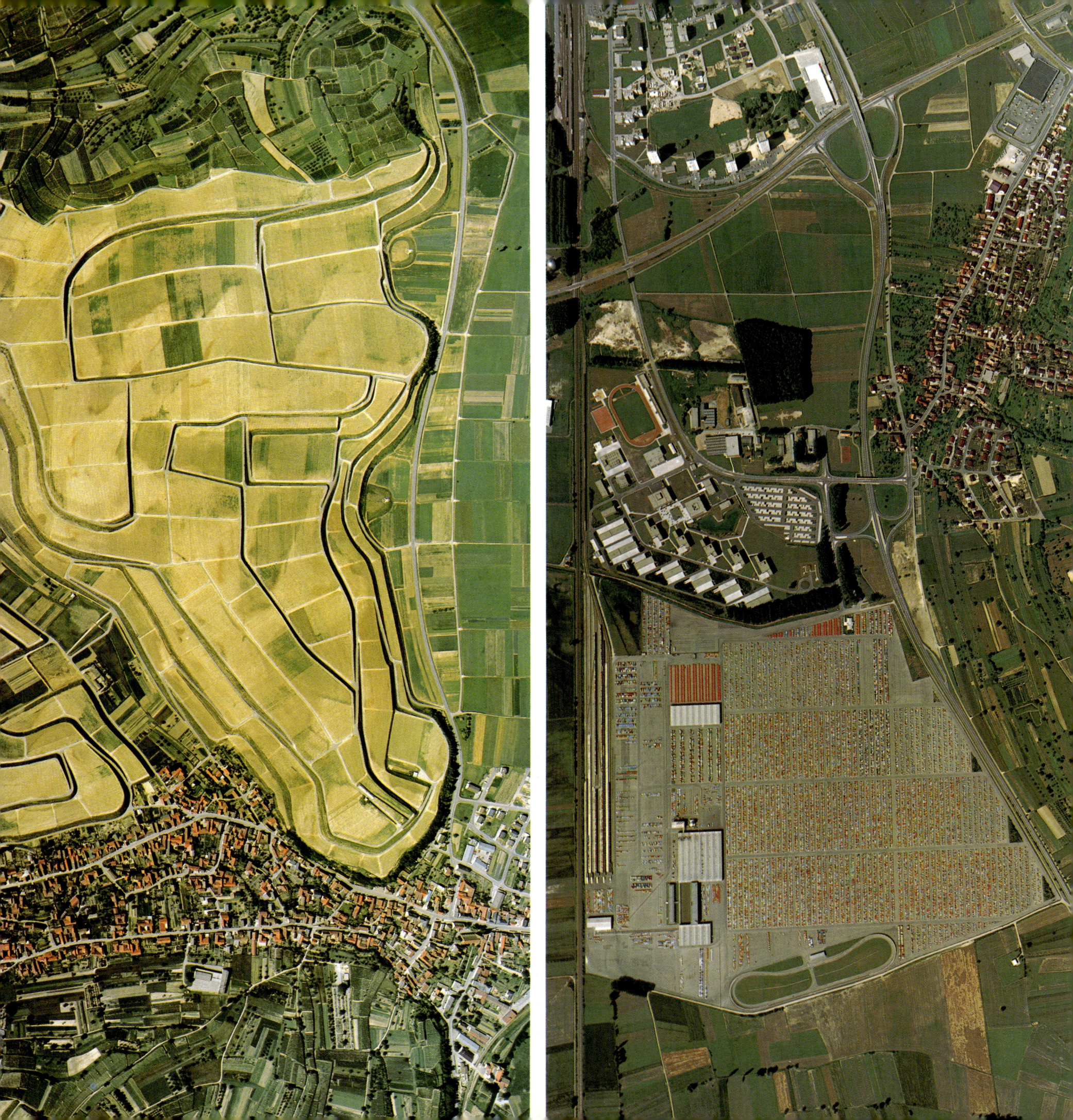

Am Westrand des Schwarzwalds

Eine geologische Besonderheit im Oberrheintal stellt der im Tertiär am Kreuzungspunkt zweier großtektonischer Störungslinien aufgedrungene Basaltpfropf des Kaiserstuhls dar. Bodenbeschaffenheit und günstiges Klima führten zu früher Besiedlung und im Laufe der Jahrhunderte zur Umwandlung des Gebietes in eine Kulturlandschaft.

Weite Bereiche sind mit einer bis zu 60 m mächtigen, sehr mineralstoffreichen Lößschicht bedeckt; die Lage im tief eingesenkten Oberrheintal mit seinen Randhöhen Vogesen und Schwarzwald bedeutet Schutz vor rauhen West- und Ostwinden, die Öffnung nach Süden lange Sonnenscheindauer. Im Herbst schützen die hier häufigen Bodennebel durch Verhinderung der Wärmeabstrahlung vor den gefürchteten Bodenfrösten. Das Zusammenwirken dieser Faktoren bedeutet günstigste Voraussetzungen für den Weinbau. Seit dem 8. Jahrhundert wurden dann auch die südexponierten Hänge terrassiert und mit Reben bepflanzt. Heute liefert der Kaiserstuhl einen Großteil der bekannten badischen Weine — „von der Sonne verwöhnt". Im Satellitenbild (Seite 131) erkennt man mehrere fast weiße Flecken im Bereich des Kaiserstuhls. Die Farbe kennzeichnet nackten Boden und markiert hier große im Bau befindliche oder erst in jüngster Zeit angesetzte Rebumlegungen. Auf dem linken Senkrechtluftbild sehen wir den Ort Eichstetten mit einer solchen Anlage. Im Norden liegen die kleinen, aus dem Ackerbau abgeleiteten und durch Erbteilungen weiter zersplitterten Weingärten. Die schmalen Terrassen werden häufig nur zum Teil für den Weinbau genutzt, oder sie sind im Besitz von jeweils mehreren Bauern. Der Zugang ist oft nur sehr beschwerlich auf Fußsteigen möglich. Im Süden dagegen sehen wir eine voll flurbereinigte Anlage. Hier werden Flächengrößen angestrebt, die durch optimalen Maschineneinsatz und exakt beherrschbare Wasserführung einen hohen Ertrag bei vertretbarem Aufwand gewährleisten. Die günstigste Terrassentiefe liegt bei 70—80 m, was unter Abzug der Wirtschaftswege innen und außen sowie der Böschungen eine Rebzeilenlänge von ca. 50 m ergibt. Größere Terrassen sind wegen der häufig auftretenden Starkregen und der Erosionsanfälligkeit des Löß unerwünscht. Aus diesem Grund sind die Anlagen auch von einem leistungsfähigen Kanalisationssystem durchzogen, das jegliches Oberflächenwasser sofort ableitet. Die Böschungen sind 8—10 m hoch und weitgehend grün bewachsen.

Neben diesen rein wirtschaftlich orientierten Überlegungen seien aber auch andere Aspekte erwähnt. Gerade die hier gezeigten Bilder machen mit erschreckender Deutlichkeit klar, welche Möglichkeiten dem Menschen heute gegeben sind, das Gesamtbild einer Landschaft der sogenannten modernen Zeit anzupassen. Grob der Morphologie folgend, werden riesige Terrassen ausgeschnitten, bis zu 20 m tiefe, nur im Löß vorkommende Hohlwege werden zugeschüttet, immer neue Waldflächen ausgestockt und zu Rebgelände umfunktioniert, alles im Sinne von Rentabilität und Fortschritt. Diese Entwicklung hat sicher zum Teil ihre Berechtigung, aber gerade diese Bilder mahnen uns auch, Gedanken über die Grenzen menschlichen Tuns nicht nur als irrationale Naturromantik abzutun, sondern klare Konzeptionen zum Schutz großer zusammenhängender Gebiete zu erarbeiten und dabei gegebenenfalls auch wirtschaftliche Nachteile in Kauf zu nehmen.

Südöstlich des großen Rheinstaus und direkt östlich eines als dunkelroter Fleck erscheinenden Waldgebietes erkennt man auf dem Satellitenbild (Seite 131) eine hellblaue Fläche. Ähnlich wie im Fall der zuvor besprochenen Kaiserstuhl-Weinbauflächen heben sich ihr annähernd dreieckiger Umriß und die kräftige Farbe deutlich ab gegen die Flurformen der Oberrheinebene. Die intensive Farbe läßt hier allerdings nicht auf eine natürliche Oberfläche, sondern auf dichte Bebauung oder gleichförmige künstliche Bodenabdeckung schließen, wie sie zum Beispiel auch in einigen Teilen der Großstadt Straßburg erkennbar ist. Es handelt sich um das Gelände des „Neuwagen-Zentrallagers Kippenheim" der italienischen Autofirma Fiat (rechtes Bild). Die Stellfläche ist 956 000 m² groß und hat eine Kapazität von ca. 40 000 Fahrzeugen. Der ovale Kurs am Südrand dient als Prüfstrecke für Fahrversuche. Von besonderer Bedeutung für einen solchen Warenumschlagplatz sind hervorragende Verkehrsverbindungen. So erkennt man an der Längsseite links den werkseigenen Bahnhof mit seinen fünf Gleisen, auf denen die ankommenden Wagen abgeladen und für den Weitertransport neu zusammengestellt werden. Zur Bundesstraße 3, die an der Ostseite des Geländes entlangläuft, wie zur nahegelegenen Oberrheintalautobahn ist die Zufahrt gleichermaßen problemlos. Obgleich sie unter der Auflösungsgrenze des Satelliten liegt, läßt sich zumindest die Eisenbahnlinie im Bild als feine, von Norden nach Süden verlaufende Linie erkennen. Der nördlich an das Werksgelände anschließende Gebäudekomplex zeigt infolge seiner dichten Bebauung im Satellitenbild dieselbe Farbe und scheint durch einen schmalen roten Strich (den im Luftbild sichtbaren Waldstreifen) vom Werk getrennt. Die Anlage beherbergt eine Ausbildungsstätte der Bereitschaftspolizei.

K. H.

Linke Seite
Links: Rebumlegung am Kaiserstuhl
Rechts: Auto-Zentrallager bei Kippenheim

Karlsruhe und ein typisches Schwarzwaldtal

Die beiden linken Bilder zeigen beeindruckend die zwei gegensätzlichen und doch nicht voneinander zu trennenden Aspekte einer Stadt: Karlsruhe mit seiner heiteren Schauseite, dem barocken Schloß, und einem seiner häßlichen aber gewinnbringenden Industrieviertel, dem Rheinhafen.

„Zu Dero künftigen Ruhe und Gemütsergötzung eine fürstliche Residenz aufzubauen", legte Markgraf Karl Wilhelm von Baden-Durlach (1709—1738) am 17. Juni 1715 den Grundstein zu einem achteckigen Turm. Im weitläufigen Hardtwald sollte seine Residenz als Mittelpunkt eines nach geometrischem Ideal (oberitalienisches Vorbild) durchgeplanten Stadtbildes die fürstliche Gnadensonne des absolutistischen Herrschers versinnbildlichen. So wurden denn vom Turm aus nach allen Richtungen 32 schnurgerade Straßen gezogen. Das Schloß selbst, der Favoritebau, gab mit seinen sich stumpfwinklig nach Süden öffnenden Seitenflügeln den zu bebauenden Sektor dieses Kreises vor. Dabei wurde eine Respektszone eingehalten und auch innerhalb der Stadtanlage die Rangfolge der Hausbesitzer durch die Distanz der Gebäude zum Schloß ausgedrückt.

Der heutige erweiterte Schloßbau wurde 1752—1782 im Auftrag des Markgrafen Karl Friedrich durch F. A. Kesslau im Barockstil errichtet und beherbergt in seinen Seitenflügeln das badische Landesmuseum. Der hintere Schloßgarten ist im englischen Stil angelegt und wurde zur Bundesgartenschau 1967 zum modernen Park umgewandelt.

Obwohl in erster Linie als Verwaltungszentrum für das Land Baden konzipiert, wurde Karlsruhe inzwischen auch zu einem bedeutenden Industriezentrum. Dies ergibt sich aus der Lage an einem wichtigen Eisenbahnknotenpunkt, sowie am Autobahndreieck Frankfurt—München—Basel, und nicht zuletzt durch den stark ausgebauten Umschlaghafen am Rheinschiffahrtsweg. Dieser wurde am 1. Mai 1901 in Betrieb genommen. Zunächst bestand er aus einem Stichkanal und drei Becken, die in Form eines Dreizacks angeordnet sind (im Bildzentrum). 1914 und 1932 wurden zwei weitere Hafenbecken (eines im Vordergrund) ausgehoben. Ein neuer Ölhafen mit zwei Raffinerien, der als Endpunkt für Pipelines von Marseille und Triest—Ingolstadt dient, wurde 1963 in Betrieb genommen und liegt außerhalb des Bildes. Die Gesamtuferlänge der Hafenanlagen beträgt 16 km bei einer Wasserfläche von 107 ha. Die Hauptumschlagsgüter im Rheinhafen sind zum Teil gut zu erkennen: Kohle, Kies, Zement, Schrott, Stückgut, Getreide und Öl. Dafür stehen sechs elektrische Kräne, 23 Verladebrücken und Sauganlagen für Getreide und Zement zur Verfügung. Im Ölhafen sind vier Piers für Mineralölprodukte und ein Pier für Flüssiggas installiert. Die beiden hier umschlagenden Firmen haben Kapazitäten von 16,1 Mill. t/Jahr, wobei die Schiffe mit einer Füllgeschwindigkeit von bis zu 400 m³/Stunde beladen werden. Die Anzahl der anlandenden Schiffe hängt stark vom Wasserstand des Rheins und ihrer damit verbundenen Kapazitätsauslastung ab.

Die letzten Jahrzehnte brachten für die Karlsruher Häfen eine bedeutende strukturelle Umwandlung. Noch im Jahre 1934 waren 76 % des Gesamtumschlags Kohle, heute sind es nur noch ca. 5 %, während der Anteil von Mineralölprodukten bei 78 % liegt. Mit einem Gesamtumschlag von 6,3 Mill. Tonnen (1977) liegt Karlsruhe, nach Duisburg, Mannheim und Ludwigshafen, an vierter Stelle der westdeutschen Binnenhäfen.

Die rechte Senkrechtaufnahme zeigt die Hofgruppe Fahrenberg, die fünf Kilometer nördlich von Hinterzarten auf über 1000 m Höhe liegt. Das Foto ist ungefähr Süd-Nord orientiert und zeigt das typische Landschafts- und Siedlungsbild des südlichen Schwarzwaldes. Diese unwirtlichen, mit endlosen Nadelwäldern bestandenen Hochregionen wurden erst vom 10.—14. Jahrhundert besiedelt und entwickelten daher Formen, die sich von den Altsiedlungsräumen im Osten und Westen stark unterscheiden. Die landwirtschaftlichen Anwesen sind meist als Einzelhöfe angelegt und im Durchschnitt 20—40 ha groß. In den nur 100—150 m eingetieften Tälern erstreckt sich der Besitz häufig in einem Streifen über beide Talhänge und umfaßt so sämtliche Böden und Witterungslagen von der „Winterhalde" (Nordseite) über den Bachgrund zur „Sommerhalde" (Südhang). Die Bewirtschaftung erfolgt als Feldgraswirtschaft, wobei Ackerland- und Graslandjahre abwechseln. Die Felder sind meist hangparallel angelegt, und die Fruchtfolge Hafer, Kartoffel und Roggen rückt alljährlich im Grasland eine „Schlagbreite" weiter hangaufwärts (Breitnauer Schlagwirtschaft). Die klimatisch ungünstigen Lagen werden als Dauerweide oder Waldparzelle genutzt.

Im Luftbild gut erkennbar ist die Anlage der Gutshöfe. Wie eine Glucke schmiegen sie sich behäbig in eine Bodenmulde, die kleinen Nebengebäude um sich geschart. Das riesige, fast bis zum Boden heruntergezogene Walmdach und die direkte Zufahrt zur Tenne sind neben der Kuckucksuhr zum Markenzeichen des Schwarzwaldes geworden. Die alten Dächer sind noch mit selbstgeschnefelten Schindeln gedeckt, die in Wind und Wetter einen seidig silbergrauen Farbton annehmen, während die Neugedeckten das helle Rot des Dachziegels zeigen. Der Typ des sogenannten Heidenhauses ist bestens dem rauhen Klima und den langen schneereichen Wintern angepaßt und beherbergt unter einem Dach Menschen, Vieh, Feldfrüchte und Winterheu.

Die wichtigsten Nebengebäude sind der „Speicher", ein kleiner feuer- und schädlingssicherer Bau, in dem ein Notvorrat an Naturalien und Kleidern, sowie die wichtigsten Urkunden der Familie aufbewahrt werden und das „Libdig", der Sitz des Altbauern.

Über Jahrhunderte hinweg hat sich diese Bauform stetig entwickelt und ist schließlich zum Ausdruck geworden für den Charakter dieser Landschaft und seiner Bewohner.

Die oft jahrhundertealten Höfe tragen meist Vornamen oder Berufsbezeichnung des Erbauers, und umgekehrt wird der jeweilige Besitzer mit dem Namen des Hofes angesprochen. *K. H.*

Rechte Seite
Links oben: Karlsruhe, Schloß
Links unten: Karlsruhe, Rheinhafen
Rechts: Hofgruppe Fahrenberg bei Hinterzarten, mit Mthislis-, Jockels-, Faller-, Clemens-, Nazi- und Wanglerhof (von oben nach unten)

Insel Reichenau im Bodensee

Reichenau, blühendes Eiland, wie bist du vor anderen gesegnet! Reich an Schätzen des Wissens und heiligem Sinn der Bewohner. Reich an des Obstbaumes Frucht und schwellender Traube des Weinberges.
Immerdar blüht es auf dir und spiegelt im See sich die Lilie. Weit erschallet dein Ruhm bis ins neblige Land der Britannen!

Natürlich hat sich einiges verändert, seit Abt Ermenrich von Ellwangen im 9. Jahrhundert dieses Preislied auf die Bodenseeinsel niederschrieb. Die Weinberge und Obstbäume sind bis auf geringe Reste dem Gemüsebau gewichen, das berühmte Kloster, einst geistiger Mittelpunkt Europas, ist aufgelöst, das Ausmaß des „heiligen Sinns der Bewohner" wohl auf den Durchschnitt abgesunken. Trotzdem bleibt die Reichenau bis heute „vor anderen gesegnet".
Das Luftbild der westlichen Inselhälfte zeigt deutlich die totale landwirtschaftliche Nutzung des Bodens. Die Insel umfaßt 430 ha, davon sind etwa 260 ha Gemüseanbaufläche und 7 ha Rebflächen, der Rest verteilt sich auf das engmaschige Straßennetz, die Bebauung und einige wenige Fremdenverkehrseinrichtungen wie Campingplatz, Strandbad und Sportboothafen. Das ausgeglichene Seeklima erlaubt jährlich 2–3 Gemüseernten. Die Jahresdurchschnittstemperatur liegt bei 8,8 °C, im Mittel fallen 760 mm Regen. Der Boden besteht aus fruchtbarem Grundmoränenschutt, auf dem als Restformen der eiszeitlichen Gletscherüberdeckung einige Drumlins (elliptisch geformte Hügel aus Grundmoränen) aufsitzen.
In den 3 Ortsteilen Oberzell, Mittelzell (rechte Bildhälfte) und Niederzell (nordwestlicher Inselsporn) leben 3000 Einwohner. Die Anbauflächen der zur Zeit 159 Vollerwerbsbetriebe liegen bei 0,7 bis 2,5 ha, je nach Nutzung als reines Freiland oder mit Gewächshäusern. Ungünstig wirkt sich auch die über Jahrhunderte geübte Realteilung aus, die zu fast 6000 Parzellen führte. Flurbereinigungsmaßnahmen sollen bis 1980 abgeschlossen sein und werden durch Zusammenlegung eine Vergrößerung der Nutzungseinheiten sowie ein dichteres Wegenetz und damit eine maschinengerechtere Flur ergeben. Von großer Bedeutung ist auch der weitere Bau von Gewächshäusern. Im Bild sind sie als langgestreckte silberglänzende oder graue Gebäude zu erkennen. Derzeit bedecken sie eine Fläche von ca. 26 ha, davon sind 8 ha heizbar. Die Freilandflächen werden über ein 60 km langes, unterirdisch verlegtes Rohrleitungssystem zusätzlich beregnet. Der Absatz des Gemüses erfolgt über die Genossenschaft Reichenau-Gemüse e. G., der 98 Prozent der Erzeugerbetriebe angehören. Hauptkulturen sind Kopfsalat, Gurken, Rettiche, Radieschen, Blumenkohl und Tomaten. Um gegenüber ausländischen Billigangeboten konkurrenzfähig zu sein, wird dabei besonderes Gewicht gelegt auf hervorragende Qualität und auf ein großes, breit gestreutes und kontinuierliches Angebot.
Den Touristen zieht allerdings weniger landwirtschaftliches als kulturelles Interesse auf die Insel. Drei Kirchen vermitteln noch heute einen Eindruck frühmittelalterlicher Baukunst. Ein barockes Jubiläumsbild erzählt sehr eindringlich deren Gründungsgeschichte: Als im Jahre 724 St. Pirmin von der Schweizer Seite zur Reichenau gerudert wird und mit segnender Gebärde die Insel betritt, fliehen Kröten und Schlangenungeheuer von dem bis dahin gestrüppüberwucherten Eiland. In den drei Jahren seines Aufenthaltes erbaut der von Karl Martell und dem lokalen Adel unterstützte Klosterbischof zusammen mit seinen 40 Mönchen im heutigen Mittelzell die ersten Gebäude der Abtei.
In die abendländische Geschichte tritt das Kloster dann mit Abt Waldo (786–806) ein, der als Günstling Karls des Großen dessen Sohn Pippin erzog und zeitweise das Bistum Pavia verwaltete. Auch unter seinen Nachfolgern bleibt das Kloster eine „karolingische Abtei" und seine Äbte haben zeitweise höchste Staatsämter inne. Unter Abt Heito (806–823) wird die erste Kreuzbasilika erbaut, und die Bibliothek entwickelt sich zu einer der bedeutendsten jener Zeit. Mit Abt Heito III. (888–913) geht die goldene Zeit der Abtei zu Ende. Eine Nachblüte erfolgt im 11. Jahrhundert, als Buch- und Wandmalerei sich zu höchster Vollkommenheit entwickeln. Nach dieser Zeit beginnt ein schneller Abstieg, der mit der Übernahme durch das Bistum Konstanz und schließlich der Säkularisierung endet.
Im oberen rechten Teil des Luftbildes erkennen wir die Reste des Klosters mit seinen im Viereck um einen Hof angeordneten Gebäuden. Deutlich sieht man die Anlage des Marienmünsters als Kreuzbasilika mit der turmüberhöhten Apsis im Westen und dem spätgotischen Chor im Osten. Die Bauzeit, die mehrere wesentliche Erweiterungen und Umbauten umfaßt, dauerte vom 8. Jahrhundert bis 1048, der Chor wurde im 15. Jahrhundert angefügt. In den letzten Jahren wurden während umfangreicher Restaurierungsarbeiten spätere Umbauten entfernt und zum Beispiel der großartige Dachstuhl von 1237 mit seinem an den Schiffsbau erinnernden Eichengespärre wieder aufgedeckt.
Die zweite im Bild erkennbare Kirche liegt auf der nordwestlichen Landzunge. Die Stiftskirche St. Peter und Paul in Niederzell wurde um 1100 nach einem Brand ihrer auf das späte 8. Jahrhundert zurückgehenden Vorgängerin erbaut. Bemerkenswert sind die unübliche Anfügung der beiden Türme an der Ostseite und die erst 1900 entdeckten romanischen Fresken in der Apsis. Die spätere Ausgestaltung des Langschiffes im Sinne des Rokoko steht in seltsamem Kontrast hierzu.
Die dritte bedeutende Kirche der Reichenau, St. Georg in Oberzell, liegt im hier nicht abgebildeten Ostteil der Insel. Sie geht auf Abt Heito III. (888–913) zurück und birgt die schönsten uns erhaltenen Wandmalereien aus dem 10. Jahrhundert.
K. H.

Linke Seite:
Insel Reichenau im Bodensee

Schwaben

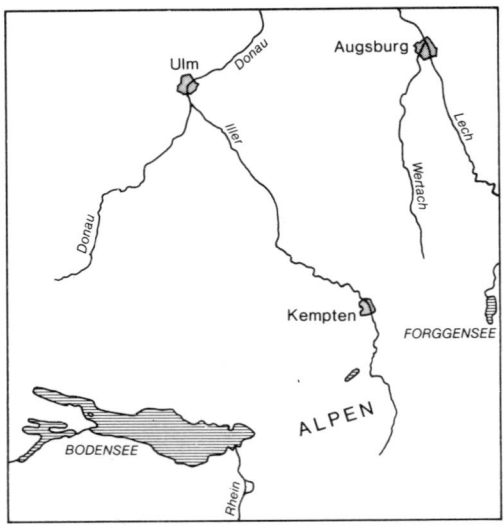

Das Satellitenbild von Teilen Schwabens beinhaltet drei große Landschaftseinheiten Deutschlands: Hochgebirge — Mittelgebirge — Ebenen und Hügelländer. Es zeigt besonders deutlich die geologischen Strukturen, die Oberflächenformen und die Bodenbedeckung.
Diagonal durchzieht das Faltengebirge der Alpen mit langen Gratfluchten und Kämmen, zwischen denen sich Täler tief eingeschnitten haben, die rechte untere Bildhälfte. Ebenfalls von Südwesten nach Nordosten verläuft im oberen linken Bildteil die Mittelgebirgslandschaft der Alb mit grob strukturierten Wald-, Wiesen- und Ackerflächen. Den Mittelteil nimmt das schwäbische Alpenvorland ein. Die Gewässer verlaufen hier fast senkrecht zur Anordnung der benachbarten Gebirgszüge, wobei man eine leichte Drehung von der Nordwest-Südost-Richtung des Bodensees bis zu einer Nord-Süd-Richtung des Lechtales erkennen kann. Das in der Mitte des unteren Bildrandes zum Bodensee ziehende Rheintal trennt die Westalpen von den Ostalpen.
Jenseits der Längstalfurche Klostertal—Stanzertal kann man das Gebirge in mehrere geologische Einheiten unterteilen. Die überwiegend aus Kalkgesteinen (Trias) aufgebauten Lechtaler Alpen (Parseierspitze, 3038 m) im Süden und die etwas nach Norden versetzten Allgäuer Alpen (Krottenkopf, 2657 m) gehören den ostalpinen Decken an. Ihre schneebedeckten Gipfel und Grate heben sich durch die lichtblaue Farbe von den tieferen Zonen und den niedrigeren Gebirgszügen deutlich ab. Ähnliche Höhen erreichen nur die dem helvetischen Deckensystem zugeordneten Kreidekalkberge des Säntis (2501 m, Schweiz) und des Hohen Ifen (2232 m, Bayern/Österreich). Um letzteren liegen Sandsteinberge (Flysch). Parallel dazu bilden im Norden enggefaltete Molassezüge (tertiäre Schotter) den Alpenrand. Mit einer Linie St. Gallen—Bregenz—Kempten kann der Alpenbogen vom Vorland abgegrenzt werden.
In den Kalkhochalpen bestehen die höchsten Erhebungen aus nacktem Fels und Schutt, während die darunter liegende Stufe aus alpinem Grünland (rote Farben) und Nadelwäldern (schwarz) zusammengesetzt ist. Der Gründlandanteil nimmt in den Voralpen beträchtlich zu. Hier sind Wiesen und Weiden Grundlage für die Viehzucht, die lange Zeit die Haupterwerbsquelle der Bewohner darstellte. Das wirtschaftliche Schwergewicht liegt naturgemäß in den Tälern, wo nun die Orte stärker auf den Fremdenverkehr ausgerichtet sind.
Das anschließende Mittelstück hat eine andere Entstehungsgeschichte und trägt auch andere Züge. Durchschnittlich 500—700 m hoch gelegen, wird dieser Raum aus tertiären und quartären Ablagerungen — Schotter, Sande und Tone — zusammengesetzt. Zur Zeit der Alpenerhebung war dieser Bereich noch Meer. Die tertiären Gesteine sind im Westen um den Bodensee und am Gebirgsrand von eiszeitlichen Ablagerungen verhüllt. Bis Saulgau—Leutkirch—Isny (Rheingletscher) und Schrattenbach—Kaufbeuren—Schongau (Iller-Lech-Gletscher) reichten die Eismassen während der letzten Vergletscherung (Würmeiszeit). Südlich davon lagern mächtige Grundmoränenanhäufungen, nördlich davon Altmoränen, eiszeitliche Schotterplatten und das Tertiärgestein. Im großen und ganzen zeichnen sich die Moränengebiete gegenüber den Schotterplatten durch fruchtbarere Böden aus.
Eine besondere Rolle spielt das Klima. Im westlichen Alpenvorland und an der Donau finden sich bei nur 600—800 mm Niederschlag mehr Ackerflächen als auf den höheren Platten und am Gebirgsrand, wo 1000—1500 mm Jahresniederschlag fällt. Deutlich lassen sich die stärker ackerbaulich bewirtschafteten Landstriche im Westen (blau) von den Gründlandgebieten im Osten (rot) trennen. Die größeren Siedlungen liegen in verkehrsgünstiger Lage am Gebirgsrand oder entlang des Donauweges, oft auch im Schnittpunkt zu den Nord-Süd-Verbindungen, die in das Gebirge führen (Augsburg).
Vom Vorland unterscheidet sich die Schwäbische oder Rauhe Alb durch das buntfleckige Farbmuster und die andere Anordnung der Nutzungsflächen. Der Ausschnitt erfaßt zwar meist nur den Südrand — bei Ehingen (westlich von Ulm) und Reutlingen schließt er jedoch die gesamte Breite auf. Der vom Süden her eher flache Anstieg führt von rund 500 m auf 800 m hinauf. Die Alb trägt vielfach größere Grünland- und Waldflächen, und nur die eingeschalteten, oft recht schmalen Täler besitzen Ackerkulturen. Bekannt ist die Wasserarmut der vorwiegend aus Kalken bestehenden Hochfläche, die zum Großteil unterirdisch entwässert wird. Bedeutendere Siedlungen gibt es erst im Albvorland. F. Z.

Rechte Seite:
Schwäbische Alb, westliches Alpenvorland mit Bodenseegebiet und Nördliche Kalkalpen (Allgäu)
(Mosaik aus zwei Bildern)
Bildmaßstab 1 : 500 000
Aufnahmedaten: 8. 8. 1975, 27. 6. 1976

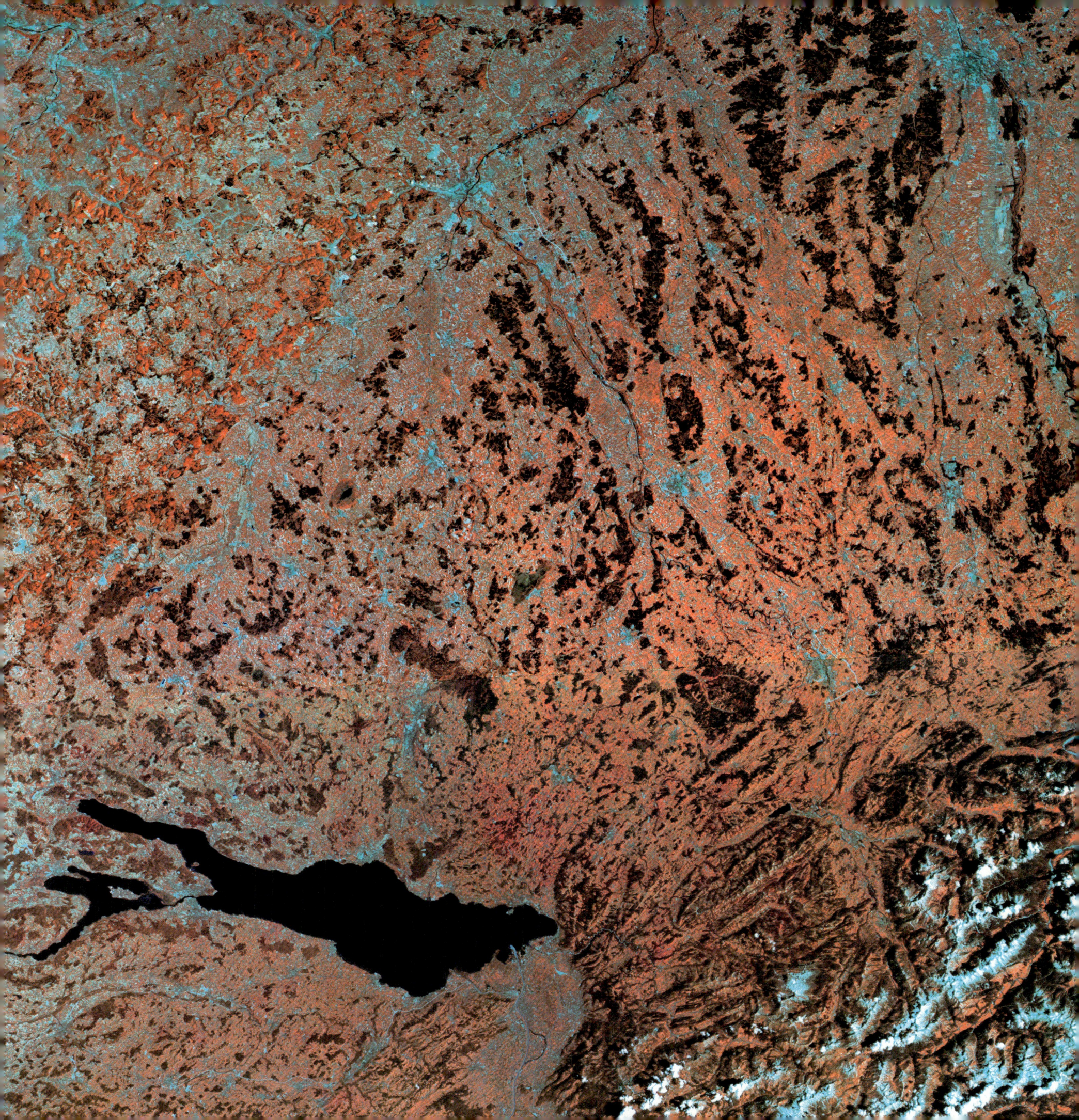

Gottesackerplateau und Oberstdorf

Mit dem 2232 m Hohen Ifen erreicht die helvetische Deckeneinheit in den Ostalpen jenseits des Rheingrabens die höchste Erhebung. Flach lagernde Kreidekalke schufen ein rund 5 km² großes Plateau, das sich von den Kettengebirgszügen der umliegenden Berggruppen unterscheidet. Die spröden, wasserdurchgängigen Schichten dieses Massivs sind der Verkarstung besonders zugänglich. Sie bilden nach Norden hin steil abfallende Wände. Im Luftbild sind die bis 200 m hohen Stufen der Unteren und Oberen Gottesackerwände zu sehen, die mit markanten Steilabfällen eine deutliche Gliederung bewirken. Sie lagern auf wasserundurchlässigeren Schichten (Kieskalken und schieferigen Mergeln), die eine wesentlich dichtere Vegetationsdecke tragen.

An die Steilwände schließen zum Teil mächtige Schutthalden an, deren frisch gebrochenes, graues Gestein einen starken Kontrast zu dem satten Grün der Almmatten bildet. Eiszeitliche Formen, wie sie die umliegenden Kalkhochalpen besitzen, sind hier selten. Der Gebirgszug wird durch die Verkarstung geprägt. Die bereits im Schrägluftbild (oben links) sichtbaren Karstformen auf den latschenbestandenen Schichtflächen über den unteren Wänden werden vor allem im Gottesackerplateau selbst (unteres Bild) zum beherrschenden Landschaftselement. Große Karsthohlformen, Dolinen von meist unregelmäßiger Form und Gestalt sowie tiefe, kreisrunde Karstschächte durchsetzen auf weiten Strecken das Gestein. Sie sind an Störungslinien gebunden, die das Plateau meist in Westnordwest-Ostsüdost-Richtung (im Bild von unten nach oben) durchziehen. Zur dominierenden Form werden aber die Karren oder Schratten, welche die blanken, vegetationslosen Schichtflächen zu Tausenden überziehen. Unter Karren versteht man Rinnen, die mehrere Meter lang und wenige Zentimeter tief und breit sind. Sie werden durch abrinnendes Niederschlags- und Schneeschmelzwasser geschaffen. An den zahlreich vorhandenen Klüften werden die Rinnen auch mehrere Dezimeter tief und breit. Die dadurch entstehende Karstwildnis ist nur schwer begehbar und für den Verkehr nicht erschlossen. Das Gottesackerplateau zählt daher zu den ödesten und abgeschiedensten Kalkstöcken der gesamten Nordalpen.

Früher gab es in diesem Raum eine bedeutende Almwirtschaft, die bis auf das Plateau vordrang, das damals stärker mit Vegetation bedeckt war (Almhütten bis 1832 m Höhe). Sie ist heute gänzlich aus den obersten Regionen verschwunden. Nur noch einige verfallene Hütten bei der Gottesacker-, der Schneiderküren- und der Grafenkürenalm künden hier von der einstigen Bedeutung dieses alpinen Wirtschaftszweiges (z. B. Bild oben links, rechter Bildrand Mitte).

Aber auch aus den grasbewachsenen Mattenzonen unterhalb der Plateauabschnitte, im Mittelteil zwischen den Wänden und am Abfall zum Schönbachtal, zieht sich die Almwirtschaft mehr und mehr zurück. Die extensive Form der Viehweidewirtschaft, welche die hochgelegenen Flächen in den Sommermonaten durch Beweidung nutzte, kann wegen des Personalmangels nicht mehr im gewünschten Umfang aufrechterhalten werden. Milchviehauftrieb und Sennereibetriebe sind zur Ausnahme geworden. Vornehmlich wird das Jungvieh auf die Hochalpen gebracht.

Da der moderne Tourismus in diesen Kalkstock wenig eingedrungen ist, bleibt er heute in erster Linie Bergwanderern und der Jagd vorbehalten. Der Fremdenverkehr hat sich aber in den umliegenden Tälern etabliert, wo er zu einem bedeutenden Wirtschaftsfaktor geworden ist. Im Kleinen Walsertal beispielsweise, das den Bergstock im Südosten begleitet und das seit 1891 unter deutscher Zollverwaltung steht, brachte der Fremdenverkehr einen derartigen wirtschaftlichen Aufschwung, daß sich die Bevölkerungszahl in dem ehemaligen Abwanderungsgebiet seit 1938 verdoppelte (gegenwärtig rund 4000 Einwohner). 1975 wurden hier an die 130 000 Gäste und 1,2 Millionen Fremdenübernachtungen gezählt.

Ähnliche Ergebnisse erzielte der Fremdenverkehr auch in anderen Alpengegenden, wie in den nahegelegenen Orten Oberstdorf, Hindelang und Oberstaufen.

Das im Bild rechts oben dargestellte Oberstdorf liegt in einem geräumigen Kessel mit einer grandiosen Hochgebirgskulisse. Unmittelbar südlich des Ortes steigen steile Grasberge bis über 2000 m an, ehe sie von den bizarren Gipfeln der Kalkhochalpen überwölbt werden. Der ebene, auf etwa 800 m Höhe liegende Talboden besteht aus nacheiszeitlichen Schottern, die von den aus dem Gebirge kommenden Flüssen, insbesondere der Trettach (östliche Seite des Beckens) und Stillach (westliche Seite) aufgeschüttet wurden. Ihre ungestüme Kraft ist heute durch Wildwasserverbauungen eingedämmt.

Oberstdorf, das „oberste Dorf" im Illergebiet (einige 100 m nördlich des Bildausschnittes vereinigen sich Trettach, Stillach und die aus dem Kleinen Walsertal kommende Breitach zur Iller), ist bereits seit dem 10. Jahrhundert als Pfarrei bezeugt. Nach einem verheerenden Brand im Jahre 1865 wurde der Ort fast vollständig neu aufgebaut. Neben der Landwirtschaft (Viehzucht) sind vor allem der Handel (Markt) und der Fremdenverkehr von Bedeutung. Als heilklimatischer Luftkurort ist Oberstdorf seit rund 100 Jahren bekannt. Die bis hierher führende Bahnverbindung (vgl. Kopfbahnhof) brachte schon frühzeitig Gäste in den Ort. Heute zählt Oberstdorf zu den bedeutendsten Wintersportzentren Deutschlands an der Nordseite der Alpen. Den Besuchern wird die Bergwelt durch zahlreiche Wanderwege und Seilbahnen erschlossen, Bergseilbahnen gehen zum Nebelhorn (2224 m), Söllereck (1706 m) und zum Fellhorn (2038 m). Daneben gibt es noch 2 Sessel- und 16 Schlepplifte und 40 km Abfahrtspisten. Zu erwähnen ist auch die Oberstdorfer Großflugschanze. Dank des Fremdenverkehrs konnte sich die Einwohnerzahl seit 1938 fast verdreifachen. Gegenwärtig zählt die locker verbaute Siedlung rund 12 000 Einwohner. 1976 wurden 180 000 Gäste und 2,1 Millionen Fremdenübernachtungen registriert.

F. Z.

Linke Seite
Links oben: Gottesackerwände, von Nordwesten gesehen
Rechts oben: Oberstdorf (Allgäu)
Unten: Ausschnitt aus dem Gottesackerplateau

Lindau

Im Bereich des Alpenvorlandes nimmt der Raum um den Bodensee von Natur aus eine Sonderstellung ein. Der See im Ausmaß von 540 km² (davon 305 km² deutsches Gebiet) und einer mittleren Tiefe von 90 m wirkt ausgleichend auf Klima und Witterung. Während in den weiter östlich gelegenen Teilen durchschnittliche Januar-Temperaturen von −1 bis −3 °C gemessen werden, hat der Raum um den See kaum −1 °C. Selten, daß die Wasserfläche zufriert. Durch diese Klimagunst gedeihen im Uferbereich die Edelkastanie und exotische Baumarten. Der Obstbau ist weit verbreitet. Auf den Moränenhügeln, die den See umgeben, wurden Obstkulturen angelegt, von denen einige am rechten oberen Bildrand zu sehen sind. Bis zur Reblauskrise war der Weinbau stark vertreten.

Das Bodenseegebiet um Lindau hat auch in verkehrsgeographischer Hinsicht eine besondere Bedeutung. Neben dem Nord-Süd-Landweg entlang des Ufers war stets der Verkehr über den See wichtig. Schon zur Römerzeit gab es hier einen Hafen: Castrum Tiberii; später führte eine bedeutende Schiffsverbindung von Lindau nach Rorschach in die Schweiz.

Die erste mittelalterliche Ansiedlung geht auf das 9. Jahrhundert zurück, als im östlichen Teil der Insel ein Damenstift (Kanonissen) gegründet wurde. Im 11. Jahrhundert erfolgte die Errichtung der Pfarrkirche St. Peter (jetzt Kriegergedächtnisstätte) im westlichen Teil, und im 12. Jahrhundert die Erbauung der jetzt evangelischen Pfarrkirche St. Stephan in unmittelbarer Nachbarschaft zum Damenstift. Dazwischen entstand die Bürgerstadt mit einer Reihe bewunderungswerter Profan- und Sakralbauten, die auch heute noch das Ortsbild prägen und die Bedeutung der von 1220 bis 1802 Freien Reichsstadt Lindau erkennen lassen: das Alte Rathaus (15. Jahrhundert), die barocke Pfarrkirche St. Maria (1748−1751), die Barockbauten des Neuen Rathauses und des „Cavazzen" sowie die „Brodlauben" (Arkaden entlang der Hauptstraße).

Die wirtschaftliche Bedeutung Lindaus war lange Zeit mit dem Handel verbunden. Heute ist es ein zentraler Ort der mittleren Stufe, der infolge eines bedeutenden Fremdenverkehrs überdurchschnittlich mit Dienstleistungsbetrieben ausgestattet ist. Dazu kommt noch eine ansehnliche Industrie (Maschinen, Kunststoffe, Textilien, Nahrungs- und Genußmittel).

Das nebenstehende Bild zeigt Lindaus räumliche Anordnung. Den Kern und Anziehungspunkt für die Touristen bildet die Altstadt auf der wenige Hundert Meter vom Festland gelegenen Insel, die durch Bahndamm und Seebrücke mit dem Hinterland verbunden ist. Sie gliedert sich in eine Stifts- und Bürgerstadt und die Vorstadt um St. Peter (Fischersiedlung), die ehemals ummauert waren. Größere Reste der mehrmals erweiterten Stadtbefestigung finden sich in der Fischergasse südlich der Stiftskirche und bei der Zwanzigerstraße (Heidenmauer), die im Norden, parallel zur Hauptstraße, von der Brücke zum Bahnhofsgelände führt. Von den vier erhaltenen Türmen ist der wuchtige Mangturm im Hafen, dessen Form der Schlagschatten gut nachzeichnet, besonders erwähnenswert. Von der Altstadt hebt sich die 1811 neu erbaute und 1856 nochmals erweiterte Hafenanlage mit dem Hafenbezirk ab. Die 1856 entstandene Hafeneinfahrt mit Leuchtturm und Löwenmonument gilt als Wahrzeichen Lindaus. Der Hafen diente als Umschlagplatz von Getreide, Salz, Leinen und Wein. Bis 1938 gab es einen Trajektverkehr nach Rorschach, der jedoch der Konkurrenz der Arlbergbahn unterlag. Völlig anders ist auch der 1853 errichtete Bahnhofkomplex im Westen, der zusammen mit dem Hafen und der ebenfalls im 19. Jahrhundert gebauten Luitpoldkaserne das neuere Viertel prägt. Bis in das vorige Jahrhundert wurde in diesem Teil noch Landwirtschaft betrieben, die sich seit dem Bahnbau vollkommen von der Insel zurückgezogen hat. Gegenwärtig erwägt man die Verlegung von Bahn und Kaserne auf das Festland, um Platz für die Errichtung eines großzügig auszubauenden Kurzentrums zu erhalten. Glücklich ist man über die Neulandgewinnung im Nordwesten. Durch Aufschüttung des gebaggerten Materials aus dem Kleinen See zwischen Insel und dem Festland konnte ein Parkplatz für 800 Autos geschaffen werden.

In vielen Gebäuden der Altstadt sind Dienstleistungsbetriebe untergebracht: Geschäfte, Hotels, Restaurants und die Spielbank (in der Parkanlage neben der Brücke). Die Wohnbevölkerung wandert mehr und mehr auf das Festland ab. Freilich wurde auch ein Teil der Handels- und Fremdenverkehrseinrichtungen auf günstige Standorte der seit 1922 eingemeindeten Orte Hoyren (mit dem exklusiven Bad Schachen, Eisen- und Schwefelquelle), Aeschach und Reutin verlegt. Der alte Ortskern von Aeschach zeichnet sich inmitten der neueren Verbauung am oberen Bildrand noch deutlich ab.

Der unmittelbare Uferbereich des Festlandes, mit Hotels, Villengrundstücken und Badeanlagen, wird durch Bahn und Straße vom rückwärtigen Gebiet scharf getrennt. Letzteres ist durch einen relativ ungestümen Ausbau gekennzeichnet. Um alte Ortskerne liegen Handels- und Gewerbebetriebe, moderne Verwaltungsbauten und eine Reihe Wohnblocks und Einfamilienhäuser von Zuzüglern und solchen, die aus der Altstadt abgewandert sind. Daneben finden sich die Standorte der Industrien. Trotz des ungeordneten Ausbaus und des weiten Vordringens der Siedlungen in das agrare Umland zeichnet den Raum eine hohe Wohnqualität aus. Die vielen öffentlichen Grünanlagen, die Gärten der Einfamilienhäuser und die landwirtschaftlichen Betriebsflächen (Grünland, Obstbau) lassen kaum den Eindruck einer verstädterten Zone entstehen.

Am Bodensee, dem „Schwäbischen Meer", das für etliche Gemeinden als Trinkwasserreservoir dient, sind in den letzten Jahren Umweltprobleme durch die ungenügende Abwasserbeseitigung seitens einiger Anrainer, durch die zum Teil bedenklich nahe geführte Pipeline und durch den zunehmenden Uferverkehr aktuell geworden. Doch die verstärkten Bemühungen um die Reinhaltung des Wassers und die Erhaltung des Landschaftsbildes führten bereits zu ersten Erfolgen. Es ist erfreulich, daß nun eine Uferpromenade zwischen Lindau und Bregenz den Zugang zum See ermöglicht, und daß ein (schmaler) Uferstreifen als Landschaftsschutzgebiet gilt.
F. Z.

Rechte Seite:
Lindau am Bodensee, mit den eingemeindeten Orten Bad Schachen und Aeschach

Füssen — Lech — Augsburg

Auf der nebenstehenden Bildseite ist eine typische Landschaftseinheit im schwäbisch-bayerischen Alpenvorland dargestellt. Sie zeigt das Lechtal am Alpenrand mit der Stadt Füssen, den Lech mit der von ihm gebildeten Terrassenlandschaft um Epfach und die am Unterlauf des Lechs entstandene Großstadt Augsburg.

Füssen (oben rechts) liegt am Rand der Nördlichen Kalkalpen, die mit Ausläufern des Ammergebirges noch in unserem Schrägluftbild zu sehen sind. Eiszeitliche Gletscher aus dem Lechtal schufen hier eine weite Becken- und Moränenlandschaft. Nach dem Abschmelzen des Eises bestand ein großer See, der später verlandete. Zurückgeblieben sind mehrere kleine Seen und ausgedehnte Moorflächen. Der Forggensee im Bildhintergrund ist jedoch durch Aufstauung des Lechs (1954) entstanden. Dieser 16 km² große Stausee dient als Jahresausgleichsbecken für die flußabwärts angelegte Kraftwerkskette. In römischer Zeit verlief hier die berühmte Via Claudia Augusta, die vom Reschenpaß über den Fernpaß und entlang des Lechs nach Augsburg führte.

Auf dem Füssener Schloßberg stand eine römische Befestigungsanlage. Im 13. Jahrhundert befand sich in Füssen ein Königshof. Aus dieser Zeit stammt der mittelalterliche Stadtkern, der in der Schrägluftaufnahme durch seine roten Ziegeldächer und die dichte Verbauung erkennbar ist. Vom Beginn des 14. bis zum Ende des 18. Jahrhunderts gehörte der Ort zum Hochstift Augsburg.

Heute ist Füssen eine Kreisstadt mit 11 000 Einwohnern. Neben seiner Funktion als Einkaufszentrum am Alpenrand besitzt es mehrere kleine Betriebe und in den Hanfwerken einen großen Industriebetrieb. Sehr bedeutend ist der Fremdenverkehr, der sich zum Teil auf die Schwefelquellen in Bad Faulenbach stützt. Die beiden Königsschlösser Hohenschwangau und Neuschwanstein sind weitere Anziehungspunkte.

Vor den Moränen der eiszeitlichen Gletscher haben Schmelzwasserflüsse weite Schotterflächen aufgeschüttet, die der Lech später teilweise ausgeräumt hat, wodurch Terrassen in verschiedener Höhenlage entstanden sind. Die im unteren Bild deutlich sichtbare Niederterrasse (Würmeiszeit) wird heute vom Lech in weiten Mäandern durchflossen. Man kann den Unterschied zwischen dem steilwandigen Prallhang und dem flachen, im Wachstum befindlichen Gleithang gut erkennen.

An zwei gegenüberliegenden, flachen Gleithangstellen entstand schon früh ein wichtiger Übergang. Hier lag das römische Abodiacum als Mittler des Verkehrs von den südlichen Alpengegenden zur rätischen Provinzhauptstadt Augusta Vindelicorum (Augsburg). Die erste Siedlung befand sich auf dem bewaldeten Schotterhügel auf der linken Seite des Flusses (oberhalb der Brücke), wo nunmehr die 1751 erbaute Lorenzkapelle steht. Das im Bild sichtbare, auf historischem Boden entstandene Epfach ist, wie die stattlichen Bauernhöfe und die gut bebaute Flur zeigen, vorwiegend landwirtschaftlich geprägt.

Die im Lech ausgebaute Kraftwerkskette erzeugt rund ein Drittel der hydroelektrischen Energie der Bayerischen Wasserkraft AG. Von den 26 Staustufen am Lech sind die Stufe 10 bei Epfach und die Stufe 9 bei Rauhenlechsberg (im Bildhintergrund) jeweils mit kleineren Elektrizitätswerken sichtbar.

In nördlicher Richtung weiten sich die eiszeitlichen Schotterfluren immer mehr, um schließlich das breite Lechfeld zu bilden, wo 955 die entscheidende Schlacht zwischen Otto I. und den Ungarn stattfand. An der äußersten Spitze des Feldes wurde als wichtiges Zentrum Augsburg gegründet.

Die Stadt Augsburg (oben links) blickt auf eine lange Geschichte zurück. Schon im ersten Drittel des 1. Jahrhunderts nach Chr. wurde in dem Winkel zwischen Lech und Wertach eine römische Siedlung errichtet, die bald zum Mittelpunkt der Provinz Rätien avancierte. Sie lag im Schnittpunkt der Via Claudia und der West-Ost-Verbindung von Gallien nach Pannonien. Im 4. Jahrhundert wird Augsburg Sitz eines Bischofs. 1276 erlangt es reichsstädtische Freiheit. Vom 15. bis 17. Jahrhundert verschafft ihm das Bürgertum Weltbedeutung als Handels- und Manufakturstadt. In der Periode der Fugger und Welser erlebt Augsburg eine sprichwörtliche „Goldene Zeit". Mit fast 50 000 Einwohnern zählt es damals zu den größten Städten Deutschlands. Nach einer längeren Stagnation brachten das Eisenbahnzeitalter und die Industrialisierung seit der Mitte des vorigen Jahrhunderts einen neuen Aufschwung. Augsburg wird zu einem wichtigen Industriestandort (Maschinen, Textilien, Elektrotechnik, Papier). Der Wiederaufbau nach den enormen Zerstörungen während des Zweiten Weltkrieges führt zu einer Veränderung des Stadtbildes, obschon die Grundstrukturen der alten Siedlungsanlage bewahrt werden konnten.

Achse und Mittelpunkt bildet die Maximilianstraße, die, angelegt an der Terrassenkante, die Unterstadt im Bereich der Lechauen von der Oberstadt trennt. Unser Bild zeigt einen Ausschnitt um den Ludwigsplatz, im Vordergrund das Rathaus und den Perlachturm, Wahrzeichen und Sinnbild des stolzen Bürgertums. Beide wurden von dem genialen Baumeister Elias Holl entworfen (Bauausführung 1614—1620). Der Blick schweift in ostsüdöstlicher Richtung über die enggiebeligen Häuser der Unterstadt, die an den Lechbächen einst Mühlen und Werkstätten der Weber, Walker, Färber und Gerber beherbergten. In diesem Teil wurde schon 1514 die berühmte Fuggerei gebaut, eine soziale Wohnsiedlung, in der Arme und Alte gegen geringe Miete wohnen konnten.

Noch weiter im Osten und im Norden ließ sich die Industrie nieder, während im Weichbild der Stadt, vor allem in den Vororten Pfersee, Kriegshaber, Oberhausen und Lechhausen (die am Beginn dieses Jahrhunderts eingemeindet wurden), die großen Wohnblöcke entstanden.

Augsburg mit seinen rund 250 000 Einwohnern ist heute eine bedeutende Industrie- und Handelsstadt, in die täglich an die 50 000 Pendler aus dem nahem Umland zur Arbeit kommen. Es ist Hauptstadt des Regierungsbezirkes Schwaben und neuerdings auch Sitz einer Universität.

F. Z.

Linke Seite
Oben links: Augsburg mit Perlachturm und Rathaus
Oben rechts: Füssen
Unten: Der Lech bei Epfach

Oberbayern

Die nebenstehende Satellitenaufnahme von Oberbayern erstreckt sich über zwei große Natur- und Wirtschaftseinheiten des Landes: die Alpen im Süden und das nördlich daran anschließende Alpenvorland. Der Ausschnitt reicht von den Ausläufern der Zentralalpen bis in das tertiäre Hügelland und vom Lechtal bis zum Chiemsee. Deutlich lassen sich die eben noch in das Bild reichenden Zillertaler Alpen des Hauptkammes und die Tuxer und Kitzbüheler Schieferalpen (Grauwackenzone), die beide eine relative Geschlossenheit aufweisen, von den Faltengebirgszügen der Kalkalpen trennen. Bei ersteren handelt es sich um massige, besonders an der Nordseite stärker gegliederte Gebirgsgruppen kristallinen Gesteins, die vom breiten, etwa Südwest-Nordost ziehenden Inntal und der Weitung um Ellmau begrenzt werden. Die Kalkalpen, denen der Hauptteil der bayerischen Berge zuzurechnen ist, weisen dagegen eine typische Faltenstruktur mit langen Gratfluchten und tief eingeschnittenen Tälern auf. Bruchlinien sowohl in Längs- als auch in Querrichtung der Gebirge führten zu einer stärkeren Zerlegung und Auflösung in isoliert stehende Gebirgsgruppen. Den Kalkalpen ist im Norden ein schmaler Saum von Flysch (um den Tegernsee) und gefalteter Molasse (um den Staffelsee) angegliedert.

Durch die Schneebedeckung der höchsten Gebirgsteile (weiß bis lichtblau, teilweise sind die Gipfel durch weiße Haufenwolken verdeckt) kann die Oberflächengestalt der Hauptgebirgszonen gut erkannt werden.

Die Kalkvoralpen und Flyschberge sind noch relativ stark mit Wald bedeckt (schwarz). Sie lassen sich dadurch eindeutig vom Vorland abgrenzen. Die Ausdehnung der inneralpinen Tal- und Beckenlagen kann an der Verbreitung des Grünlandes (im Bild rot) abgelesen werden, zumal das alpine Grünland in höheren Lagen (Almmatten) noch unter dem Schnee liegt. Der ehemals stärker verbreitete Ackerbau (blau) ist heute fast ganz aus dem Alpenbereich verschwunden. Lediglich im Inntal trifft man kleinere Areale an, die sich durch ihre streifenförmige Anlage von den Siedlungen unterscheiden, welche hier Verbauungsdichten aufweisen, die an jene der verstädterten Zonen des Vorlandes herankommen.

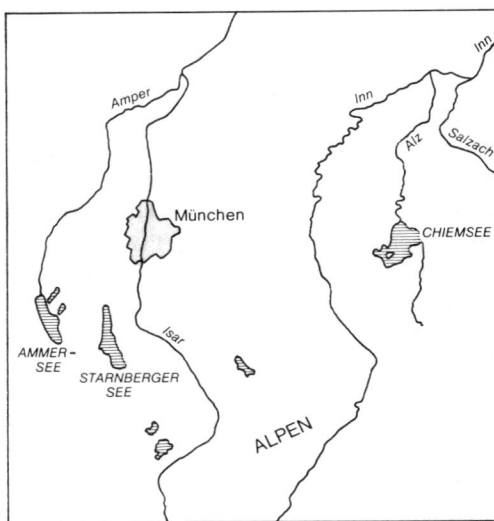

Das Alpenvorland wurde weitgehend von den eiszeitlichen Gletschern und den von ihnen aus den Alpen nach Norden transportierten Sedimenten gestaltet. Die tertiären Schichten werden lediglich am oberen Bildrand erfaßt, ihre fruchtbaren Böden sind Grundlage eines intensiven Ackerbaus. Der Rand zum Quartär verläuft deutlich ausgeprägt entlang der annähernd in westöstlicher Richtung fließenden Maisach (westlicher Teil) und der Isen (östlicher Teil).

Die im Vorland lappenförmig auseinanderstrebenden eiszeitlichen Gletscher haben ausgedehnte Moränenlandschaften mit Seen hinterlassen. Sie gehörten zwei Vereisungsgebieten an. Das westliche bildete der Isargletscher mit zwei stärker ausgeprägten Zungenbecken, in denen heute der Staffel- und Ammersee sowie der Walchen-, Kochel- und Starnberger See liegen. Das östliche umfaßt den Inn-Chiemsee-Gletscher, der die weiten Becken um Rosenheim und den Chiemsee schuf. Der Endmoränenkranz zieht über Reichling, Geltendorf und Gauting bis Holzkirchen und von Aschbach, Ebersberg, Haag und Seeon bis Traunstein.

Vor diesen Jungmoränen finden sich vor allem im östlichen Abschnitt um Isen und Emertsham ausgedehnte ältere Moränen (Ackerland). Den größten Raum aber nehmen die von den Gletscherbächen aufgeschütteten Niederterrassenfelder mit kargen, waldbestandenen Böden ein, die nördlich bis zu den Moorlandschaften von Dachau und Erding reichen. Auf der „Schiefen Ebene von München", dem breiten, über 1000 km² großen Schotterfeld, dehnen sich die Großstadt und die von Rodungsinseln durchdrungenen Forste (schwarze Flächen) aus. Münchens Umrisse, wichtige Straßenzüge und die Auen an der Isar sind auf dem Satellitenbild gut zu erkennen. *F. Z.*

Rechte Seite:
Alpen und Voralpenland zwischen Lech und Chiemsee
(Mosaik aus vier Bildern)
Bildmaßstab 1 : 500 000
Aufnahmedaten: 7. 8. 1975, 2. 5. 1976, 8. 6. 1976

München

München, die Hauptstadt des Freistaates Bayern, liegt nach der Bevölkerungszahl mit 1,3 Millionen Einwohnern hinter Berlin und Hamburg an dritter Stelle in der Rangliste der Großstädte Deutschlands. Seit 1950 verzeichnet es eine durchschnittliche jährliche Zunahme von 20 000 Personen, nicht zuletzt durch die Zuwanderung aus fast allen Teilen der Bundesrepublik Deutschland und aus dem nahen Ausland. Die Alpenrandstadt verfügt über eine Reihe Attribute, die wie ein Sog auf Zuwanderer und Besucher wirken. München gilt als Hochschulstadt mit der höchsten Zahl an Universitätsstudenten, als Stadt der Bibliotheken, Museen und Kunstsammlungen, der Theater und der Musik, der Vergnügungsstätten und des Sports genauso wie als Einkaufsstadt, als wichtiger Verkehrsknoten und als die größte Industriestadt Bayerns. Täglich fahren viele Tausende Pendler zur Arbeit hierher, und alljährlich werden einige Millionen Besucher registriert.

Die schnelle Bevölkerungszunahme der letzten Jahre löste einen wahren Bauboom aus, so daß, um dem Ansturm von Wohnungssuchenden genügen zu können, in den eingemeindeten Vororten neue Entlastungsstädte entstanden (z. B. Neu-Perlach).

Wenn man aber von München gemeinhin spricht, so meint man in erster Linie die Innenstadt mit ihrer besonderen Ausstrahlungskraft, ihren Bauwerken, Boulevards, Einkaufsstraßen, Geschäften und Lokalen, von denen das nebenstehende Bild einen Ausschnitt bringt. Dieser reicht vom Hauptbahnhof und der Theresienwiese im Westen (links) bis zur Frauenkirche nach Osten, und von der Brienner Straße im Norden bis zum Goetheplatz nach Süden. Er bezieht verschiedene Ausbauphasen und mehrere Baualterstufen ein.

München ist vergleichsweise eine junge Stadt, in der die Keimzelle jünger ist als etliche der eingemeindeten Dörfer und Orte der näheren Umgebung. Die erste Anlage wurde — abgesehen von einem klösterlichen Wirtschaftshof (Mönchshof) — erst 1158 durch Heinrich den Löwen gegründet, im Schnittpunkt der Handelswege von Nürnberg und Regensburg nach Italien und der Salzstraße von Reichenhall nach Augsburg. Der Platz wurde mit Markt- und Münzrechten ausgestattet und mit einer Wallanlage umgeben. Die Ausdehnung dieser planmäßig angelegten Siedlung ist durch den Straßenring markiert, der vom Färbergraben über Rosental, Viktualienmarkt, Sparkassenstraße, Hofgraben zur Schrammer-, Schäffler- und Augustinerstraße führt, und dessen westlicher Teil als Halbrund am rechten mittleren Bildrand zu erkennen ist. Der älteste Stadtteil wird von dem wuchtigen Bau der Frauenkirche, der 1468—1488 nach Plänen von Jörg von Halspach als Backsteinbau mit drei hohen Schiffen entstand, beherrscht.

Bald nach den Anfängen breitete sich die Stadt rasch aus. Sie erreichte bereits unter Ludwig dem Bayern (1294—1347) eine sechsfache Größe und eine Ausdehnung bis zum äußeren Ring, jener zweiten, weitläufigeren Umwallung, die nahe der Straßenzüge Blumenstraße—Sonnenstraße—Lenbachplatz—Maximiliansplatz bestand (etwas innerhalb der breiten Boulevardstraßen). Von einer Befestigungsanlage mit 18 Bastionen sind das Isar-, Sendlinger- und Karlstor erhalten geblieben. Dieser

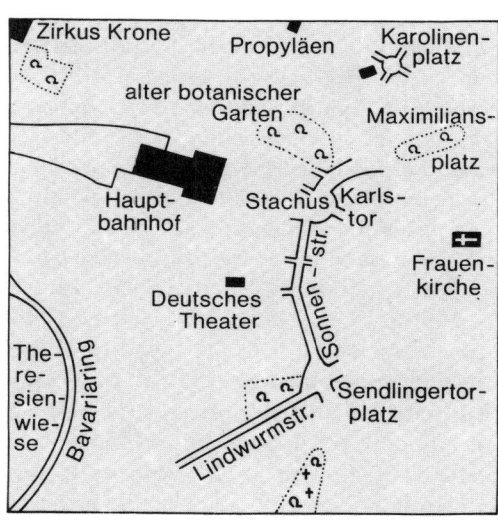

zweite Wachstumsgürtel, ursprünglich ein engverbautes Wohngebiet, stellt heute zusammen mit der Altstadt die City dar, mit den Hauptgeschäftsstraßen (Kaufhäusern, kleinen Einzelhandelsbetrieben, Luxusgeschäften), den Bank- und Versicherungsgebäuden sowie den Hotels und Restaurants, besonders auch für den gehobeneren Bedarf. Zu erwähnen ist hier vor allem der im Bild deutlich hervortretende Straßenzug mit Kaufinger und Neuhauser Straße (vom Marienplatz zum Karlstor, heute Fußgängerzone), mit einer Häufung von Betrieben, die auf Massenverkauf ausgerichtet sind. Nach außen fügt sich ein in großzügiger Weise bebauter Bereich an, der die nach der Schleifung der Befestigungsanlagen freiwerdenden Areale sowie das Glacis in Beschlag nahm. Vor allem im westlichen (noch abgebildeten) Bereich zwischen Sendlinger Tor und Maximiliansplatz dehnen sich breite Boulevardstraßen aus, die selbst dem modernen Verkehr genügend Raum bieten.

Im Zuge der Stadterweiterung in der ersten Hälfte des 19. Jahrhunderts wurden unter anderem in dem Bereich zwischen dem äußeren Ring und der Linie Stiglmaierplatz—Hauptbahnhof—Goetheplatz zahlreiche Wohnbauten, zumeist im Reihenmiethausstil, errichtet. Für eine schönere Gestaltung dieses Viertels sorgte ein 1812 nach Plänen von Karl von Fischer erlassener „Generalbaulinienplan", der die Schaffung großartiger Prunkstraßen vorsah. Als erste Prachtstraße wurde die Brienner Straße (in der oberen rechten Bildecke) in Angriff genommen. Hier findet sich eine Reihe beachtenswerter Bauten, wie die Neue Staatsgalerie (Atriumbau am Bildrand) oder die Glyptothek, ein Werk des bekannten Münchener Architekten Klenze. Einen großen Raum nimmt der 1838—1858 erbaute Hauptbahnhof mit seinen bald in drei Richtungen auseinanderstrebenden Gleisanlagen ein.

Die weiter ausgreifende regelmäßige Wohnhausverbauung, wie etwa bei den Häuserblocks rund um den Kaiser-Ludwigs-Platz (links unten), entspricht der starken Bevölkerungszunahme Münchens während der Spätgründerzeit (1880—1910). Schon früher bestand die Theresienwiese, die unter anderem als Festplatz für die weltbekannten Münchener Oktoberfeste dient.

Die enormen Bombenzerstörungen von 1944/45 sind heute vollständig behoben. Mancher Neubau hat die Baulücken geschlossen (vgl. weiße Rechtecke der Flachdächer).   F. Z.

Linke Seite:
Innenstadt Münchens

Staffelsee

Der Staffelsee nimmt innerhalb der Vorlandseen Bayerns eine Sonderstellung ein. Er liegt eingefügt in eine grüne Hügellandschaft am Übergang der Alpen zum Vorland, nahe der Stelle, wo die vom Wettersteingebirge kommende Loisach in das Moränengebiet austritt. Er wird umsäumt von landwirtschaftlich genutztem Kulturland, von Wiesen, Wäldern, Mooren und Schilfbeständen, und besitzt noch kaum verbaute Uferstreifen und ruhige, idyllisch gelegene Inseln. Der rund 8 km² große See von durchschnittlich 10 m Tiefe weist eine angenehme Wassertemperatur auf, die ihn zusammen mit dem benachbarten Riegsee zu einem der wärmsten Vorlandseen macht. Dies, sowie die Nähe Münchens (rund 50 km Luftlinie) und die gute Erreichbarkeit durch die etwas östlicher vorbeiziehende Olympiastraße nach Garmisch-Partenkirchen ließen ihn zu einem beliebten Zielgebiet des Fremdenverkehrs werden.

Die eigenartige Form des Sees ist auf die geologische Struktur des Untergrundes und die Wirkung der eiszeitlichen Gletscher zurückzuführen. Den scharfen Rand des südlichen Ufers bildet ein in westöstlicher Richtung verlaufender Schotterrücken von durchschnittlich 720 m Höhe, der sich relativ steil über die Seefläche (649 m) erhebt. Eine zweite, parallel dazu liegende Aufwölbung gleichen Gesteins baut die Inselreihe auf: Große Birke, Kleine Birke, Insel Wörth und den spitz vorspringenden Sporn bei Riedhausen. Die südliche Seehälfte wird von Schichtrippen und geologischen Mulden zusammengesetzt, die durch die Tiefenarbeit der Gletscher herausmodelliert wurden. Ebenfalls durch Glazialerosion entstand auch der in der Fließrichtung des Eises gelegene, in nord-südlicher Richtung gestreckte Teil des Sees.

In den See münden mehrere kleine Bäche, die Deltas vorgelagert haben und im Nordwesten eine Verlandungszone zu den Inseln Buchau und Wörth vorschieben. Die Landzunge mit einem teilweise recht beachtlichen Schilfgürtel wird von den kleinen, mäandrierenden Gerinnen des Röthenbaches im Westen und der Uffinger Ach im Osten umflossen. Das dazwischen liegende Gebiet ist zum Teil versumpft, wobei die größeren Moorkomplexe von Meliorationskanälen durchzogen sind. Das größte Delta findet sich an der Obernacher Ach (Ausläufer links vor der Inselreihe), in deren Verlandungsbereich ebenfalls ansehnliche Moorflächen vorkommen. Der Staffelsee wird im Osten durch Grundmoränenzüge vom Riegsee und dem kleineren Froschhauser See (Naturschutzgebiet) getrennt. In seiner unmittelbaren Nachbarschaft gibt es noch eine Reihe Moränenseen von oft nur wenigen Dekametern Ausdehung und im südlich anschließenden Murnauer Moos über ein Dutzend kleiner Moorseen.

Im Bereich des Murnauer Mooses lag das Stammbecken des Loisachgletschers, der auch die Wanne des Staffelsees ausschürfte. Der Wasserspiegel des nach dem Eiszerfall in dem Becken entstandenen Sees lag 15 m höher als die heutige Landoberfläche. Das Wasser fand in der Loisach einen Abfluß, und allmählich wurde das Gelände, in dem die einmündenden Flüsse immer mehr Lockermaterial absetzten, trockengelegt. Das dadurch entstandene Murnauer Moos ist mit 32 km² eines der größten Moorgebiete in den Alpen, es zeigt alle Übergangsformen der Verlandung, von Nieder-, Zwischen- und Hochmooren bis zu Moorwäldern, und birgt seltene, eiszeitliche Reliktpflanzen (Moorbinse, Gelber Moorsteinbrech, u. a.). Zu Hochwasserzeiten breitet sich an seiner Stelle eine weite Wasserfläche aus.

Der Raum um den Staffelsee und auch weite Teile des Vorlandes waren schon früh besiedelt. Entsprechende Hinweise reichen bis in frühgeschichtliche und römische Zeit zurück. Die heutigen Orte bestehen oft schon seit der ersten mittelalterlichen Landnahme. Uffing, dessen Namensendung -ing auf eine frühe Entstehung hindeutet, wird seit 740 genannt. Das Kloster Wörth auf der größeren Insel (weiße Dächer) wird um 750 gegründet, und Murnau (von dem rechts unten einige Häuser zu sehen sind) ist seit 1180 beurkundet und seit 1323 Markt. 1332 kam es durch eine Schenkung Ludwigs des Bayern an das 20 km gebirgswärts gelegene Kloster Ettal.

Bei den Orten in der Umgebung des Staffelsees handelt es sich um unregelmäßig gewachsene Haufendörfer, wie bei Seehausen, dessen Siedlungsanlage (rechts, Mitte) fast ganz abgebildet ist. Früher waren die Dörfer rein agrarisch ausgerichtet (Viehzucht und Milchwirtschaft), heute spielt überall der Fremdenverkehr eine wichtige Rolle.

Der Fremdenverkehr erhielt erste größere Impulse durch die Errichtung der Bahnlinie München–Murnau im Jahre 1879 und deren Weiterführung nach Garmisch 1889. Seit der Winterolympiade 1936 in Garmisch-Partenkirchen und dem Bau einer leistungsstarken Straße ist das Gebiet auch für den Autoverkehr gut erschlossen.

Die um den Staffelsee liegenden Luftkurorte sind fast ausschließlich gut besuchte Sommerfrischen. Die meisten von ihnen verfügen über Strandbäder, die in eine relativ unberührte Landschaft eingebettet sind. Die Campingplätze an der Uffinger Ach, auf der Insel Buchau und am Landvorsprung bei Riedhausen, die gleichsam eine neue Siedlungsform brachten, sind dicht belegt. (Die Wohnwagen und Zelte leuchten als kleine, regelmäßig aufgefädelte weiße Punkte am Ufer.) Es ist zu hoffen, daß hier die Entwicklung nicht ähnlich verläuft wie am Pilsensee südwestlich von München, wo auf einem kleinen Zeltplatz über 1000 Dauercamper wohnen, die täglich in die Großstadt zur Arbeit pendeln.

Als besonderer Aussichtspunkt in der näheren Umgebung kann das wenige Kilometer südlich des Sees gelegene Hörnle (1548 m) genannt werden, auf das auch ein Sessellift (bis 1390 m) führt. Seine vorgeschobene Lage ermöglicht einen phantastischen Überblick über die Landschaften der Voralpen und des Vorlandes. Bei klarer Fernsicht sieht man über die Hügel und Seen hinweg die Millionenstadt München. *F. Z.*

Rechte Seite:
Staffelsee bei Murnau

Alpen und Alpenvorland

Die Berge Bayerns gehören vorwiegend dem Typ der Kettengebirge an, die den größten Teil der westlichen Nordalpen einnehmen. Auf der Ostseite werden, vom Kaisergebirge ab, die Kalkstöcke mit Plateaus zum beherrschenden Landschaftselement.

Das Wettersteingebirge (Bild oben links) mit der Zugspitze, 2962 m, dem höchsten Berg Deutschlands, ist ein Gebirgszug, der in charakteristischer Weise die kettenförmige Anlage durch von West nach Ost gerichtete Grate und Kammlinien erkennen läßt. Der hauptsächlich aus Wettersteinkalk aufgebaute Gebirgszug wird durch eine Reihe geologischer Aufwölbungs- und Talzonen geprägt. Eine Hauptaufwölbung zieht von der durch Wolken verdeckten Zugspitze in Richtung Alpspitze, eine weitere durchläuft den südlichen Kamm (links davon). Die dazwischen liegende Mulde führt vom schneebedeckten Zugspitzplatt im Bildhintergrund durch das tiefeingeschnittene Reintal.

Die eiszeitliche Vergletscherung erzeugte Kare und Trogtäler und führte zu einer Unterschneidung der Wände und zur Zuschärfung der Gipfel und Kämme. In den großen schutterfüllten Karen in schattiger Lage, die Ansatzpunkte für die Bildung der Gletscher waren, sammelt sich auch heute noch der Schnee. Hier bleiben Schneereste am längsten liegen (vgl. Bild), und hier finden sich sogar kleine Eisfelder, wie am Zugspitzplatt (Schneeferner) oder östlich der Zugspitze (Höllentalferner). Da die geschlossene Vegetationsdecke bei 1800—1900 m erreicht wird, ist der größte Teil der Hochregion von kahlem Fels eingenommen, zwischen dem sich Rasenstreifen inselartig einfügen.

Die günstige Schneelage — von Oktober bis Mai — führte am Zugspitzplatt zur Errichtung eines vielbesuchten Skigebietes (Schlepplifte), zumal die Region um die Zugspitze (meteorologische Station) seit langem durch Seilbahnen erschlossen ist. Eine große Zahl von Schutzhütten dient Skifahrern und Bergwanderern als Stützpunkte für Touren.

Der andere Hochgebirgstyp ist im oberen rechten Bild in einem Ausschnitt aus dem Steinernen Meer im Bereich des Hundstod (2594 m) und dem Plateau um den Schindlkopf (2357 m) mit Funtensee (1601 m) und Grünsee (1474 m) dargestellt. Der Gebirgszug besteht vorwiegend aus geschichtetem Dachsteinkalk, der stark zur Verkarstung neigt. Im Bereich der Seen allerdings findet sich an Bruchlinien auch anderes Gestein.

Die ausgedehnten Plateaus sind Reste alter Landoberflächen, die sich zu verschieden hohen, zusammenhängenden Niveaus vereinigen lassen. Von den höchsten Gipfelfluren um Hundstod und Hocheisspitze (außerhalb des Bildes) in rund 2500—2600 m Höhe heben sich die Plateauflächen um 2300 m und 2000—2100 m und die Talzonen um die beiden Seen in 1500—1600 m deutlich ab.

Auf den durch die eiszeitlichen Gletscher glatt geschliffenen Schichtflächen entstanden durch Verkarstung weitläufige Karrenfelder, die von zahlreichen Dolinen durchsetzt sind. Eine Besonderheit stellen die zwei großen Karsthohlformen (Poljen) im Bereich der Seen dar, die auf der unterschiedlichen Wasserdurchlässigkeit der Gesteine beruhen. Letztere verhindern, zusammen mit den dort vorhandenen Moränen, ein Versiegen der Gerinne, so daß sich kleine, mäandrierende Bächlein und Seen am Poljeboden im sonst öden und wasserlosen Karstgebirge entwickeln konnten. Die in dieser Zone günstigeren Boden- und Vegetationsverhältnisse über den undurchlässigeren Schichten erlauben auch die Errichtung von Almen. Vom Kärlingerhaus (Schutzhütte) inmitten des Funtenseepoljes führen Wanderwege in das Gebirgsinnere und hinab zum Königssee.

Den Abtragungsgebieten im Gebirge stehen die Aufschüttungsräume des Vorlandes gegenüber. Aus der Zeit der Gebirgserhebung im Tertiär stammen die mehrere 100 m mächtigen Schotter, Sande und Tone des nördlichen Abschnitts. In den gebirgsnahen Gegenden sind diese von Aufschüttungen der eiszeitlichen Gletscher und von Ablagerungen der Nacheiszeit überdeckt. Die eiszeitlichen Schotterflächen reichen, wie im Satellitenbild auf Seite 147 zu sehen ist, bis München. In der sogenannten „Schiefen Ebene von München" erreichen sie eine Ausdehnung von über 50 km. Ihre Oberfläche fällt allmählich von 670 m im Süden auf 420 m im Norden ab. Die im Süden über 30 m mächtigen Schotter verringern sich nach Norden hin, wo wasserstauende Schichten die großen Moorgebiete verursachen (Dachauer und Erdinger Moos). Die Schotterflächen tragen zumeist weite Forste. Ursprünglich bestand hier ein Laubwald mit Eichen, Buchen und Birken, der nach und nach dem Fichtenwald (Monokultur) gewichen ist. In diesen dringt die Stadt mit Wachstumsspitzen immer weiter ein, etwa bei Gauting im Südwesten oder bei Unterhaching im Süden. Wie die Namen auf die Endung -ing beweisen, waren in den Wäldern schon frühzeitig Rodungsinseln geschlagen worden, die ebenfalls im Satellitenbild deutlich erkennbar sind. In diesen Rodungsinseln liegen Haufendörfer, lediglich bei der im Bild unten links abgebildeten wurde mit einer jungen Rodung — Kleinkarolinenfeld — von der Rundform abgewichen und ein Waldhufendorf angelegt. Auch dieses ist im Satellitenbild sichtbar.

Das Alpenvorland ist reich an Seen. Bayerns größter See ist der Chiemsee (Bild unten rechts). Diese Vorlandseen werden jedoch infolge zugeführten Schwemmaterials ständig kleiner. In vielen Gebieten künden oft nur noch Verlandungszonen, Moore und Deltaschichten (oft mehrere Meter über dem derzeitigen Niveau) von der einstigen Ausdehnung der Wasserflächen. Auch am Chiemsee ist die Verlandung im Südosten schon weit fortgeschritten. An den Wiesen im Hintergrund, den Mooren und der Auenvegetation können die einzelnen Verlandungsstadien gut studiert werden. Das jüngste Delta ist durch Flußverwilderungen und Schlickstreifen (Untiefen) gekennzeichnet. Weite Teile der Seeufer konnten vor einer Verbauung geschützt werden. Lediglich das Westufer ist dicht besiedelt. Hier entstanden ausgedehnte Sommererholungsgebiete, die als Seglerparadies viel besucht sind. Mit dem Schloß Ludwigs II. auf der Insel Herrenchiemsee und dem Kloster auf Frauenchiemsee besitzt der See zusätzliche Anziehungspunkte.

F. Z.

Linke Seite
Oben links: Wettersteingebirge gegen das schneebedeckte Zugspitzplatt
Oben rechts: Steinernes Meer mit Funtensee und Grünsee
Unten links: Rodungsinsel Kleinkarolinenfeld in den Forsten südöstlich von München
Unten rechts: Chiemsee mit Delta der Tiroler Ache

Glossar

Decke, vulkanische oder tektonische Decken sind Gesteinsmassen, die sich weitflächig ausgebreitet haben und eigenes oder fremdes Material überlappen.

Depression, abflußlose Landsenke, die unter dem Niveau des Meeresspiegels liegt.

Diluvium (= Anschwemmung), heute meist Pleistozän genannt, ist ein Abschnitt der Erdgeschichte im Quartär, die dem gegenwärtigen Holozän od. Alluvium vorausgegangen ist. Während des Diluviums erlebten Nord- und Mitteleuropa von den Zwischeneiszeiten unterbrochene Eiszeiten, die weite Teile der Landschaft überformten. Im frühen Diluvium treten die ersten Menschenspuren auf.

Dolinen, trichterförmige Hohlformen mit meist rundem Grundriß, die einige Meter bis über 100 m Durchmesser aufweisen können. Sie sind durch Lösung des Kalkgesteines entstanden und setzen sich meist in Kluft- oder Höhlensystemen fort.

Flysch, ein Schweizer Ausdruck, der tonige Ablagerungen mit Schutt und Geröllleinschaltungen bezeichnet, die als Abtragungsmaterial bei der Hebung von Gebirgen entstanden und am Gebirgsrand in Senken eingeschüttet wurden. Die Flyschzone begleitet den Alpenrand.

Gäu = Gegend, Umgebung. War ursprünglich ein Gebietsname und bezeichnet meistens ein offenes und von Gewässern durchflossenes Siedlungsland verschieden großen Umfanges, das im Gegensatz zu einem dichter bewaldeten Umland steht.

Geschiebemergel, ungeschichtetes Gemenge aus Geschiebe (Gesteine verschiedener Größe), das in mergelig-lehmiges Gesteinsmehl, das durch Verwitterung der Schotter entstand, eingebettet ist.

Härtling, aus seiner Umgebung infolge größerer Widerstandsfähigkeit gegen die Abtragung herausragender Hügel oder Kuppe.

herzynische Faltung, herzynisch = Bezeichnung für NW-SE-Streichen eines Gebirges nach der Längserstreckung. Im deutschen Gebirgsraum unterscheidet man drei Hauptstreichrichtungen: herzynisch (NW-SE), variskisch (NE-SW) und oberrheinisch (N-S).

Keuper, im Trias in Lagunen des Germanischen Beckens entstandene bunttonige Letten und Mergel, auch Gipse, Sandsteine und Salze. In Süddeutschland zieht ein breiter Streifen nördlich des Jura, in Thüringen nimmt er größere Flächen ein.

Kocher-Jagst-Platten, eine Zone der Hohenloher Ebene, eine altbesiedelte Muschelkalkplatte zwischen Neckar, den Waldenburger Bergen und dem Jagstbogen, in den Kocher und Jagst 150 bis 200 m tief eingeschnitten sind.

Lettenkohle, Letten = wenig verfestigte, schmierig-weiche, meist tonige oder mergelhaltige Sedimentgesteine. Lettenkohle entstand zur Zeit des Unteren Keuper.

Malmkalk, weiß anmutende Kalksteine, aus denen die Schwäbische und die Fränkische Alb aufgebaut sind. Sie sind im Jura entstanden.

Molasse, mächtige tertiäre Ablagerungsserie im nördlichen Vorland der Alpen, aus dem Abtragungsschutt des aufsteigenden Gebirges, der in eine absinkende Mulde eingeschüttet wurde.

Moränen, von Gletschern abtransportiertes Verwitterungsmaterial, das entweder von umliegenden Hängen auf das Eis stürzte oder bei Beginn der Gletscherbewegung überflossen wurde und, am Gletscherende als Endmoräne oder an den Seiten der Gletscherzunge als Seitenmoräne abgelagert, mächtige Schuttwälle bildet. Überfährt ein Gletscher nach vorherigem Abschmelzen und späterem, neuerlichem Anwachsen eine solche Endmoräne, formt er sie zu einer Grundmoräne um, die nach abermaligem Abschmelzen des Gletschers eine Grundmoränenlandschaft bildet.

Oldred-Kontinent (auch Old red sandstone), rote Sandsteinmassen aus dem Devon, Verwitterungsschutt mit einer Mächtigkeit bis zu 6000 m. Die Südgrenze des Oldred-Kontinents verlief in Europa von Irland über Belgien bis Zentralpolen.

Realteilung, Vererbung eines landwirtschaftlichen Betriebes an alle Erbberechtigten. Nimmt jeder Erbe sein Erbteil in Anspruch, kommt es zu einer starken Aufsplitterung des Besitzes.

Riedel, bei Zerschneidung einer ebenen Landoberfläche durch Flußerosion entstehen langgestreckte, rückenartige Kämme, die als Riedel bezeichnet werden.

Rotliegendes, eine Epoche des Perm, in der die von der Variskischen Gebirgsbildung geschaffenen Höhenzüge abgetragen wurden. Dieser Festlandschutt füllte die Rotliegendes-Tröge oder -Senken. Die Gesteine zeigen, entsprechend der damaligen Klimaänderung von feuchtem zu trockenem Klima, einen Übergang von grauer zu roter Farbe.

Sander, Schotter, Kies und Sandschwemmfächer starker Schmelzwasserströme im Vorfeld eines Gletschers. Norddeutschland und seine angrenzenden Gebiete sind zwischen den großen pleistozänen Endmoränenzügen und den zugehörigen Urstromtälern vor Sandern erfüllt.

Schrattenkalk, besonders klüftiges Kalkgestein, das stark zur Verkarstung neigt und sogenannte Schratten oder Karren bildet.

Senonische Sande, im Senon (Stufe der Oberen Kreide) abgelagerte Sande.

Störung, Bruchlinien in der Erdkruste, die durch tektonische Einflüsse (Verbiegung, Druckbeanspruchung) entstehen.

Terrasse, Fluß- oder Talterrassen entstehen bei der Eintiefung eines Flußtales bei Unterbrechung der Tiefenerosion infolge Klimaänderung oder als Folge tektonischer Bewegungen (Hebung, Senkung) des betreffenden Gebietes. Man unterscheidet Hoch-, Mittel- und Niederterrassen, die verschiedenes Alter haben. Wenn ein Fluß in ein sich stufenweise hebendes Gelände einschneidet, liegt die älteste Terrasse oben (Hochterrasse), dann folgt die mittlere, die jüngste oder Niederterrasse ist dem heutigen Talboden gleichzusetzen.

Schotterterrassen entstehen dann, wenn ein Fluß antransportiertes Material nicht mehr weiter verfrachtet sondern aufschüttet und sich später in einem schmalen Gerinne in die neu entstandene Fläche einschneidet.

Tertiäres Hügelland, begleitet den Alpenrand. Es entstand dort, wo die tertiären Ablagerungen aus dem Gebirge so mächtig waren, daß sie von einer später einsetzenden Kerbtalzerschneidung angegriffen werden konnten, wodurch ein zertaltes Hügelland entstand.

Umlaufberg, vorderer losgelöster Teil eines Talsporns, der beim Eintiefen einer Flußschlinge abgetrennt wurde.

Variskische Faltung — siehe herzynische Faltung

Wollsackform, auf- und niedersteigendes Mittelgebirgsprofil mit flachgespannten, weitausholenden Rücken, über die einzelne Berge emporragen.

Erdzeitalter

Erdzeitalter	Formation	Abteilung	Beginn vor Mio. Jahren
Neozoikum	Quartär	Holozän (Alluvium)	0,01
		Pleistozän (Diluvium)	1,5–2
	Tertiär	Jung-Tertiär	7–25
		Alt-Tertiär	37–67
Mesozoikum	Kreide	Obere Kreide	105
		Untere Kreide	137
	Jura	Malm (Weißer Jura)	157
		Dogger (Brauner Jura)	172
		Lias (Schwarzer Jura)	190–195
	Trias	Keuper	205
		Muschelkalk	215
		Buntsandstein	225
Paläozoikum	Perm	Zechstein	240
		Rotliegendes	285
	Karbon	Oberkarbon	325
		Unterkarbon	350
	Devon	Oberes Devon	359
		Mittleres Devon	370
		Unteres Devon	405
	Silur		430–440
	Ordovizium		500
	Kambrium	Oberes Kambrium	
		Mittleres Kambrium	
		Unteres Kambrium	570
Kryptozoikum (Präkambrium)	Proterozoikum (Algonkium)	Jungproterozoikum	
		Altproterozoikum	etwa 2500
	Archaikum		
	Azoikum		

Eiszeitenfolge im Pleistozän,

Beginn vor etwa 600 000, Ende vor 12 000 Jahren

	in den Alpen	im nördlichen Mitteleuropa
Holozän	Postglazialzeit (Warmzeit)	Postglazialzeit (Warmzeit)
Jung-Pleistozän	Würm (Kaltzeit)	Weichsel (Kaltzeit)
	Riß-Würm (Interglazialzeit)	Eem (Warmzeit)
Mittel-Pleistozän	Riß (Kaltzeit)	Saale (Kaltzeit), mit Warthestadium Drenthestadium
	Mindel-Riß (Interglazialzeit)	Holstein (Warmzeit)
Alt-Pleistozän	Mindel (Kaltzeit)	Elster (Kaltzeit)
	Günz-Mindel (Interglazialzeit)	Cromer (Warmzeit)
	Günz (Kaltzeit)	Weybourne/Menap (Kaltzeit)
	Donau (Kaltzeit)	
	Biber (Kaltzeit)	
Ältest-Pleistozän		Waal (Warmzeit)
		Eburon (Kaltzeit)
		Tegelen (Warmzeit)
		Brüggen (Kaltzeit)

Bildquellennachweis

Satellitenbilder (S. 11, 19, 27, 43, 51, 63, 79, 87, 99, 107, 115, 123, 131, 139, 147):
National Astronautic and Space Agency NASA
Principle Investigator J. Bodechtel contract no. 28 380
European Space Agency ESA Earthnetstation TELESPAZIO, Rom
Digitale Vorverarbeitung und Bildausgabe: Deutsche Forschungs- und Versuchsanstalt für Luft- und Raumfahrt DFVLR — GSOC, Oberpfaffenhofen

Die Senkrecht- und Schrägluftaufnahmen wurden unter den folgenden Nummern von der Bezirksregierung Rheinhessen/Pfalz freigegeben, sofern nicht anders vermerkt:

S. 12: 173 453—5; S. 15: 6424—4(3); S. 16, links oben: 3786, Deutsche Luftbild KG, links unten: 6425—4(5), rechts oben: 4071—3, rechts unten: 110—5; S. 20, links oben: 2220—4, links unten: 9742—3, rechts: 6519—4(3); S. 23, oben: 6501—4(1), unten links: 7020—3, unten rechts: 6876—3; S. 24, oben: 6511—4(1), unten: 178 030—5; S. 28: 7021—4; S. 31, oben: 173 451—5, unten links: 9560—2, unten rechts: 3797—3; S. 32: 173 496—5; S. 35: 173 490—5; S. 36: 18 037—5; S. 39, links: 6461—4, rechts oben: 6396—3, rechts unten: 12 146—5; S. 40: 173 484—5; S. 44, oben: 173 506—5, unten links: 2061—4, unten rechts: 4307—4; S. 47: 173 500—5; S. 48: 173 503—5; S. 52: 173 469—5; S. 55, oben: 1509—4, unten links: 4871—4, unten rechts: 4398—4; S. 56: 173 477—5; S. 59: 173 476—5; S. 60, oben: 9150—4, unten links: 9139—4, unten Mitte: 8711—4, unten rechts: 9094—4; S. 64: 173 532—5; S. 67: 173 540—5; S. 68, oben links: 7492—5, oben rechts: 7963—5, unten: 173 538—5; S. 71: 173 528—5; S. 72: 173 515—5; S. 75, links: 6353—4, rechts oben: 5910—5, rechts unten: 8469—5; S. 76, oben: 173 509—5, unten links: 7201—5, unten rechts: 18 173—5; S. 80, oben: 6640—4, unten: 6647—4; S. 83, oben: 13 494—5, unten: 2731—5; S. 84: 6626—4; S. 88: 178 023—5; S. 91: 173 549—5; S. 92, oben: 10 019—3, unten links: 7448—4, unten rechts: 2528—2; S. 95, oben: 6585—3, unten links: 2250—2, unten rechts: 10 842—5; S. 96, oben links: 11 122—5, oben rechts: 12 859—5, unten links: 12 577—5, unten rechts: 11 404—5; S. 100: 179 374—5; S. 103, oben: 3032, unten links: 5446—5, unten rechts: 3274—5; S. 104, oben: 173 570—5, unten links: 3278—5, unten rechts: 3178—5; S. 108: 7479—4; S. 111, oben: 11 675—5, unten links: 5599—5, unten rechts: 5249—5; S. 112, oben: P 3053/147, unten links: 7487—4, unten rechts: P 3053/31; S. 116: 2880; S. 119, links: 11 804—3, rechts oben: GS 300/6946, rechts unten: 9002—3; S. 120: 7546—12 414; S. 124: 1336—4; S. 127, oben links: 3240—4, oben rechts: 13 685—5, unten links: 14 255—5, unten rechts: GS 300/6946; S. 128: 2928; S. 132, links: 103 700—6, rechts: 103 701—6; S. 135, links oben: 0/3439, Regierungspräsidium Nordbaden, links unten: 0/3077, Regierungspräsidium Nordbaden, rechts: 103 699—6; S. 136: 103 698—6; S. 140, oben links: GS 300/987, oben rechts: GS 300/6946, unten: 11 779—3; S. 143: 103 697—6; S. 144, oben links: 14 228—5, oben rechts: 5225—3, unten: GS 300/987; S. 148: 7934—11/2317; S. 151: 11 859—3; S. 152, oben links: GS 300/987, oben rechts: 8542—1, unten links: GS 300/987, unten rechts: GS 300/987